生生不息
甘肃文化的传承（全四卷）
把多勋 主编 梁旺兵 副主编

甘肃民族文化
（第四卷）

Gansu Ethnic Culture

Gansu Culture

柴亚林 才旺闹日
师璐 丁力 编著

中国社会科学出版社

图书在版编目（CIP）数据

生生不息：甘肃文化的传承. 甘肃民族文化 / 柴亚林等编著. —北京：中国社会科学出版社，2023.9
ISBN 978-7-5227-2620-5

Ⅰ.①生… Ⅱ.①柴… Ⅲ.①文化史—研究—甘肃②民族文化—文化研究—甘肃 Ⅳ.①K294.2②K280.42

中国国家版本馆 CIP 数据核字（2023）第 176741 号

出 版 人	赵剑英
责任编辑	马 明 郭 鹏
责任校对	魏瑛慧
责任印制	王 超

出　　版	中国社会科学出版社
社　　址	北京鼓楼西大街甲 158 号
邮　　编	100720
网　　址	http://www.csspw.cn
发 行 部	010-84083685
门 市 部	010-84029450
经　　销	新华书店及其他书店
印　　刷	北京明恒达印务有限公司
装　　订	廊坊市广阳区广增装订厂
版　　次	2023 年 9 月第 1 版
印　　次	2023 年 9 月第 1 次印刷
开　　本	710×1000　1/16
印　　张	20
插　　页	2
字　　数	278 千字
定　　价	369.00 元（全四卷）

凡购买中国社会科学出版社图书，如有质量问题请与本社营销中心联系调换
电话：010-84083683
版权所有　侵权必究

前　言

　　文化是民族生存和发展的重要力量。人类社会的每一次跃进，人类文明的每一次升华，无不伴随着文化的历史性进步。没有文化的繁荣兴盛，就没有民族的进步发展。一个民族的复兴需要强大的物质力量，也需要强大的精神力量。没有先进文化的积极引领，没有人民精神世界的极大丰富，没有民族精神力量的不断增强，一个国家、一个民族不可能屹立于世界民族之林。中华民族有着5000多年的文明史，在几千年的历史流变中，中华民族从来不是一帆风顺的，遇到了无数艰难困苦。历史和现实都证明，中华民族有着强大的文化创造力。每到重大历史关头，文化都能感国运之变化、立时代之潮头、发时代之先声，为亿万人民、为伟大祖国鼓舞与欢呼。中华文化既坚守本根又不断与时俱进，使中华民族保持了坚定的民族自信和强大的修复能力，培育了共同的情感和价值、共同的理想和精神。

　　放眼世界，我们面对的是百年未有之大变局，国际形势风云激荡，国内改革发展任务繁重。世界正处在一个重大的变化过程中，中国正处在一个重要的战略机遇期。为了从容应对，我们更需要从中华民族漫长奋斗积累的文化养分中汲取力量，我们应当对中华文化充满自信。因为，文化自信是更基础、更广泛、更深厚的自信，是更基本、更深沉、更持久的力量。一个抛弃了或者背叛了自己历史文化的民族，不仅不可能发展起来，而且很可能上演一场历史悲剧。

文化彰显着一个国家最为内在的精神信仰与价值认同。它不仅具有强烈的民族性与历史性，同时也具有鲜明的时代性。为了对博大精深的中华文化有更深刻的理解，我们应当对中华大地上各民族共同创造的灿烂文化进行细致梳理、传承创新，因为，这是铸牢中华民族共同体意识、筑牢五个认同的关键所在。

甘肃是华夏文明和中华民族的重要发祥地，是古代中西方文明交流的重要通道，中华民族重要的文化资源宝库。我们把目光聚焦于甘肃民族文化，是因为在这片土地上中华先民共同开疆拓土、繁衍生息，不仅奠定了中华文化的根基，也缔造了中华民族共同体的雏形，还创建了中华民族共有精神家园的底本。因此，本书尝试从整体上对甘肃民族文化加以理解和把握，将甘肃民族文化置于宏大的历史地理时空坐标，从他们的生活空间、生计模式和生活方式入手，对他们的语言文字、文学艺术、民居饮食、服饰器物、婚俗礼仪等进行整体上的综览与概括，继而前瞻他们面向未来的发展路径。

目　录

第一篇　历史地理的时空坐标

第一章　甘肃人文历史与少数民族……………………（3）
　　第一节　华夏文明的兴起与甘肃古代少数民族…………（3）
　　第二节　文明的交流对话与甘肃世居少数民族 …………（29）
　　第三节　人员的互动往来与甘肃当代少数民族 …………（42）

第二章　甘肃地理环境与民族分布 ……………………（56）
　　第一节　河西走廊上的民族 ………………………………（56）
　　第二节　河湟谷地中的民族 ………………………………（65）

第二篇　生活空间、生计模式与生活方式

第三章　农耕、游牧与商业文化 ………………………（85）
　　第一节　农耕文化 …………………………………………（85）
　　第二节　游牧文化 …………………………………………（96）
　　第三节　商业文化 …………………………………………（105）

第四章　语言文字与文学 ………………………………（128）
　　第一节　民族语言文字……………………………………（128）

第二节　民族文学艺术……………………………………（138）

第五章　甘肃民族的民居、饮食与服饰文化……………………（155）
　　第一节　错落有致：民居文化……………………………（155）
　　第二节　余味无穷：饮食文化……………………………（165）
　　第三节　七彩霓裳：服饰文化……………………………（173）

第六章　甘肃民族的婚姻制度与人生礼仪………………………（183）
　　第一节　琴瑟合鸣：婚俗文化……………………………（183）
　　第二节　克恭克顺：人生礼仪文化………………………（194）

第七章　民族传统艺术……………………………………………（201）
　　第一节　河西走廊上的民族艺术…………………………（201）
　　第二节　河湟谷地中的民族艺术…………………………（216）
　　第三节　甘南草原上的民族艺术…………………………（226）

第三篇　面向未来的民族文化

第八章　产业化：民族文化的传承、保护与开发………………（245）
　　第一节　甘肃民族文化产业的兴起与发展………………（245）
　　第二节　甘肃民族文化与旅游产业………………………（257）
　　第三节　民族文化产业与文化的传承和保护……………（273）

第九章　数字革命：互联网中的民族文化………………………（281）
　　第一节　信息技术与民族文化……………………………（281）
　　第二节　面向世界的民族文化……………………………（293）

主要参考文献………………………………………………………（308）

后　记………………………………………………………………（314）

第一篇
历史地理的时空坐标

第一章

甘肃人文历史与少数民族

第一节 华夏文明的兴起与甘肃古代少数民族

一 甘肃华夏文明的兴起

甘肃是我国远古人类文明的主要发源地之一。自从"甘肃，华夏文明的源头"这一课题被提出后，国内外的学者们立足于不同的视角、史料，提出了各种观点和假设。按照学术观点的先后和研究的历程大致可以分为三个阶段：外来说阶段、中国本地中原说阶段、中国本地多元说阶段。在每个研究阶段，甘肃丰富的历史文化资源都受到了学者的高度重视。甘肃是全国华夏文明生态的缩影，是中华民族文化资源的宝库。甘肃的历史文化类型众多、资源丰厚，是华夏文明起源和繁荣发展的典型标志。最具有深远影响和代表性的考古发现就有：第一次在中国土地上发现旧石器。桑志华于1920年在甘肃庆阳发现了三件人工打制石制品，证明甘肃是中国化石人类与旧石器时代文化研究的起源地[1]；1976年，"平凉人"头盖骨化石出土闻名于世，其发掘地在泾川县泾明乡牛角沟，据考证为距今三四万年的晚更新世平凉遗址。该化石为一个20岁左右的女性个体，具有蒙古人种的特征，属于晚期智人。比北京山顶洞人早2万—3万多年[2]。新石器遗址几乎遍及甘肃各地，目前发现的

---

[1] 《中国大百科全书》，中国大百科全书出版社1995年版，第732页。
[2] 《甘肃省志·概述》，甘肃人民出版社1989年版，第32页。

共千余处，其中最为著名的为1958年发现的距今8000—4000多年的秦安大地湾遗址。1986年，天水市放马滩秦汉墓出土的世界上最早的实物地图，为我国甚至世界的地图及科技学史增添了新的篇章。这些被发掘的史料都成为解读中国早期文化之谜的重要线索。正如李学勤所说，"中国历史文化早期的一系列核心疑问和谜团，恐怕都不得不求解于甘肃"。[①] 而这些成果无一不包含少数民族先祖的贡献。

西北多民族共同居住、融合并发展的历史可以追溯到甘肃史前时期。甘肃齐家文化、辛店文化、寺洼文化、四坝文化、沙井文化等，是氐、羌、西戎等西部族群的文化遗存。游牧文化和农耕文化在此交融互动、汇聚互通，进而形成了各族群与多元文化并存的格局，为华夏文明不断注入新鲜血液。

(一) 齐家文化在华夏文明形成中的作用

我国史前文化发展演进的总趋势是由多元逐渐融合为一体。到新石器时代后期，即大致在距今5000年—4000年，在发育古文化的主要地区，形成了一些支系繁盛、生产力进步的强势部族。它们的衍生地域不断外扩，它们之间的相互作用也随之越来越增强。彼此间长时期交往、渗透和影响，导致出现了文化上的趋同。它们不仅在生产和物质生活方面水平接近，在社会组织和精神生活方面也形态相似。比如说，群体聚落都已繁衍为一定规模，锄耕农业都已达到相当高度，铜器制作普遍出现，陶器轮制技术被广泛采用，军事活动的地位日益突显，贫富分化越来越严重，祭祀与占卜在精神领域已占据重要地位，人殉人祭现象开始流行，原始文字在酝酿产生，等等。以各个强势部族为核心形成的几个大文化圈，都在孕育新的社会机制，而它们之间相互作用的深化，无疑推动了文明时代的诞生。强势部族的生命力就在于开放，就在于同其他强势部族进行广泛而持续的文化交流。"跟随着历史的步伐，这种交往日益频

[①] 李学勤：《遥望星宿：甘肃考古文化丛书》，敦煌文艺出版社2004年版，第17页。

繁，致使黄河及长江流域的古代居民以基本相同的速度，行进于历史进程中"①。

齐家文化就是这个时代的诸强势文化之一。齐家文化早就参与了夏王朝诞生前后各个大文化区系之间的相互作用，被纳入了诸文化融会并联的大网络之中。孕生于马家窑文化的冶铜业，在齐家文化时期得到进一步的发展，成为经济生活中地位越来越重要的部分。特别是在齐家文化后期，不仅铜器的种类和数量空前增多，青铜制造也已开始占据优势，并掌握了比较复杂的铸造技术。齐家文化的青铜冶铸传播到中原地区后迅速成长，铜镜的发明和流布即为一例。延至二里头文化已能制作各种形制的容器，为日后商代青铜工艺的辉煌奠定了基础。龙山文化的制陶业，则对齐家文化的陶器产生过巨大影响，齐家文化陶器的胎质细腻、器壁匀薄、器形挺拔等特点，就颇具龙山文化陶器的风格；特别是带有管状流的盉与鬶，在西北地区古文化中找不到母型，却和龙山文化同类器存在明显的承袭关系。齐家文化引人注目的用玉现象，同良渚文化有密切关联；尤其是以璧和琮为中心的玉祭器，二者可谓一脉相承。甘、青地区的古文化早就有灼羊骨以占卜的习俗，在齐家文化中这一习俗被进一步发展，而且扩大了所用骨科的范围。中原地区承袭了这一传统，殷商时期钻灼式占卜被演进至极致，这已为人们所共知。齐家文化遗存中多处发现过的海贝，则无疑来自东南沿海，不论被用作货币还是装饰品，它们都是部族间频繁交换的产物。而且，齐家文化含海贝的遗址，有越来越西移的趋势，说明这种远域珍品被辗转交换的持续性。

在地理位置上，齐家文化远离中原，是文明时代前夜诸强势文化中最西面的一支，因此具备一些特殊的生存条件，从而发育、形成了一种含多元性因素的文化面貌。齐家文化地域正处在黄河农业文化与北方草原文化的接合部，又是中亚文明与华夏文明沟通、交

---

① 张忠培：《中国考古学：走进历史真实之道》，科学出版社2004年版，第174页。

流的必经地带，各种类型、各种性质的文化在这一区域传播、接触并交汇。这不但促进了齐家文化的昌盛，也使齐家文化内涵中吸收、渗透了许多他种文化的特质。

甘肃在文明时代被誉为东西方文化交流的通道和桥梁，这种历史定位早在齐家文化时期即已塑出了雏形。如齐家文化畜马业，就是在西方骑马民族影响下发展起来的。黄土高原不存在野马生存的适宜环境，齐家文化之前的甘、青地区古文化中也不曾发现过畜养马匹的迹象。而中亚地区却有畜马的悠久历史，从乌克兰东部到哈萨克斯坦北部之间的森林草原和草原地带，具备繁殖马匹的优良条件，在距今5000年—4500年的遗址中，出土过大量马骨。由于欧亚草原地带自公元前5000年起就存在驯化野马为家马的人类行为，因此家马伴随人群的流动进入中国北方地区具有极大可能性。畜马和用马使交通工具发生了革命性的变化，大大加速了不同文化之间交往的频率和速度，并使相距遥远的部族群体，得以实现直接沟通。在这种背景下，齐家文化受骑马民族的影响而兴起了畜马业，并把畜马业传播到了中原地区。齐家文化是我国最早畜养马匹的古文化之一，通过齐家文化的中介，对马的畜养和使用才在夏、商时代发展起来。齐家文化之后的甘肃，畜马业一直长盛不衰，成为本土经济的一种显著特色。文明时代甘肃地区拥有繁盛的畜马业，而齐家文化为它铺垫了第一块基石。

齐家文化陶器，具有器类众多、样式纷繁的特点，这也是广泛吸收他种文化制陶工艺的结果。除了上文所述受龙山文化的影响外，还能看到客省庄二期文化的影响，更能看到草原文化的许多因素。比如说陶鬲，这是我国新石器时代最有特色的器物。它的三个肥硕的袋足，既支撑了器身，又能盛物；既扩充了器体容量，又增大了受火面。这种科学而又实用的炊煮器型，是我们祖先一项了不起的发明。这项发明起源于甘肃，是农耕文化与草原文化相融合的最佳例证。早在马家窑文化马厂类型中陶鬲即已存在，齐家文化时期，它有了更完善的演进。陶鬲的三个乳状袋足，最初是仿照草原文化习用的皮囊而连接在一起的。游牧民族经常迁徙，惯以皮革缝制囊袋盛水盛酒，便于携带。借鉴袋形革囊外观制做炊煮器，的确是一种绝妙的构思。在许多早期陶鬲上明显存在仿饰皮囊缝合的褶痕，以及连接处的穿孔和线脚。晚至寺洼文化的陶鬲，都还能看到三袋足之间以细革绳相连的原型仿饰。陶鬲之外还有一种夹砂圜底彩陶罐，在大都为平底器的齐家文化陶器中，风格颇有些卓然独立。这类圜底罐形体较小，既能当炊器又能当铁器，是适合游牧生活需要的一种器物，其彩饰多用分层绘出的复道长三角纹，宛如草编图案，洋溢着浓烈的草原气息。另有一种红陶鸟形器，则和同时期西亚文化的红陶鸟形器十分相似，其受西亚陶器的影响一望可知。[①]

齐家文化以及之前马家窑文化所流行的嵌薄片石刃的骨柄刀，也是属于北方细石器文化的器物，最早出现在距今 7000 年—8000 年间的中亚土库曼地区的哲通文化中。在距今约 6000 年的俄罗斯贝加尔湖以西的伊萨科沃新石器时代墓地，也出土过这种石刃骨柄刀。甘肃早在大地湾后期文化中即已发现这类器物，至齐家文化则已普遍化，其由外域传播而来的轨迹大致清晰。

此外，齐家文化铜器中已经出现可以装柄的空首斧，形制与分布在俄罗斯叶尼塞河中游距今 4000 年左右的奥库涅夫文化红铜空首斧近似。在之后继承齐家文化的四坝文化遗存中，不仅空首斧数量大增，还出现了管銎戚。我国传统的斧戚类器物，是采用出内结扎方式安装木柄的，铸銎纳柄的方式源自西亚。在距今约 4300 年—4100 年的伊朗高原卢里斯坦·尼哈温德，就已流行这类以銎纳柄的青铜器具。以齐家文化为中介，这类管銎器后来在我国北方传播开来，在商、周铜兵器中也常能见其风采。

齐家文化基本具备形成文明社会应有的那些物质条件和精神条件，齐家文化和黄河流域、长江流域各个强势文化大致同时地临近

[①] 张朋川：《从甘肃一带出土文物看丝绸之路如成过程》，《丝绸之路》1999 年第 S1 期。

了文明社会的大门，并以自己的独特风貌参与了各主要地域文化相互作用的大网络，为新石器时代后期多元结构的文化谱系融会，为华夏文明的宏伟历史工程，做出了重要贡献。①

（二）四坝文化

四坝文化，因首先发现于甘肃省山丹县四坝滩而得名，从遗址的最初面世到最终定名，经历了较长的过程，期间人们对它的性质没有明确的把握。直到20世纪70年代，随着甘肃西部考古调查和发掘工作的不断展开，尤其是玉门火烧沟遗址的发现，四坝文化才被考古学界认定为一种独立的地区性青铜文化，有人也因此而称它为火烧沟文化。四坝滩遗址的发现，可追溯至1948年。著名国际友人路易·艾黎（Rewi Alley）创办的山丹培黎学校，在四坝滩农场开挖水渠时，发现了一些古文化遗存和墓葬，采集了一批陶器和石器。1953年艾黎写信给中国科学院考古研究所的夏鼐先生以告知此事。随后，甘肃省文物管理委员会派人进行了实地调查，采集到一些遗物。1956年，黄河水库考古队对四坝滩遗址进行复查，又采集了一批器物。甘肃省文物工作队在1976年对玉门市清泉乡火烧沟四坝文化遗址进行了第一次正式发掘，共清理墓葬312座，出土各类铜器200余件，陶器近千件，还发现有加工精致的金、银耳环及玉器等。出土铜器的墓葬共106座，占全部墓葬的1/3，这么高的比例是以前各种类型史前文化所未曾见过的。甘肃省文物工作队在1987年联合北京大学、吉林大学考古系对酒泉的干骨崖及民乐东灰山两处遗址进行了发掘，共清理墓葬354座，出土陶、石、骨、铜、金、银、玉器千余件。上述几处遗址的发掘，较全面地揭示了四坝文化的基本面貌。

四坝文化的分布，主要在河西走廊的中部和西部祁连山以北地区。东起山丹，西至新疆哈密盆地，北及黑河下游，南涉疏勒河中上游一带。重要遗址和遗存点，除了上文言及的之外，还有瓜州鹰

---

① 祝中熹：《甘肃通史先秦卷》，甘肃人民出版社2013年版，第213—216页。

窝树、玉门砂锅梁、民乐西灰山等处。以往对四坝文化遗存的发现与发掘均限于墓葬，西北大学文博学院于2003年在酒泉西河滩首次发现了四坝文化的大型聚落遗址。已知有房址50余座，窖穴60多座，烧烤坑350多个，陶窑5座，祭祀坑20多个。这次发现大大丰富了四坝文化内涵，为认识该文化的性质增添了新的依据。下河清遗址存在四坝文化在马家窑文化马厂类型之上的地层叠压关系；酒泉干骨崖遗址10余座墓葬填土中，发现有马厂类型文化彩陶片，都说明四坝文化晚于马厂类型文化。火烧沟遗址和东灰山遗址所提供的碳测数据表明，四坝文化的年代大致相当于夏代中期到商代前期，约距今3900年—3500年。

四坝文化石器有亚腰形斧、双肩斧、穿孔锄、长方形穿孔刀、马鞍形磨盘、磨棒、臼、凿、锤、锛、环状器和多种形式的砍砸器等，形制多具特色。骨器有锥、凿、匕首、针、纺轮等。骨匕磨制精致，刃体较薄，一端穿孔。西河滩遗址所出土骨针细匀修长，针孔能容现代缝衣线穿过。玉器有璧、斧、锛、凿、权杖首等。有些玉器为实用器，显示出玉器缘自磨制石器的演变关系。

四坝文化对铜器的使用已相当普遍。器类有刀、削、锥、斧、戚、凿、镢、匕、矛、镰、针、镞、权杖饰及泡、钏、管、镯、鼻环、镜等，尚未发现容器。红铜与青铜并存，而青铜数量已经开始多于红铜，器型种类也大为增加，代表了齐家文化之后甘、青地区青铜工艺的发展高度，是甘肃境内出土早期铜器最多的古文化。火烧沟遗址所出土的四羊首权杖饰，羊首系用复合模具分铸后镶嵌于器身，工艺相当复杂，这是我国最早的青铜分铸镶嵌品。火烧沟遗址所出土的送往有关部门鉴定的65件铜器中，4件为热锻成器，余皆为铸制。该遗址还出土了可同时浇铸两个箭镞的石范。箭镞作为远射武器具有很大的消耗性，能生产箭镞，也显示出冶铜业的发达程度。四坝文化制铜技术与齐家文化相比已有大幅度提高，形成了采矿、冶炼、制范、铸造等专业化生产程序，制铜业颇具规模。经测定，四坝青铜合金成分相当复杂，既有锡青铜和铅锡青铜，也有砷青铜及其它成分。其中砷青铜的量比较大，延续了齐家文化青铜冶铸的传统。我国早期青铜冶铸中砷青铜居多，表明我国的青铜创制发育与世界冶金史所显示的规律一致。

四坝文化陶器有罐、壶、盆、豆、杯、鼎、盘、盒、坝、铃、牌饰及形式多样的器盖等，以罐类器的数量和样式最多，如双耳罐、单耳罐、四耳罐、腹耳罐、筒形罐、带盖罐等，其次是壶。陶质较粗，多为夹砂陶，红陶为主，也有褐、灰陶。火候偏低，陶色不纯，常出现灰、黑色或黄白色斑痕。饰绳纹、弦纹、刻画纹、戳印纹和附加堆纹。彩陶比例较大，约占陶器总量的1/4，火烧沟墓地比例则高达1/2，均施紫红色或姜黄色陶衣，纹饰浓重，喜用黑彩，红彩较少，富有凸起感。主要纹饰有三角纹、折线段、条带纹、回纹、圆点纹，以及以羊、犬、鹿、蜥蜴等为题材的动物纹，其中以蜥蜴纹及其变体最有特色，有些器物上还绘有类似字形符号的装饰。陶器彩纹有的为入窑前绘制，有的为出窑后绘制，故部分彩陶的图案已经脱落。器物造型新颖别致，器盖和器耳尤富于变化，有些器物或器物的某一部分特意做成动物或人形，工艺精细，堪称陶塑艺术佳作。

聚落房址分为半地穴式和平地起建两种类型。半地穴式均为长方形，地面多经硬化处理，室内有一至数个烧烤坑和储藏坑。平地起建式虽多为长方形，但有的结构较复杂，出现一间主室带三间侧室的套合形式。烧烤坑和储藏坑的形制也有多种，大小深浅不一。墙壁存基发现土坯残块、夯土、砾石垒砌等遗迹，可知建筑方式及使用材料已趋多样化。

墓葬发现较多，仅火烧沟、干骨崖、东灰山三处遗址清理、发掘的墓葬即达666座，且大都保存完好。墓式常见的有长方形竖穴土坑墓、竖穴偏洞墓或带龛墓。偏洞墓多为平行式，即在长方形墓道坑的长侧掏洞作墓室，墓室与墓道坑并列且长度相当，底部处同一平面。有的在墓道坑一侧设生土二层台。洞室平面有圆形、椭圆形、长方形、圆角长方形多种形式，少数洞口用木板或圆木封堵，随葬品多与死者一起置于洞室中。竖穴带龛墓的墓穴多为长方形、圆角长方形或椭圆形，在墓穴一端或一侧的墓壁上开龛，葬品置龛中。有的墓在坑底排列数量不等的砾石或卵石，形成石棺状，被称作"积石墓"。部分墓有木质葬具。葬式以仰身直肢单人葬为主，其次是二次扰乱葬，也有侧身屈肢葬与合葬。合葬墓以成年男女二人合葬居多，人数2—6人不等。东灰山墓地中成年男女合葬墓占成年合葬墓总数的80%。此外也有一男二女或二女一男的合葬墓，和齐家文化墓葬情况类似，这应当是一夫一妻制形成过程中多种婚姻形态并存的现象。还有一些被认为是父子合葬墓，反映了父系家族制的存在。墓向无序，东西向和南北向都有，东北向与西北向的比例较大。

随葬器物各遗址情况各不相同，以陶器为大宗，数量相差悬殊，少者仅1件，多者达19件。少数墓的随葬品中含金、银、铜、玉器和绿松石珠、玛瑙珠、贝蚌品等珍贵饰物。海贝的发现值得关注，火烧沟墓葬中出土了上百枚海贝，有些被钻孔串成长串，有的含在死者口内，有的置于陶容器中，显然人们视之为珍贵物品。它们应来自与东部地区的辗转交换。盛行以羊、猪、狗、牛、马等畜类为随葬品，尤其是羊和猪，十分普遍。个别规格较大的墓葬存在人殉、人祭现象。东灰山遗址还出土了大量卜骨，系用动物肩胛骨修治而成，骨面有圆形烧孔，和齐家文化的占卜风习一脉相承。

对于四坝文化的来源，学术界虽然还有不同认识，但多数人认为它同马家窑文化马厂类型有非常密切的关系，有人认为它是马厂类型向西发展的一支，有人主张它直接就是在马厂类型基础上演化而来的。从陶器造型和彩陶纹饰看，四坝文化与马厂类型的确有许多相同的因素，特别是四坝早期陶器器型十分接近马厂类型晚期的风格，可视为马厂类型晚期器物的变体。东灰山遗址陶器的器类组合及彩陶图案，由于更接近马厂类型晚期特征，故有学者称之为由马厂类型向四坝的"过渡类型遗存"。四坝文化代表性器物为双耳彩陶罐，在许多马厂遗址中都能找到形饰相若的同类器。这些陶器的相同或相似,说明它们之间存在着上下继承关系,"至少可以说,四坝文化是吸收了马厂类型的诸多文化因素而形成的。所以,认为马厂类型是四坝文化主要来源之一,应该是合适的"①。

此外,四坝文化在发展过程中曾接受了齐家文化的巨大影响,也是学界所公认的。还应当注意到,由于四坝文化的中心地域正是丝绸之路的咽喉区,活动着不同种系的牧猎部族,多种文化交流的印记必然在遗存物中有所反映。如陶器中十分独特的手纹,在时代相近的古波斯彩陶上也能看得到;颇为多见的有銎斧,也能在鄂尔多斯文化和西亚文化中找到源头;前述四羊首青铜杖饰,则与高加索山脉南麓特利墓地所出土的下部出梃纳柄、器身铸5枚瘤状凸钮的铜杖首造型接近。从生产工具的形制和功能考察,四坝文化的农业是有一定基础的。石器中有用于农作的锄和镰,用于加工谷类的磨盘和臂棒,铜器中也有农具锸、镰、刀等。除了常见贮藏粟粒的陶容器外,还发现了小麦、大麦、黑麦、稷和高粱等炭化籽粒,表明当时已种植多种作物。东灰山遗址文化层中采集到的保存完好的小麦粒,是目前所知我国时代最早的小麦标本。陶器中有些容器如人足形深体罐和小型方杯等,可能属于酒器,酿酒的习俗也反映了农业的发展程度。各个遗址中普遍存在的以畜类随葬的习俗,显示出畜牧业在社会经济中具有更重要的地位。尤其是养羊业,最为兴盛。火烧沟遗址M227随葬羊距骨88件,那意味着要杀掉44头羊;可见畜羊之规模。以羊的形象作为陶器的塑饰,也很能说明问题;流行在器盖、器耳、器把上装饰羊首,是四坝文化陶器的一大特色。权杖是部族首领手持的神圣器物,象征着身份和权力,实由更古老的图腾柱转化而来,权杖上的主题性饰物,通常都是部族的图腾崇拜物。火烧沟出土的权杖以青铜铸制的4只羊首为饰,昭示着四坝主人很可能就是个羊图腾部族。以上迹象告诉我们,四坝居民兼营农业和畜牧业,而畜牧业在经济构成中比重应当更大一些。

---

① 谢端琚:《甘青地区史前考古》,文物出版社2002年版,第149页。

四坝的冶铜业比齐家文化的发展程度更高，铜器已广泛存在于生产、生活、军事及装饰领域，青铜制作已经程序化、规模化，虽然仍未达到制作和使用青铜容器的高度，但无疑已进入青铜时代。

墓葬中已呈现明显的贫富分化，成年男女二人合葬墓的大量存在，表明一夫一妻制的小家庭已相当稳固。制作精美、象征特殊权力的铜质、玉质权杖饰以及玉斧、玉璧等礼仪器的出现，人殉、人祭现象的存在，显示出贵族政治体制已露端倪。种种信息都在向我们宣告四坝文化的社会已处于父权制下的军事民主阶段。[①]

（三）辛店文化

辛店镇位于甘肃省临洮县中部的洮河东岸，1924年4月，瑞典考古学家安特生及其助手在洮河流域进行考古调查时，在辛甸村发现了一些文化遗存物，这是他们在甘肃境内找到的第一个古文化遗址。随后对遗址进行了发掘，共计发掘墓葬25座，清理墓葬20座，又在辛甸村以北的灰嘴发现了同类遗存物。由于出土的陶器造型和彩陶纹饰均与其他古文化有明显区别，遂以首次发现地命名为一种独立的文化。安特生在《甘肃考古记》中误书辛甸为辛店，被学术界沿用至今。后来在甘肃中部的黄河沿岸以及青海东部的湟水流域，这种文化遗存又不断有新的发现。比较有影响的，是1947年裴文中先生主持的对洮河及大夏河下游进行的调查工作，共考查了23处遗址；其中灰嘴、裴家湾、辛店北、辛店东、辛店南、新添堡、秦家堡、齐家坪、王家坪9处遗址含有辛店文化彩陶。1949年后为配合刘家峡水库建设工程，考古工作者在那一带又做了大量调查，新发现辛店文化遗址86处，并对其中的永靖县张家嘴、姬家川、莲花台等遗址进行了发掘，获得了一批重要资料，使人们对辛店文化的面貌和分布有了更深入的认识。在此基础上，研究者将辛店文化分为张家嘴和姬家川两大类型。[②] 1956年在东乡族自治县

[①] 祝中熹：《甘肃通史先秦卷》，甘肃人民出版社2013年版，第219—224页。
[②] 赵志军、南玉泉：《试论唐汪式陶器的文化归属问题》，《考古与文物》1988年第2期。

唐汪川山神遗址发现了一批器形和纹饰都比较特殊的陶器，有别于已知的文化类型，被称为"唐汪式陶器"。1984年对临夏马路塬遗址和甘谷毛家坪遗址的发掘，又揭示了辛店文化的新类型，追溯该类型文化遗存可知其最早发现于青海省民和县山家头村，故考古学界将其命名为山家头类型。经过考古工作者数十年的努力，现已基本厘清了辛店文化的发展序列和分布范围。

关于"唐汪式陶器"的归属问题，考古学界曾有不同的认识。这类陶器的主要特征是凡是磨光的器表多施紫红色陶衣，以黑彩绘制的螺旋形涡纹为主体纹饰。由于它们和一般的辛店彩陶存在较大差别，而接近于主要分布在青海境内黄河与湟水流域的卡约文化，故有学者认为其应属卡约文化范畴。后来甘肃省考古工作者对唐汪川山神遗址作了更深入的考查和研究，发现该遗址兼含张家嘴类型和姬家川类型遗存，而以张家嘴类型遗存为主。其分布面与张家嘴类型完全重合，其陶器也同张家嘴陶器风格相近，二者关系密切。因此不主张将所谓"唐汪式陶器"从辛店文化系统中分出。[①]

考古发掘显示，辛店文化层叠压在齐家文化层之上，证明辛店文化年代晚于齐家文化。碳14年代测定也与之相符，其绝对年代距今3400年—2700年，约与商代中期到西周晚期的时段相当。辛店文化分布相当广泛，东起陕西宝鸡地区，西至青海省共和地区，在这片长约650公里的范围内，包括黄河上游及其支流渭河、洮河、大夏河、湟水等流域，均有疏密不同的分布，以大夏河与湟水流域最为集中。就其三个发展类型来说，时代最早的山家头类型，主要分布在黄河与其支流湟水、洮河的交汇地带，向东可达渭河中上游，时代为距今3400年前后。姬家川类型的辛店遗存，主要分布在洮河、湟水流域及黄河沿岸，时代距今3400年—3100年。张家嘴类型，包括"唐汪式陶器"，分布区域更加偏西，已达湟水中

[①] 张学正：《辛店文化研究》，载苏秉琦《考古学文化论集〈三〉》，文物出版社1993年版，第126页。

上游，时代也更晚，距今3100年—2700年。辛店文化的三个类型既表现出该文化在不同地域各自形成的一些特点，也反映了在不同发展时期出现的一些变化。迄今已发现的辛店遗址，据不完全统计已有356处。[①] 经发掘的重要遗址有甘肃永靖县张家嘴、姬家川、莲花台、临夏县马路塬、甘谷县毛家坪、东乡族自治县崖头、青海省民和县山家头、核桃庄、大通县上孙家、乐都县柳湾、循化县安哈特拉等10余处。

关于辛店文化的渊源，考古学界无太大的分歧，主流意见比较一致，认为辛店文化同齐家文化不仅在考古文化层位上存在上下叠压现象，在文化内涵上也显示出前后承接的关系，辛店文化应是从齐家文化演变而来的。在辛店早期的山家头类型遗存中，既含有被视为典型辛店文化的姬家川类型文化因素，又保留着齐家文化晚期的许多特征。如陶器中圜底罐和双大耳罐的形制，通体拍印细密绳纹，并在口沿部位施加堆纹泥条花边的装饰风格，彩陶图案中喜用连续三角纹等因素，都直接承袭齐家文化；而其分档袋足鬲、凹底罐、腹耳壶、回形纹彩陶罐等器型，以及器颈侧多附双耳或单耳的造型特点，则在姬家川类型中得到充分发展。山家头类型可以说是齐家文化与典型辛店文化之间的连接环节，其演变轨迹清晰可寻。也有不少学者指出，辛店文化的彩陶，曾受马厂类型彩陶的影响，而其器底微内凹的形制特征，可能是与相邻的卡约文化交流的结果。

许多学者把辛店文化同文献记载中的羌族相联系，认为它很可能就是古羌族最早的文化遗存。这种推想不无道理，辛店文化的分布范围，正是古羌族的活动地域。辛店文化的存在时间，也正是古羌族以及由古羌族演化而出的西戎某些族系活动频繁的年代。从文化内涵上说，辛店文化以畜羊业为主要经济形态，其彩陶上的双钩纹乃羊崇拜的图案符号，而这同文献记载中明确透露的羌族以羊为

---

① 谢端琚：《甘青地区史前考古》，文物出版社2002年版，第173页。

图腾的信息相吻合。从文化传播的角度看，辛店文化是关中西部刘家文化的源头之一，被视为羌戎文化代表性器物的高领乳状袋足分裆鬲，在辛店文化和刘家文化中，清晰地表现出一脉相承的关系。刘家文化早期陶器上常见的细密绳纹，也和辛店陶器上的绳纹风格完全一致。此外，这两种文化在葬习上还都流行偏洞室墓。刘家文化有可能是辛店文化东向发展的一支。辛店文化从姬家川类型开始，即已向陕西宝鸡地区发展，宝鸡市郊的石嘴头、晁峪、姬家店等处，均发现了辛店文化的遗存。[①] 也有学者主张，辛店文化和刘家文化都起源于齐家文化，齐家文化在甘肃境内演变为辛店文化，而向东扩展则演变为刘家文化。[②] 刘家文化的主人就是与周部族组成两合婚姻联盟的姜姓部族，而姜姓部族和古羌族同源，这早已是古史学界的共识。既然刘家文化与辛店文化存在渊源关系，那么说辛店文化是古羌族的文化便是很合乎逻辑的推论。[③]

（四）寺洼文化

寺洼文化，由安特生于1924年首先发现于甘肃省临洮县寺洼山。当时发掘了墓葬8座，出土了一批器物。在《甘肃考古记》一书中，安特生把这种以马鞍形器口陶罐为特征的史前文化遗存称为"寺洼期"，列为甘肃远古文化"六期"系列中的第五期。1945年，夏鼐先生在寺洼山遗址又发掘了6座墓葬，并在1949年发表了著名的《临洮寺洼山发掘记》，[④] 把这种文化遗存正式命名为寺洼文化。

中华人民共和国成立后，考古工作者先后在平凉市安国镇，庄浪县川口柳家村、徐家碾，西和县栏桥，合水县九站等寺洼文化遗址进行了清理和发掘，不断获得新的资料，使寺洼文化研究逐步深化。寺洼文化分布比较广，其中心区域在洮河中上游和泾水、渭水

---

① 刘宝爱：《宝鸡发现辛店文化陶器》，《考古》1985年第9期。
② 刘军社：《郑家坡文化与刘家文化的分期及其性质》，《考古学报》1994年第1期。
③ 祝中熹：《甘肃通史先秦卷》，甘肃人民出版社2013年版，第229—230页。
④ 夏鼐：《临洮寺洼山发掘记》，《中国田野考古学报》1949年第4期。

及西汉水流域。最东面可达子午岭西麓的合水县，甚至陕西宝鸡、凤县一带，北面延及甘肃、宁夏两省交界地区，西至洮河上游，南抵白龙江流域的武都，遍布于兰州以东的甘肃中部、东部和南部。经碳14年代测定，其绝对年代为距今3400年—2500年，大致相当于商代中期到春秋中晚期这一时段。

由于正式发掘的遗址数量尚少，所以目前研究还不够成熟。考古学界大多认为："寺洼文化初步可分为三类遗存，即寺洼山遗存、栏桥—徐家碾遗存、九站遗存。前者年代略早，后两者是甘肃东部大体同时并存的两种区域类型。"[①] 20世纪曾流行过"安国类型"的提法，但栏桥和徐家碾两处遗址的内涵更具该类型的代表性，安国遗址可归于其中。寺洼山类型主要分布在洮河流域，陶器中的子母口器盖、三足小鼎和四足鬲为其独有的器形。马鞍口双耳罐器口呈马鞍形，双耳分档袋足鬲乳袋肥大，锥形实足脚较长。栏桥—徐家碾类型主要分布于六盘山和陇山以西的渭河上游，以及西汉水流域和白龙江上游，陶器中马鞍口双耳罐器口多为对称的双马鞍形，鬲的器身相对瘦高，铲形足脚。九站类型主要分布在泾河上游地区，陶器常同周式盆及折肩罐等类器物共存，双耳罐形制多样，后期盛行单耳联裆鬲。

当前关于寺洼文化的研究，最受关注的是其来源及族属问题。寺洼文化的内涵，具有许多独特因素，和同时代乃至其前后的西北地区诸考古文化都迥然不同。如陶器中的马鞍形或双马鞍形口罐，敛口、浅腹、素面的三实足小鼎，高柄、高圈足的陶簋和陶豆，以及用细陶末等作掺和料的制陶工艺等，或为寺洼文化所独具，或由寺洼文化传播给了相邻的文化。此外，与寺洼文化相邻的诸青铜文化，大都流行偏洞式墓，只有寺洼文化不用此种墓式，而盛行带头龛或不带头龛的竖穴式墓。

在探讨甘、青各支地域性青铜文化的来源时，不少学者倾向于

---

① 赵化成：《甘肃东部秦和姜戎文化的考古学探索》，文物出版社1989年版，第45页。

追寻它们和齐家文化的承接关系；然而，齐家文化晚期遗存与寺洼文化之间，存在太大的差距，很难做出后者是由前者演变而来的判断。而且，已有学者通过人种学研究，得出了这样的结论："如果说在甘肃地区由新石器时代到青铜时代，半山、马厂、齐家和火烧沟等文化类型的先民在体质特征上可以归入同一种族类型的话，那么，合水九站青铜时代居民显然与他们属于不同的种族系统。"① 所以，在寺洼文化的源头问题上，人们普遍感到困惑。20世纪40年代主持过寺洼山遗址发掘的夏鼐先生曾指出，寺洼文化"是从外界侵入洮河流域的外来文化"。② 后来有学者对这种认识作了进一步申说，主张寺洼文化是长江中游地区三苗文化的一支，五帝时代因战败被西迁至洮河流域，即《尚书·尧典》《史记·五帝本纪》所言的那个"三苗"。③ 也有学者认为，寺洼文化"可能是商周时期活动于西北的混夷、或称犬戎的遗留"。④ 从文献记载看，犬戎族与周族从先周时期直至西周末年，经常处于活动领域交接而战争不断的状态，在陇东地区尤其如此。合水九站遗址的面貌表明，寺洼文化同先周文化及西周文化是长期共存、并行发展的两支文化，这正和文献记载的信息相符。这种情况，无疑也支持了寺洼文化是犬戎族遗存的主张。犬戎即混夷，实乃夏代昌盛于海岱地区的"九夷"中的畎夷，他们在夏末商初西迁关陇。说寺洼文化可能是畎夷族的文化遗存，比说它是三苗族的文化遗存更合理一些。

从商代中期到春秋早期，犬戎族势炽盛，最为活跃，这也恰是寺洼文化存续的时段；从泾、渭流域到西汉水流域的陇山周围，犬戎族出没无常频繁攻掠，而那又正是寺洼文化遗存集中发现的地带。嬴秦最早的国都西垂又名犬丘或西犬丘，地处今礼县东北部祁山与大堡子山之间。该邑本名为"西"，犬丘应是犬戎曾长期占据

---

① 朱泓：《合水九站青铜时代颅骨的人种学分析》，《考古与文物》1992年第2期。
② 夏鼐：《临洮寺洼山发掘记》，《中国田野考古学报》1949年第4期。
③ 尹盛平：《猃狁、鬼方的族属及其与周族的关系》，《人文杂志》1985年第1期。
④ 赵化成：《甘肃东部秦和姜戎文化的考古学探索》，文物出版社1989年版，第127页。

该地而存留的别名。曾长期与嬴秦为敌的犬戎族,其在西汉水流域所控制的地带和嬴秦是紧密相邻的,双方对西垂地区有过历史性的反复争夺。而考古发现又明确的显示,在那一带与秦文化同时并存的是寺洼文化。而且,发人深省的是,占据嬴秦西垂陵区最高位置的礼县大堡子山,似乎就是秦文化与寺洼文化的分界点。大堡子山以东、西汉水以北,是嬴秦的都邑区,几乎见不到寺洼文化遗存;而大堡子山以西、以南,今礼县及西和县的中部和南部,直到白龙江流域,寺洼文化遗存却举不胜举,某些地带还特别密集。尤可注意的是,最新的考古调查显示,时代愈晚,寺洼文化与秦文化邻接地区犬牙交错的现象越来越突出。如在礼县永兴乡蒙张村附近,即发现一处晚期寺洼文化密集的三角地带,而那一区域恰在秦国旧都的范围之内。这种境况,又正同文献记载中春秋前期西垂地区秦戎关系趋于缓和,秦戎族众同区分居的局面相符。立足于以上事实,把寺洼文化的族属归之于犬戎,是有相当依据的。目前陇南地区寺洼文化遗址还大都未经正式发掘,其与洮河流域寺洼文化的流徙演变也还没有完全澄清,寺洼文化是不是一支"外来文化"的问题,要获得学术界的确证,只能寄希望于甘肃考古事业的新进展。①

(五) 沙井文化

安特生于 1924 年首次在甘肃民勤县沙井村发现其文化遗存,距今约 2800—2500 年,主要分布在甘肃省永登、古浪、武威、天祝、永昌、张掖与民勤等地。在《甘肃考古记》中安特生把这类文化遗存称为"沙井期",置于甘肃远古文化"六期"序列之末。但在很长一段时间内,人们对这种文化的内涵和性质缺乏了解,因为民勤一带是腾格里沙漠的边缘,地貌变化相当迅速,安特生等人发现的遗存,随后大都被流沙覆盖,已难觅其迹。1948 年裴文中先生带领西北地质考察队赴甘、青地区考察时调查了民勤、永昌的一些遗址,又新发现了不少与沙井遗址同类的遗存,并首次名之为"沙

---

① 祝中熹:《甘肃通史先秦卷》,甘肃人民出版社 2013 年版,第 231、235 页。

井文化"。沙井文化的墓葬中发现了许多马牛羊的头骨,似乎是牺牲、殉葬之物。马羊头骨上有的有皮毛痕迹,说明是专为死者殉牲宰杀的。墓中所有铜饰牌、铜泡、铜刀等,都包裹衬垫和覆盖着纺织物。纺织物比较粗糙,颜色单一,也有黄绿黑三色相间的,纺织技术尚处在原始社会初期。沙井文化的经济以畜牧业为主。墓葬中的殉葬牲畜有牛马羊驴骨等,表明当时畜牧业较为发达。墓葬中殉牲的羊头骨最多,说明畜群或以羊为主。墓葬中的箭镞、箭杆、弓弭等,表明狩猎活动在经济领域中也占有重要地位。手工业在沙井文化也占有一定的地位。出土的器物种类有陶制、金属制造、皮革加工、麻毛纺织、草席编织和骨、角石器加工等。金属器具的制造,似已由独立的生产部门承担。[①]

据目前资料,沙井文化主要分布在腾格里沙漠的西部和西南部边缘地带,向东南延伸至兰州、景泰一线,南不过祁连山,西不过张掖。重要遗址有民勤沙井、火石滩、四方墩、沙岗墩、永昌三角城、蛤蟆墩、柴湾岗、鸳鸯池,兰州范家坪、永登榆树沟等处的碳测年代数据表明,沙井文化距今3000年—2500年,相当于西周至春秋晚期。

沙井文化是甘肃境内时代最晚的一支青铜文化,具有浓郁的地域特色,文化面貌清楚的显示出对其他青铜文化的吸收,如典型器物中的耳杯,当源自马厂类型的单耳筒形杯及单耳或双耳圜底罐;青铜器和辛店文化的同类器物十分相似从器形到装饰风格,都能在卡约文化中找到原型;葬习方面,设二层台的竖穴偏洞式墓,占主导地位的仰身直肢葬,以羊、牛、马等畜类作殉牲,都和四坝文化一脉相承。尽管如此,其草原文化的独特个性始终不曾消失,和周边其他古文化不存在直接的源流分支关系。根据目前所掌握的资料,把沙井文化界定为河西走廊地区的本土文化是比较稳妥的。它与河西及河湟地区诸多古文化遗存都有或多或少的联系,特别是与

---

① 张正锋、刘醒初:《中国地域文化通览甘肃卷》,中华书局2013年版,第34页。

马家窑文化马厂类型、四坝文化、卡约文化、辛店文化的关系较为密切。①

至于沙井文化的族属问题，因文献记载中汉代以前的河西地区生活着月氏、乌孙等族，所以学界倾向于认为它可能是月氏族或乌孙族的遗存，也有学者主张它是匈奴族的一支。由于相关资料的欠缺，目前这方面的研究还很不充分。②

二 文献记载中的重要牧猎部族

传统史学的局限性之一，便是对古代民族状况的关注缺乏力度，流传后世的资料或零星分散，或简略隐晦，使我们对许多部族的源流及活动地域难以做出明确的定位。另一方面，古文化的田野考古想要全面和深入的展开，存在极大的困难。对于许多文化类型，不管是纵向还是横向都没有充分的理清及延展，学者们能做的，只是一些宽泛的、推测性的宏观对应。

由于自然环境与历史发展双重因素的作用，甘肃境内的青铜文化数量庞大，在族属问题上，虽然学者对此研究做了不少的努力，提出了一些比较具体的看法，但这些假说的论据都还不是很充分，还没有被学术界普遍接受。甘肃境内几只青铜文化的考古面貌显示，它们大都以畜牧业为主要经济形态，辅以狩猎业，这与古籍记载的甘肃境内活动着众多牧猎部族是一致的。需要指出的是，牧猎部族的生活在经济、文化、语言以及活动地域等各方面都不稳定，存在很大的可塑性。部族间的交往与通婚，往往可能合成新的族体，或者出现"涵化"现象。甘肃在文明史前就是连接东西方的主要通道，是不同种族和文化的交汇点，部族流动、迁徙现象非常突出。在文明时代，甘肃东部长期存在着贵族政权对域外民族的控制与反控制、征服与反征服的斗争，部族间的冲突与融合表现的往往

---

① 谢端琚：《甘青地区史前考古》，文物出版社2002年版，第222页。
② 祝中熹：《甘肃通史先秦卷》，甘肃人民出版社2013年版，第240页。

复杂、曲折而又激烈,这也加剧了部族活动地域的不确定性。加之文献资料本身在族名称谓上经常呈混乱状态,有时用泛称,有时用专称,亦不乏名以地、名以氏、取其音、赋以义的现象,族名不仅会因时代变迁而改称,还会因为文籍不同而生异;再加上汉字常有变体和假借,传抄过程中又难免出现讹误。这些因素使研究难上加难。[1] 此处仅阐述几种古籍中出现的被学者普遍认可的活跃在甘肃地域的古代少数民族,以此作为文化考古发掘之外的补充。

(一) 戎与狄

在文献中,"戎"泛称我国西部的史前部族,东部的史前部族泛称"夷",后来就有了"东夷""西戎"之说。一些并非起源于陕、甘、青地区的族源相同或相近的部族,后来因活动于我国西部,也归之为西戎。西戎的经济为畜牧业,狩猎业可视为其的补充经济。"居所无常,依随水草",虽然活动在一定的范围之内,而且有部族首领,但"不立君臣,无相长一",没有较成熟的具有规模的部族中心,因此很难确定各部族的具体位置。甘肃境内的西戎部落,大都在春秋战国时期被日益强盛的秦国所征服,逐渐与华夏民族相融合。他们集中居住的地方,常能在秦、汉时期"道"的建制中所体现出来。"道"是为了管理一些少数民族的聚居地域而设的行政区划。《汉书·地理志》共记载有三十"道",根据各"道"在今天所对应的地理位置,甘肃省境内有十五"道",正是先秦西戎诸部的历史遗留。但并非所有的戎族都在原居地归服了秦国的统治,也有些族体在强秦的攻伐下迁移他处,一部分可能经由陇东和陕北而进入今山西境内,并进而散布于中原地区。一部分戎族西迁河湟地区,同当地土著居民相融合,演化为后来族势再度兴盛的西羌。另有一部分向白龙江流域及川北迁徙,形成了汉、晋时期活跃在那一带的氐、羌诸部。

"狄"部族的最早称谓可追溯到"鬼方",其主要的活动地域,

---

[1] 祝中熹:《甘肃通史先秦卷》,甘肃人民出版社2013年版,第242页。

主要在今山西、陕西的北部，周初鬼方败亡后，余族流徙至甘肃境内。《山海经·海内北经》称之为"鬼国"，实为一族，后世称作"狄"，因其形象异于华夏，故被称为"鬼方"。在公元前17—16世纪到公元前12—11世纪之间，亚欧大陆的民族大迁移使欧亚草原的游牧部落不断分化、扩散，致使中国的西北部和北部承受了巨大压力。尤其是西域，出现了许多印欧语系的部族。当代研究古代西域史的学者们，多认为鬼方有可能是他们东迁的分支。

《周易·既济》云："高宗伐鬼方，三年克之。"高宗即商王武丁，战了三年之久，足见鬼方部族之强大。鬼方与姬周，作为殷商西北面的两个相邻强国，分属于不同的文化体系，彼此的矛盾冲突是在所难免的。早在先周经营陇东时，鬼方就时常侵扰，史言迫使周先祖古公亶父南迁岐下的"狄人"，就是鬼方。周灭商后，控制了原属鬼方势力范围的部分地区，分封赐姓，"怀姓九宗"，便含鬼方地域。怀姓即隗国，也即鬼方，乃春秋诸狄之祖。西周中期到战国时代，甘肃境内的诸戎中就包括狄族，文献中常戎、狄连称。

西汉时陇西郡设狄道、羌道、氐道，证明当时诸族各有其名，并不混淆。狄道即今临洮，汉代为陇西郡郡治，《汉志》颜注曰："其地有狄种，故云狄道。"表明狄道之设，确因该地为狄族即鬼方后裔的聚居地。狄道地名一直沿用至清末，至民国改为临洮。汉晋时天水地区有隗姓，当亦为狄族后裔。[1]

(二) 羌与氐

我国历史上的古羌人集中在今陕甘宁川的广大地区。文献中称为羌戎、西羌或西戎。关于羌人的记载，最早见于甲骨文。甲骨文"羌"有专称和泛称，专称指羌人的方国，泛称则包括西方各部落。羌，从羊从人；姜，从羊从女，羌、姜相通。"姜之与羌，其字出于同源，盖彼族以羊为图腾，故在姓为姜，在种为羌"。这种以羊为图腾的说法，也许就是羌被泛称为西北游牧民族的缘故。

---

[1] 祝中熹：《甘肃通史先秦卷》，甘肃人民出版社2013年版，第251、254页。

《诗经》记载周之始祖后稷为姜嫄所生,说明羌人和周人可能既是邻居,又是近亲。在商代后期,羌人经常受到商王朝的征伐、掠夺和奴役,商人在征服羌人后,将其作为人牲、奴隶,从事农牧业生产。后来,羌逐渐沦为商王朝的属领,受商直接统治。商朝末年,羌人由于受商长期压迫和奴役、剥削严重,因而积极参与了武王灭商的战争。战国初年,羌人的杰出首领无弋爱剑把农牧技术传至河湟一带,这里的羌人开始了农业和畜牧业相结合的生活,部落一度兴旺[①]。《后汉书·西羌列传》记述,秦献公在位时(前384—前362年),"欲复穆公之迹,兵临渭首,灭狄、獂戎"。秦人一度到达洮河一带,羌人畏秦之威,一部分向西迁徙,"出赐支河曲西数千里",发展成为后来的发羌、唐旄;还有一部分羌人,向南迁徙,遂繁衍成后来的牦牛、白马、参狼等诸种羌。

羌族有其独特的文化特性,在宗教信仰、生产和风俗习惯以及居住地区等方面与其他民族有明显区别[②]。《荀子·大略》也说"氐羌之虏也,不忧其系累,而忧其死不焚也。"羌族这种火葬习俗,到唐代被党项族所保持。《旧唐书·西戎传》记载:党项羌死则焚尸,名为火葬。

特别引人注目的是玉门火烧沟遗址中发现的四坝文化类型墓葬,除有大量红铜、青铜外,还有大量殉葬牲畜,包括猪狗牛马羊等,其中羊骨多而普遍另陶器、铜器也雕铸有逼真的羊头、羊角等。这一方面反映了牧羊业的发达,另一方面反映了该文化的主人以羊崇拜为图腾,与羌人"事源羝为大神"的记载相吻合。考古学家们认为,可能是古代羌族的一支,分布在河西的山丹、民乐至酒泉、玉门等地。

氐族是我国古老的民族之一,散布在今天甘肃、陕西、四川三省的交界地区。但商周时有关氐族的史料甚少。秦汉以后,氐族的

[①] 郭厚安、陈守忠:《甘肃古代近史》,兰州大学出版社1989年版,第92、94、95页。
[②] 郭厚安、陈守忠:《甘肃古代近史》,兰州大学出版社1989年版,第92、94、95页。

记载逐渐多了起来，发展历史也就逐渐明朗。传统的说法是氐人与三苗有关。三苗是我国上古重要的部落集团，原居住于洞庭湖与鄱阳湖之间。著名民族学家马长寿《氐与羌》一书（广西师范大学出版社2006年版）认为，氐族的原始分布地在甘肃的东南部，汉武都郡一带。自冉駹（嘉戎）以东北，是西汉水、白龙江、涪水上游等地。这些地区自古就是古氐族原始分布所在，并指出"武都郡的武都（治今甘肃西河西南）"，其地正为西汉水上游的今天水、陇南一带。《山海经·海内南经》记载"氐人国在建木西"。据考证，建木西就在今天的陕、甘交界一带。说明春秋以来，渭水上游的陇西地区是氐人的聚居区。秦建国后，氐人还遍布在今汉水、西汉水、白龙江、涪水上游等地区。氐人后来逐渐与华夏民族融合，直到今天，甘川交界一带的白马藏依然自称为氐族的后裔。[①]

三　秦长城的创修与秦代甘肃境内的主要部族

（一）秦长城的创修

秦始皇统一中国之后，郡县制的创立与秦长城的创修是对我国政治经济以及社会文化具有极其深远的影响的两个重大事件。据《史记·秦本纪》记载，秦武公十年（公元前688年）秦"伐邽戎，初县之"。当为我国置县之始。《地理志》记："陇西有上邽县"，应劭《风俗通》云："即邽戎，邑冀县，属天水郡。"应在今甘肃天水地区。

秦昭王二十七年（公元前280年），秦在甘肃东部从临洮（今岷县地，一说即今临洮）东北沿黄河河套修筑长城，这是战国末甘肃境内最早的重大建筑工程，今临洮、渭源、陇西、通渭、庆阳等县的秦长城遗址即始建于当时。

自秦昭王在甘肃建筑长城后，公元前213年秦始皇又开始了大规模的长城修筑活动，其西端在甘肃东部。《汉书·匈奴传》中说

---

① 张正锋、刘醒初：《中国地域文化通览甘肃卷》，中华书局2013年版，第35—37页。

"始皇帝使蒙恬将数十万之众,北击胡,悉收河南地,因河为塞,筑四十四县城临河,徙适戍以充之,而通直道。自九原至云阳,因边山险,堑溪谷,可缮者缮之。起临洮,至辽东万余里"。《水经注》中亦说:"始皇令扶苏与蒙恬筑长城,起自临洮,至于碣石。"

秦代甘肃东部长城,是当时甘肃自有史以来最具规模的一次营造建筑活动,也是甘肃人民在秦时一次最大的人力、物力、财力支出。大长城西段的建成,对于保护甘肃东部社会经济的稳定发展有积极意义。[①]

(二) 甘肃境内的主要古部族

当秦国经历由贵族社会向封建社会转化的时候,甘肃境内秦国势力一时鞭长莫及的地区,活跃着一些部族。

月氏,亦称月支或肉氏。早在商代,塞北地域便有了他们的足迹。随着时间的推移,月氏由塞北地域迁徙至河西走廊,中途经过新疆东部,形成了"居敦煌、祁连间"的形势。后至秦汉时期,东胡和月氏并称北方最强大的民族,麾下数十万军队枕戈待旦。

然而,经历过盛世的月氏一族,不久就遭受到了一次重大的挫折。曾在月氏为质的匈奴冒顿单于于174年打败了月氏,使得月氏一族大多迁至伊犁河上游地域。不久后,月氏又打败了大夏,并将自己的首都建立在了巴克特拉,月氏一族再度崛起。汉朝张骞出使西域,最主要的目的就是与当时的中亚强国——月氏,建立起同盟关系。

被匈奴冒顿单于打败后,逃至伊犁河地域的月氏族人主要从事游牧活动,他们的生活方式与匈奴一般无二,直到月氏在大夏建都后,月氏族人才开始从事农耕活动,并且发明了较为成熟的灌溉技术。月氏逐渐融入到当地民族之中,也因为其繁荣的商业一跃成为中西贸易的重要节点。

在连年混战中,也有少部分月氏族人没有西迁,被称为"小月

[①] 《甘肃省志·概述》,甘肃人民出版社1989年版,第41页。

氏"。后来，小月氏迁到了祁连山南屏，因其生产生活方式受到了羌人的影响，与青海的羌族文化逐渐融合，被称为"湟中月氏胡"，之后小月氏逐渐融合于羌人。另外还有数百户仍在张掖，被称为"义从胡"。

与新疆哈萨克族有血亲联系的古代乌孙族也是我国历史上的一个重要游牧民族。乌孙族因城池土地等因素，经常与河西走廊西部的月氏发生摩擦，经过历代乌孙王的努力，最终将月氏赶出了伊犁河流域。汉武帝时期，解忧和细君两位公主被派往乌孙都城赤谷城与乌孙王联姻。到了南北朝时期，乌孙族逐渐西迁，直至与葱岭北部的当地民族相融。

由战国的鬼方和猃狁演化而来的匈奴族，即胡族，同样是我国重要的早期游牧民族之一。战国时期的匈奴族经常活跃在燕赵以北的地区，冒顿单于的即位加之楚汉之争的原因，使得匈奴族日渐强大，不过几年光景，匈奴族领土便已北起贝加尔湖，南至阴山，西起葱岭，东至辽河。

"逐水草迁徙，毋城廓常处耕田之业"一直是匈奴族的主要生活模式，故而畜牧业也就成为了匈奴族的支柱性产业。匈奴族中的最高统治者是单于，单于之下分设左贤王庭、右贤王庭、单于庭三个机构。

匈奴鼎盛时期的军事力量可以用"控弦之士三十余万"来形容，因此，与匈奴相邻的西汉王朝经常受到匈奴的侵扰。后来，匈奴因不敌汉王朝的金戈铁骑而日渐衰落。汉宣帝即位时，匈奴各部落发生了"五单于纷争"。之后呼韩邪单于归顺大汉，王昭君被汉元帝下嫁给了呼韩邪单于，昭君出塞的典故也就由此产生。

随着时间的推移，匈奴族内部逐渐分裂，直到东汉初年，匈奴族已经完全分为了南北匈奴两个部分，北方匈奴远迁至欧洲，并与当地民族相融。南方匈奴则留在了中原，先后建立赵等政权，最终也逐渐与当地民族进行了融合。

卢水胡是一个多民族种族，包括了羌、小月氏、匈奴等民族，其中以匈奴为主。东汉时期,卢水胡族人主要居住在气候宜人、土壤肥沃的临松郡一带。到了魏晋时期,卢水胡主要分成了几部分,外迁的卢水胡族分别迁往了陕西、凉州、四川等地。之后,甘肃武威、张掖一带的卢水胡建立起了北凉割据政权,但是随着北凉的灭亡,卢水胡遗民也逐渐与当地民族相融了。

党项作为羌的一支,由于崇尚武力的原因,在南北朝后发展得尤为迅速。党项以"姓氏"作为部落划分的标准,各个部落之间互不统一,其中最为强大的部落当属拓跋氏部落。党项的拓跋氏部落首领拓跋赤辞和拓跋思恭分别被唐、宋赐李姓和赵姓,直到元统一了中国,党项才与其他民族逐渐融合。

东胡的分支——鲜卑,据传有熊氏的苗裔。在东汉末年,鲜卑由于汉制铁器的引进,生产技术和军事力量得到了极大的提升。到了魏文帝时期,鲜卑分裂成了几个互不管辖的分支,其中包括位于雍、凉一带的秃发部和乞伏部。

乞伏部鲜卑由于战争、生活等因素,先后迁至高平川、甘肃陇西之地,故而又称"陇西鲜卑",之后建立起了西秦割据政权。

陇西鲜卑在从漠北南迁时仍以游牧为主,处于原始社会末期。西秦建立后进入了奴隶社会。陇西鲜卑在北魏统一中国北部后,随着北方各民族大融合也逐渐融合于汉族及其他民族之中。

鲜卑秃发部由漠北内迁秦、雍。大部分秃发部因定居于河西走廊而得名"河西鲜卑"。七传至秃发乌孤,此人很有作为,于公元397年在西平(今青海西宁)建立了南凉政权。此后的河西鲜卑也汇于了北方各民族大融合之中。

吐谷浑原属于鲜卑族的慕容氏部,先是迁徙至阴山一带,后到西晋时期迁至甘肃临夏的洮河流域,直至扩展至今甘南、青海湟水、四川西北等地,与羌族、氐族混居。吐谷浑以肉和乳酪为主要食物来源,并且遵循着北方游牧民族的游牧生活方式。吐谷浑除畜牧业外也有原始的农业,他们种植大麦、蔓菁、菽粟等。

十六国时期,吐谷浑的孙子叶延正式建立政权,以其祖父吐谷浑的名字作为国号和部族名字，也作为了姓氏。

唐朝初期，太宗皇帝因不堪吐谷浑部落的侵扰，便派李靖为大将，起兵讨伐吐谷浑。随后，被打败的吐谷浑被迫归降唐，并迁至灵州。吐谷浑与灵州当地的汉族互通有无，逐渐相融。而没有迁至灵州的吐谷浑部则与青、甘一带的蒙古族、藏族相融。

我国古代另一重要少数民族吐蕃位于我国西部地区，吐蕃源于东汉时期起义失败的羌族。松赞干布在统一了吐蕃之后，便建立起了吐蕃王朝，太宗皇帝为联盟吐蕃，将文成公主下嫁于松赞干布。吐蕃趁安史之乱攻占了河西、陇右。直至公元848年沙州张议潮起义，结束了吐蕃在河西、陇右的统治。

第二节 文明的交流对话与甘肃世居少数民族

一 张骞出使西域

汉武帝为了解西域，曾先后两次派张骞通过甘肃出使西域，并倾国力向今新疆及其以西的中亚、西亚等地区发展。汉代初期匈奴不仅占据整个河西走廊，而且势力一直发展到西域诸国，由西边日逐王统治天山南北的30多个城邦国家。日逐王设置"童仆都尉"常驻焉耆、危须（今博斯腾湖北）、尉犁间，"赋税诸国，取富给焉"[1]，对西域人民进行残酷的经济剥削。匈奴的统治阶级和贵族们，凭借其强大的军事力量，经常侵犯汉王朝的边境，进行烧杀掠夺，掠夺范围甚至达到了长安和甘泉地域。被战火波及的西域民族和中原人民苦不堪言，惶惶不可终日。并且匈奴的掠夺活动基本上中止了中原和西域的商贸联系，严重破坏了中西部的交通要道。

甘肃西部武威、张掖、酒泉等地位于河西走廊，亦即狭义上的河西地区。这一地区是东西长约一千公里、南北宽几公里至一百多公里的狭长地带，南北则两山（南为祁连山，北有马鬃山、合黎山

---

[1]《汉书·西域传》，中华书局1962年版，第3872页。

和龙首山）夹峙，形同走廊，故又称"河西走廊"。汉王朝西邻的匈奴和西羌虎视眈眈，对汉王朝的西部边境造成了严重的威胁。因此，匈奴控制西域和西羌后，形成了一只强有力的"右臂"，不断地侵扰西汉边境。汉武帝即位后，客观分析西北地区的形势，采取了卓有成效的措施，这就是所谓的"断匈奴右臂"的战略，在决定对匈奴发动战争之前，首先争取与西域各国结盟，以孤立匈奴，并隔断匈奴与西羌的联系。汉武帝打通西域，主要目的即在于此。同时，汉朝国内经济发展，商业繁荣，在客观上要求开通对西域贸易的商路。张骞就是在这种历史大背景下出使西域，开通联系中西交往的丝绸之路的。

面对强大的匈奴，汉武帝采取了极其慎重的态度。公元前140年，当汉武帝听到"匈奴降者言：匈奴破月氏王，以其头为饮器，月氏遁而怨匈奴，无与共击之"[1]的消息后，认为对匈奴进行决战的时机已经成熟，汉朝可以联络被匈奴赶走的大月氏，进攻匈奴的右翼，然后集中大军从正面发动进攻，制服匈奴。他决定派遣使臣去西域联络大月氏，当时去西域，在出陇西郡（治地在今临洮）后，必须经过河西走廊，而该地区却被匈奴占据，这就要求必须选择一位特别机智勇敢的人才能完成这一重大使命。汉武帝公开"募能使者"，今陕西省城固县人张骞（约前164年—前114年）脱颖而出，应募出使。

汉武帝建元二年（前139年），张骞带领100多人的使团，第一次出使西域。张骞从陇西郡出发后，行至祁连山脉附近不幸被匈奴俘获。受俘期间，匈奴单于逼迫张骞迎娶匈奴女人，并与之生下了孩子，即使是这般屈辱也未曾使张骞忘记自己身为"汉臣"的责任。在公元前129年，张骞与其随从堂邑父趁乱逃跑，经过车师国、龟兹国、疏勒国等地，逃至大宛。大宛王热情的接待了他们并派人做向导，帮助张骞最终到达月氏人所在地的康居（今巴尔喀什

---

[1] 《汉书·西域传》，中华书局1962年版，第2687页。

湖和咸海之间）。但月氏人疲于战争、西迁家园、休养生息，月氏王拒绝了汉王朝的军事联盟之意。张骞他们在途中看到了汗血马，在临近的大夏国，看到了当地人称为来自身毒（印度）的四川邛竹杖、蜀布等。表面上看张骞的任务失败了，但他对一路的所见所闻事无巨细的做了详细的记录。

前128年，张骞搜集了丝绸之路腹地的大量资料后启程回国。张骞为了不被匈奴再次俘虏，特意从昆仑山北麓行进，经过莎车、于阗、鄯善等地后，终于抵达了中原地区。然而，不幸的是张骞虽然逃过了匈奴的魔爪，却被匈奴的同盟羌俘获。公元前126年，张骞带领其随从堂邑父趁单于病逝，逃离了魔爪。他们跋涉于沙漠、戈壁、冰天雪地之中，以射猎飞禽走兽为食物，历尽艰险，行程万里，终于回到汉朝。前后历时13年，出发时的100余人，归来时只有他和堂邑父两人，汉武帝封张骞为太中大夫。

张骞虽然没有完成和大月氏结盟、共同攻击匈奴的目的，但"骞身所至者大宛、大月氏、大夏、康居"[①]，了解到有关西域各国的政治、经济、风俗、民情等情况，为汉朝了解外部世界打开了一扇窗口。他开拓的主要在天山南麓的线路，就是今日的丝绸之路中线。

汉武帝元朔二年（前127年），汉将卫青大败匈奴，将匈奴赶到黄河以北，汉朝控制了今黄河河套以南地区。元朔六年（前123年），张骞以校尉身份"从大将军击匈奴，知水草处，军得以不乏，乃封骞为博望侯"。公元前121年，汉武帝拜霍去病为大将，出击匈奴。匈奴浑邪王不敌，从此汉朝对河西走廊实现了完全控制。公元前119年，汉武帝再次派霍去病迎战匈奴，并派卫青从另一路出击匈奴，匈奴两面受敌，溃不成军，逃至漠北一带后，便再无力南犯汉朝领土。

汉武帝再次召见张骞，询问西域形势。张骞在第一次出使西域

[①] 《史记·大宛列传》，中华书局1962年版，第3160页。

时得知居住于伊犁河流域的乌孙国，原来世居河西，与匈奴有矛盾，因不肯侍奉匈奴，故匈奴派兵攻打，未能获胜，从此结怨更深。张骞向武帝建议，要彻底击溃匈奴贵族势力，必须利用乌孙与匈奴的矛盾，与乌孙结成抗匈同盟，"结昆弟，其势宜听，则是断匈奴右臂也。既连乌孙，自其西大夏之属皆可招来而为外臣"。

于是汉武帝决定再次派张骞出使西域，与乌孙结成同盟。元狩四年（前119年），武帝封张骞为中郎将。张骞带领300名副使和随从、马匹约600、万数牛羊以及金帛，浩浩荡荡地经河西穿过白龙堆（今敦煌以西），再向西北经焉耆、龟兹，顺利到达乌孙的赤谷城（今吉尔吉斯坦伊什特克城）。

张骞到乌孙赤谷城后，得知乌孙内部已一分为三，加之不了解汉朝，拒绝了汉朝联盟的计划，但表示愿意与汉朝建立关系。当张骞返回时，"乌孙遣使数十人，马数十匹"，与张骞一起返汉致谢。并且张骞在出使期间，还派遣了许多使节分别出使安息、月氏、康居、大宛、身毒等国家，使节们不辱使命，与各国使臣纷纷返汉致谢。

张骞出使西域，开通了中西陆路交通的丝绸之路，为中国和中亚各国及地区的政治、经济、文化交流开创了新纪元。[①]

二 列"四郡"、据"两关"及汉长城的修建

汉初，匈奴不断南侵，严重威胁边郡社会经济的发展，汉武帝元光二年（公元前133年），汉朝开始了对匈奴的战争，元朔二年（公元前127年）大将军卫青出云中击匈奴，夺取河南地。元狩二年（公元前121年）骠骑将军霍去病西出陇西，过焉支山，深入匈奴千余里，大败浑邪王及休屠王，匈奴退出河西，河西从此归入汉朝版图。《汉书·西域传》记："汉兴至于孝武，事征四夷……其后骠骑将军破匈奴右地，降浑邪、休屠王，遂空其地，始筑令居

---

① 张正锋、刘醒初：《中国地域文化通览甘肃卷》，中华书局2013年版，第327—329页。

（甘肃永登）以西，初置酒泉郡。后稍发徙民充实之，分置武威、张掖、敦煌，列四郡，据两关焉。"

随着河西四郡的建立，汉在河西修筑了从令居到敦煌的长城要塞，东西长达500多公里。同时还沿长城设置"亭障""烽燧"，派大批戍卒驻守。士兵的驻守也保证了延长城往来商队的人身和财产的安全。关隘的设置也是汉朝对丝绸之路河西走廊段的贸易保障和管理机制。

河西四郡的建立及河西防务的强化是我国中西交通史上的重大事件。中西交通由来已久，早在春秋战国时代，河西就已是中原与西域民间交通的必经通道，公元前5至前4世纪，希腊人就已经知道中国丝绸。只是由于匈奴占据河西之后才被隔断。汉在河西的行政、军事设置，将这条古老的民间交流通道官方化，无疑对丝绸之路商道的畅通起了重要的保证作用。[①]

三　丝绸之路以及路上的文明

汉代敦煌，是中西交通的枢纽。由敦煌出发至楼兰，再向西分两道：南道缘昆仑山北麓至和田；北道缘天山南路至疏勒，再自疏勒向西南越葱岭经大月氏、大夏可至安息。这是自汉武帝以后，贩丝商队所走的主要大道。当时，自疏勒西北行，经大宛、康居还可到奄蔡。另外，自敦煌出发西北行也分两道：一自天山南路西走，会合北道至疏勒；一缘天山北路西去，也可至大宛、康居。敦煌作为汉代西北的国际交通中心，对中国和西方都起过重要的历史作用。

自丝绸之路开通之后，西域之物源源不断传入中国，除著名的大宛马以外，苜蓿、葡萄、石榴、胡桃、胡豆等物都是由此传入；西域音乐、乐器及舞蹈艺术为我国的音乐艺术增添了新的内容。尤其是佛教哲学、艺术的传入，对中国人的精神生活产生了至今仍然

---

① 《甘肃省志·概述》，甘肃人民出版社1989年版，第42页。

存在的深远影响。

丝绸之路的开通，给中国的丝织品大规模的向西输出创造了条件。百人商队络绎不绝的行经河西走廊，之后再由西域转运至中亚及欧洲；安息一些商人就专门从事转运中国丝绸的贸易活动。随着商队西去，中国的生产技术以及思想文化也传向西方并对西方的经济文化发展产生了助进作用，如蚕丝技术、冶炼技术、凿井技术。丝绸之路商贸的繁荣，同时带动了沿途城市采掘与冶炼业、建筑业、纺织业、木器业、制陶业、酿造业、园艺业、玉石加工业、漆器业、造纸业、酿造业、制糖业、粮食加工业、皮革业、药材业等各行各业的极大发展。[1]

丝绸之路的官方化形成于公元前后的两汉时期，当时它东面的起点是长安（今西安），经陇西郡（今临洮）西行，然后通过河西走廊，在玉门关或阳关出甘肃。

隋唐是丝绸之路的鼎盛时期。丝绸之路的畅通，使敦煌、酒泉、张掖、武威四郡成为丝绸之路上的重要商埠和国家对外开放的重要基地，极大的带动了甘肃经济、文化的发展与繁荣。唐朝中后期，由于"安史之乱"、藩镇割据和吐蕃的崛起，导致丝绸之路时断时续，至唐末、五代，丝路贸易日趋衰落，这条路上的繁华也渐渐消退。北宋时期，罗盘的发明促进了航海技术的进步，丝绸之路逐渐由陆路向海道转移，但陆上交通也并未消失。公元1014年，西夏攻占西凉后，控制了河西走廊地区，丝绸之路向南转移，经由祁连山南麓向西，史称青塘道或南丝绸之路。

习惯上，甘肃省境内的丝绸之路常被分为陇西段与河西段。

陇西段北线由西汉国都长安（西安）出发到咸阳，沿渭河经凤翔、虢县（宝鸡），过汧县（陇县），翻越六盘山，北上原州（固原），沿乌水（今清水河）经石门关（须弥山下），折向西北，在今靖远县石门川索桥古渡处或鹯阴渡口渡黄河，经媪围，沿着腾格

---

[1] 《甘肃省志·概述》，甘肃人民出版社1989年版，第42页。

里沙漠边缘到达武威。以此道为轴，还有两条通道：一条从唐长安至陇州（陇县）后，沿陇山东麓过今华亭县，至宁夏泾源，过制胜关，越六盘山，达兰州；一条由咸阳到今甘肃宁县后，沿茹河进入固原，在靖远或景泰渡过黄河，向西北至景泰，再到武威。

陇西段中线开辟时间为公元前109年，汉武帝在平襄县（今通渭）设天水郡时，这条路从长安沿渭河过陇关（后称大震关），翻越陇山，经张家川、陇城（秦安北）、通渭、定西、榆中、兰州，在金城关（在今兰州市白塔山）渡过黄河，溯庄浪河，再经永登越乌鞘岭抵达武威。汉代，北有匈奴，南有羌氐，陇西段中线最安全，而且补给较为充足，是汉代重要的军事运输线和商道，后来成为主要干线。

陇西段南线，从唐长安到陇县，出陇关，翻越陇山，在张家川马鹿镇向南，经清水县，过上邽天水，沿着渭河向西行，经过甘谷、武山、陇西、渭源、抵临洮，渡过洮河，再经过临夏，于永靖过黄河，出积石山，经陇右节度使治地鄯州（今青海乐都）到鄯城（今西宁），越祁连山大斗拔谷（扁都口）到张掖。这条路开通于西汉，兴盛于隋唐，石板路至今尚存。丝绸之路陇西段过黄河后逐渐汇聚成一条主要通道，这就是丝绸之路河西段。丝绸之路沿河西走廊依次经过凉州（武威）、永昌、山丹到达甘州（张掖）。然后，由甘州西行到肃州（酒泉），再由酒泉往西出嘉峪关，经过玉门镇、瓜州到达中西交通的咽喉之地——沙州（敦煌）。

另外，丝绸之路河西段还有一条重要支线，即由张掖或酒泉沿黑河到居延，汉代时沿途设有肩水都尉府和肩水金关，也可以由敦煌南下青海。

实际上，前面所述各条路线在保持基本走向与框架的前提下，往往是纵横交错、变化不断的。如在丝绸之路发展历史上占有重要地位的丝绸之路河南道之形成、变迁及所处地理位置，就充分印证了这一点。

南北朝时期形成了丝绸之路河南道，是一条以从若羌、敦煌或凉州（武威）出发，经过柴达木盆地、青海湖至黄河以南的吐谷浑地区后抵达长江上游的松潘地区，继而沿岷江而下到古代益州（成都）、建康（南京）为主要线路的国际通道。

这条路线在甘肃省境内有三段：第一段是由松潘出发，沿东岷江而上经四川南坪至文县的阴平南支道；第二段是由文县出发，经峰迭、华严诸古城到迭部的阴平中支道西段；第三段是由迭部出发，经碌曲、夏河、临夏到西宁的河南中支道。

南北朝时期的中国南北方并不统一，北方的东西部也时分时合。丝绸之路河南道在些时才被正式开辟出来并成为主要干道。然而，早在新石器时代晚期，居住于青海湟水流域的戎羌民族与甘南居民就在这条道路进行着原始民间往来贸易，甘南至青海商业通道的雏形初步形成，一直延续到四世纪初的前凉时期。

西晋政权覆灭后，群雄割据，张轨控制了新疆东部、青海大部分地区以及河西走廊，并且在甘肃武威建立了前凉政权。丝绸之路在中西贸易中逐渐成形。后来，前凉政权也覆灭后，吐谷浑在今河南地区建立起"河南国"。所以这条道被称作"吐谷浑道"或"河南道"，今日也称其为"青海道"。据考证，东晋、南朝、前凉、吐谷浑、柔然、丁零、突厥、铁勒以及西域、中亚、西亚许多古代国家的旅行者多行经此道。

丝绸之路河南道甘南段对西北、西南和藏区的政治、经济、文化交流起过重要作用。其路沿岷江和白龙江河谷西行过大夏河或黄河干道河谷，由东南向西北斜穿甘南全境。以此路连通四川、青海，它在甘肃境内不仅连接沙漠丝绸之路和南方丝绸之路，也与唐蕃古道交汇于此。

唐蕃古道从长安出发沿丝绸之路东段西行，过咸阳，越陇山，经甘肃天水、陇西、临洮至临夏，在今炳灵寺或积石山的大河家渡黄河，进入青海民和，经古鄯、乐都、西宁、湟源等地，最后到达西藏的拉萨。这条全长3000余公里，跨越世界屋脊的路连通了我国与西南的友好邻邦。

丝绸之路河南道与唐蕃古道在甘肃南部交汇，把中国的中原、江南、西南与沿途西部各民族紧紧联系在一起，进而贯通中国与中亚、欧洲及印度、尼泊尔等南亚诸国的联系。北宋时，西夏切断了河西走廊。唃厮啰为"联宋抗夏"，在甘肃、青海开辟了南丝绸之路，并保证丝绸之路南线畅通无阻，该线成为宋代通往西域的主要通道。

丝绸之路在甘肃境内，至今保存着众多的石窟、古桥、渡口、险塞、关隘、古城、驿站和大型墓葬群等中西文化交流的遗址、遗物，它们在某种程度上成为整个丝绸之路文化发展的缩影。[1]

四　历史上甘肃境内的少数民族政权

魏晋南北朝时期，公元4—5世纪，中原迭经战乱，社会经济受到很大破坏；而甘肃河西地区却出现了灿烂的"五凉文化"。其为十六国时期建立在甘肃西部的五个割据政权，它们分别是汉族张氏建立的前凉、氐族吕氏建立的后凉、鲜卑秃发氏建立的南凉、汉族李氏建立的西凉和匈奴沮渠氏建立的北凉。在五凉时期的河西地区发端并保存，在北魏时期传入中原并在唐代得以发扬光大的中国传统文化被称为是"五凉文化"。

虽然后凉的建立者吕光生于氐、南凉的建立者秃发乌孤生于鲜卑、北凉的建立者沮渠蒙逊生于匈奴，但由于长期生活在汉族文化圈内，都受到不同程度的汉化，且钦慕华风。其中，沮渠蒙逊尤为突出，并素著人望。《晋书·沮渠蒙逊载记》称他"博涉群史，颇晓天文，雄杰有英略，滑稽善权变外"，是一位文武全才和足智多谋的政治家。与沮渠蒙逊的才智相比，吕光和秃发乌孤要逊色得多，然而他们也懂得用兴理文教来争正朔的道理，身边常有一批汉族士人为他们经邦论道。因此，纵然后凉和南凉时期学风不盛，但也微波荡漾，重文兴教，时而受到重视。

---

[1] 张正锋、刘醒初：《中国地域文化通览甘肃卷》，中华书局2013年版，第343—345页。

后凉（公元386—403年）为吕光所建。吕光，氐族，略阳（今秦安）人，"世为氐酋豪"。吕光原为前秦骁骑将军，后出征西域，使西域30余国先后归附前秦。吕光从西域归来途中，正值"淝水之战"苻坚失败之时，遂乘机击败前秦凉州刺史梁熙而自立。公元386年自称凉王，号酒泉公，因也建都姑臧，故史称后凉。吕光传位其子绍，后传至吕隆，在公元403年被后秦所吞并。

南凉（公元397—414年）为河西鲜卑族领袖秃发乌孤所建，都西平（今青海西宁），后迁乐都。秃发乌孤建国后，对外采取东和西秦、北结北凉的政策，以图国盛。但乌孤不幸于公元399年醉酒坠马身亡。其弟利鹿孤继位，后又传位其子傉檀。至公元414年为西秦所亡。

北凉（公元401—439年）为沮渠蒙逊所建。沮渠蒙逊为卢水胡族，临松（今张掖）卢水人，博涉群史，颇有雄才大略。他重视文化，爱惜人才；严于法治，法不避亲；注重发展农业生产，使北凉国力很快强盛起来。在此基础上，沮渠蒙逊向四方扩张，从公元411年东占姑臧，到公元421年灭西凉，占有了全部河西走廊。沮渠蒙逊死后，子沮渠茂虔继位。公元439年被北魏所统一。[①]

西羌在秦时南迁到武都地区，被称为"参狼羌"。其中的一支，因聚居于宕昌城（故城在今宕昌县东南）而称宕昌羌。西晋末年，宕昌羌已经形成了个大的部落集团。当时，"有梁勒者，世为酋帅，得羌豪心，乃自称王焉"。至梁勒之孙梁弥忽时，通使北魏，正式建立宕昌国政权。其界自"仇池以西，东西千里，带水以南，南北八百里，地多山阜"，辖区大约包括今临潭、岷县南部至天水西界和武都北界一带。宕昌国自弥忽至仚定，共9世。保定五年（公元565年），北周武帝派大将军田弘率军打败了宕昌国，改其地为宕州，兼置宕昌郡。

邓至国亦由羌部落组成，这些羌族，因分布在白水流域，故称

[①] 《甘肃省志·概述》，甘肃人民出版社1989年版，第79页。

白水羌。据《周书》记载："有像舒治（一作像舒彭），世为白水酋帅，自称王焉。"其辖区大致包括今天蜀陇间的白水江上游南北以及岷江上游诸地。邓至国的风俗物产、服饰等与宕昌国相近。邓至国自像舒治建国，至檐桁，共 11 世，约七八十年。西魏恭帝元年（公元 554 年），邓至王檐桁失国奔长安，宇文泰派兵将他送回邓至。当时邓至以西诸地仍被吐谷浑占据。北周时，在邓至各地建置了郡县。

甘肃的西汉水和白龙江流域，自古以来就是氐族分布的中心。这里山川险要，土地肥沃，物产丰富，其中有仇池山，地处甘、川、陕三省交界。《水经注》云："仇池绝壁，峭峙险，登高望之，形若覆壶，高二十余里，羊肠盘道，三十六回。上有平田百顷，煮土为盐，因以百顷为号。"当中原因战乱分裂之际，氐族酋豪杨氏先后在此建立了五个地方政权，它们是：前仇池国（公元 296—371 年）、后仇池国（公元 386—443 年）、武都国（公元 447—477 年）、武兴国（公元 478—553 年）、阴平国（公元 477—580 年）。

吐谷浑自漠北迁徙西北后，至吐谷浑之孙叶延时（约公元 319 年）始建政权。传六世至阿豺，"自号骠骑将军、沙州刺史……兼并羌、氐地方数千里，号为强国"。从此，吐谷浑国进入了一个兴盛时期，成为西北地区举足轻重的强国。

公元 490 年，伏连筹继吐谷浑王位。"内修职贡，外并戎狄，塞表之中，号为强富。准拟天朝，树置官司，称制诸国，以自夸大。"吐谷浑国达到鼎盛时期，势力扩展到了今新疆东部鄯善、且末一带。伏连筹死，子夸吕继位，始自号可汗，居伏俟城。隋朝几次发兵打败了吐谷浑，吐谷浑国始由盛转衰。至唐太宗时，由于吐谷浑侵扰西北边境，诏李靖、侯君集征讨，杀其王伏允，另立诺曷钵为可汗。公元 663 年，吐谷浑为吐蕃所亡。

西迁的 3 支回鹘，先后建立了高昌回鹘汗国、喀喇汗王朝和甘州回鹘汗国。甘州回鹘自唐末建立政权，历五代至北宋，逐渐发展壮大，公元 11 世纪初，进入鼎盛时期。甘州回鹘汗国政权存在近 200 年，前后共传 10 个可汗。宋仁宗天圣六年（公元 1028 年），西夏李元昊领兵攻陷甘州，甘州回鹘政权遂亡。

甘州回鹘汗国是游牧的、分散的军事联盟。虽然在甘州设有牙帐作为政权中心，但各地自立酋长，不相统属，分散而牧，具有很大的独立性。甘州回鹘汗国与中原王朝一直保持密切联系，以甥舅互称。唐、五代及宋，都有公主与甘州回鹘汗国可汗联姻，甘州回鹘也经常遣使朝贡中原王朝。甘州回鹘汗国地处中西交通的要冲，它不仅和西域各国交换频繁，而且与西方的波斯、天竺、大秦都有间接或直接的商业交往。甘州回鹘进入河西走廊后，逐渐学会了农耕，进入了半农半牧的生产方式，其生活方式也从游牧逐渐走向定居。

西夏为党项羌的拓跋部所建。唐初，党项首领拓跋赤辞率部归附于唐，唐封赤辞为西戎州都督，赐姓李氏。之后，经唐末拓跋思恭，至宋初李（拓跋）继捧，基本上与中原王朝保持友好关系。后传位至李继迁，不断扩张，使贺兰山以西、陇山内外诸族不下数十万帐"无不帖服"，并攻下灵州和西凉府，成为雄踞一方的割据势力。

公元 1038 年，李元昊仿汉制，自称皇帝，取名大夏，定都兴庆府（今银川市）。其地因位于宋之西北，故称西夏。

西夏官制，多与宋同。中央设置中书省和枢密院，分掌文武，下设 16 司。地方设立州郡。在军事编制上，西夏保留党项人的传统，设置 12 监军司。

西夏强盛时，其"境土二万余里"，全国分为 22 州。境内居民除党项人和汉人之外，还有吐蕃人、回鹘人、塔塔尔人等。汉人主要从事农耕，党项、回鹘、吐蕃人主要从事畜牧。西夏畜牧业相当发达，同时重视兴修水利，农业也较发达。境内产盐，手工业有铁矿开采。对外贸易兴盛，"商贩如织"，并有西夏货币。

西夏文化随着农牧业、手工业、商业的发展而发展。李元昊创造西夏文字，其文字与契丹、女真字相仿，一字一音，共有6000多字。重视教育，设立"番学"。西夏大量吸收汉族封建文化，也使用汉字、汉语，重视儒学教育。信仰佛教，修建佛寺。

李元昊死后，西夏国势由盛转衰，国内权力斗争加剧，最后在公元1227年为蒙古汗国所统一。西夏自李元昊称帝，直至覆灭，共历10主，190余年。[①]

今甘肃兰州在西晋之后先后出现过几个割据政权，例如匈奴族的前赵、羯族的后赵、氐族的前秦，以及甘肃东部武都地区氐人建立的仇池国。

南北朝时期是甘肃发展史的一个独特时期。这一时期的重要特点是汉、鲜卑、氐羌、柔然等族互相影响，民族继续融合。南北朝之际，甘肃各兄弟民族由于世代杂居，融合程度进一步深化，到隋唐时，原甘肃境内主要地区纷繁复杂的兄弟民族基本上融为一体。各割据政权处于较低的经济文化发展阶段，从而产生了频繁的掠夺性战争，以财富、土地和人口为直接目标。战争和大规模的强迫性移民，虽然不可避免的对社会和生产造成了破坏，但更多的是促进了各民族之间血统的融合和经济文化的交流。另外，不少民族割据政权，为了巩固和发展自己的实力，都会学习汉族较高的生产技术和主动任用汉族硕学名士。

张骞的凿空西域与丝绸之路的开通，是横跨欧亚大陆、长达7000多公里的东西方贸易之路的开通。此路通于西汉武帝时期，盛于隋唐，衰落于宋元。古丝绸之路自中原出发，远至地中海地区，形成了南北中三道，甘肃则是每一条道路的必经之地。通过丝绸之路，中原地区的丝绸传入西域、印度、中亚、西亚乃至欧洲、非洲，西域的汗血马、苜蓿、胡桃（核桃）、胡麻、胡豆（蚕豆）、胡瓜（黄瓜）、石榴等物产和佛教、祆教、景教、摩尼教等宗教，以及西方的音乐、舞蹈、绘画、雕塑，也随之传入中国。中原地区

[①] 《甘肃省志·概述》，甘肃人民出版社1989年版，第80—84页。

与西域的各个民族，与中亚、西亚甚至欧洲和非洲的不少国家，进行经济和文化交流。即使在海上交通开辟之后，这条陆上通道也并未废弃。可以说汉唐时期的甘肃，在中西交通史和民族、文化及宗教的传播和融合上发挥过极为重要的作用。

第三节　人员的互动往来与甘肃当代少数民族

一　元明清时期的西北各民族的互动往来

13世纪，在漠北草原兴起的蒙古族南下西征，对中国西北地区的民族分布格局和政治形势产生了相当大的影响。

首先，成吉思汗和他的子孙对中亚和欧洲进行了三次大规模的"西征"，使大批身为伊斯兰教信徒的波斯、中亚和阿拉伯的士兵、工匠及妇女儿童迁徙到了中国的西北乃至全国各地。史书中把这批移民称为"回回"。他们因为军屯、经商等原因，定居于今西北的陕、甘、宁、青等地，并与当地的汉族或其他民族通婚。在共同的生产及生活方式等因素的影响下，最终形成了西北的回族、东乡、保安、撒拉等民族。

其次，蒙古灭亡西夏和金朝后，大批蒙古游牧民及其家属移牧于西北地区，逐渐与当地其他民族融合，形成新的西北民族，比如今天西北的土、裕固、东乡、保安等民族，在形成过程中都含有蒙古族的成分。

明朝中后期蒙古族的南下西进，是继唐宋时期吐蕃北上扩张造成河陇地区吐蕃化、回鹘西迁完成塔里木盆地突厥化后的又一次民族大迁徙和大融合，而且规模更大、范围更广、持续时间更长。这几次民族迁徙浪潮前后相继，共同奠定了今日西北地区民族分布格局。[①]

[①] 刘基：《华夏文明在甘肃·历史文化卷下》，人民出版社2013年版，第555页。

二 甘肃当代少数民族

（一）蒙古族

甘肃的蒙古族，主要为肃北蒙古族，人口约 10935 人（2010年）[①]，聚居于河西走廊西端酒泉地区的南部和北部的肃北蒙古族自治县境内。南部坐落在祁连山脉的西缘、河西走廊西端的南侧，习惯称南山地区，是自治县县政府所在地；北部马鬃山地区，在河西走廊西端的北侧，习惯称"北山地区"。甘肃的蒙古族主要集中在肃北蒙古族自治县的管辖区域内，其余散居在武威、张掖、兰州等地。[②]

蒙古族形成于 12 世纪末 13 世纪初的蒙古高原，是由游牧于呼伦湖一带的东胡系室韦部在融合其他部落形成"蒙兀儿室韦"的基础上，统一了蒙古高原各部，并与之相互融合中逐渐形成的。1206年，铁木真建立了蒙古政权，被视为蒙古族形成的标志。被尊称为"成吉思汗"的铁木真，成为新兴的蒙古政权的最高首领，他与其子孙东征西讨，在更大范围内重新实现了全国的统一，在此过程中，蒙古游牧千户分散到西北各地，与当地民族相互交流融合，对近代西北民族分布格局的形成有深远影响。

西夏被蒙古灭后的故地部分被赐给了各王、驸马作为了领地，例如山丹分给了察合台之孙阿只吉，沙州分给了龙赤之子拔都。窝阔台汗时期，阔端得到了以西凉为中心的唐兀惕之地作为兀鲁思。大批蒙古牧民迁入适于游牧的西夏故地。忽必烈统治时期，从中亚来的以出伯为首的察合台后王军民集团入据河西西部，元王朝把瓜州、沙州设定为接纳其部民的地方。忽必烈的儿子爱才赤所部游牧在兀剌海路，奥鲁赤镇守河州以南吐蕃之地。

明朝建立后，蒙古族退出中原，继续与明朝对峙。在此后的

[①] 甘肃人口普查办公室：《甘肃省 2010 年人口普查资料（上册）》，中国统计出版社 2012 年版。

[②] 高小强、铁文英：《甘肃少数民族文化概论》，中央民族大学出版社 2014 年版，第 188 页。

200年间，蒙古部落以大漠为界，分化为3个集团——漠南蒙古、漠北喀尔喀蒙古和漠西卫拉特（瓦剌）蒙古。活动在西北地区的，主要是卫拉特蒙古。明末清初，西蒙古主要分为四部：和硕特、杜尔伯特、准噶尔、土尔扈特部。四部的游牧地以准噶尔盆地为中心，北达斋桑泊，西抵巴尔喀什湖，西南至楚河，南至天山山脉腹地。其中准噶尔以伊犁河流域为中心，杜尔伯特游牧于额尔齐斯河两岸，和硕特活动在乌鲁木齐一带，土尔扈特则在塔尔巴哈台及其以北地带。清朝初年，卫拉特联盟的盟主是准噶尔部，因进犯漠北喀尔喀蒙古而遭到清朝干预，经过康、雍、乾三代经营，清朝平定了准噶尔部。乾隆三十六年（1771），此前移牧于伏尔加河畔的土尔扈特部落在首领渥巴锡的带领下返回故土，清政府将其仍安置在新疆北部草原。自元至清，蒙古部落数次进出青藏高原。明清之际，以和硕特为主的西蒙古部落再次大举入据青海地区，水草丰美的青海湖环海地区成为他们的主要游牧地，原驻牧于这里的藏族部落被迫迁往黄河南岸（今青海循化、同仁、尖头、贵德等地）游牧，形成蒙藏二族以黄河为界，"南番北蒙"的分布格局。还有一部分和硕特部落入牧西套阿拉善地区，一部分土尔扈特部落驻牧额济纳地区。据估计，清代初期分驻西藏、青海、西套的各蒙古部落，拥有约20万以上的人口。雍正三年（1725），清政府按照内蒙古扎萨克旗编制办法，编旗划界，将青海蒙古各部编成29旗，雍正九年（1731）编建额济纳旗，加上康熙三十六年（1697）已编建的阿拉善旗，甘青蒙古亦全部纳入盟旗制度之内。[①]

（二）藏族

藏族是甘肃省人口较多的少数民族之一，人口约488359（2010年）[②]。甘肃省的藏族主要分布在甘南藏族自治州，沿祁连山的肃南裕固族自治县与陇南山区的岷县、宕昌县、武都县和文县，天祝藏

[①] 刘基：《华夏文明在甘肃·历史文化卷下》，人民出版社2013年版，第556—557页。

[②] 甘肃人口普查办公室：《甘肃省2010年人口普查资料（上册）》，中国统计出版社2012年版。

族自治县。藏族自己沿称"博"。甘肃藏族自称为"沃""博""栢"等,这些不同的称谓事实上是藏文 bod 因各地方言而造成的音变而已。除此之外,聚居黄河河曲和大夏河流域的藏族自称"安多哇",而洮河流域的藏族往往自称"藏巴哇"等具有地域性的名称。①

自称"安多哇"的藏族又被称为安多藏,生活的区域为安多藏区,是与卫藏、康区并称的藏语 3 大方言区之一,通常指今青海巴颜喀拉山以东以北,包括青海藏区、甘肃藏区以及四川阿坝在内的地区,操藏语安多方言。在藏族形成发展的历史过程中,安多藏族具有自己的发展轨迹和独特的区域文化色彩。

唐初,吐蕃兼并了诸羌部落后从青藏高原崛起并不断东扩,与唐抗衡。在安史之乱后"尽占河西陇右",并开始大规模地进入安多地区。河陇地区经过吐蕃的长期统治后,甘青当地的其他民族被吐蕃的屯军同化。经五代至北宋初年,从陇东到河西,都有吐蕃族帐分布。他们聚族而居,大者数千家,小者百十家,各有部落首领,不相统一。秦州(今甘肃天水市)以西,"生户有理库、者谷、达谷、必利城、腊家城、鸥枭城、古渭州、麂谷、洮、河、兰、会、叠、宕州,连宗哥、青唐城一带种类,莫知其数"。这些吐蕃部落曾经以青唐城(今青海西宁)为中心,建立了唃厮啰政权,与西夏相抗衡,后被北宋征服。这一地区的吐蕃部落先后被宋、金统治,文化受内地影响较深,有鲜明的区域特色。元明清时期,藏族由遍布河陇逐渐收缩至草原牧区。在青海湖周围形成"环海八族"聚居区,海北、海西藏族聚居区,玉树、果洛藏族聚居区,甘南草原藏族聚居区。这些聚居区藏族统称为安多藏族。②

(三) 回族

回族是由国内外的多种民族通过长期的交汇融合而形成的,以

---

① 高小强、铁文英《甘肃少数民族文化概论》,中央民族大学出版社 2014 年版,第 58 页。
② 刘基:《华夏文明在甘肃·历史文化卷下》,人民出版社 2013 年版,第 560 页。

伊斯兰教为纽带在我国逐渐形成和发展起来的一个民族，至今已有700多年的悠久历史。在我国55个少数民族中人口仅次于壮族而名列第二。回族散居全国，有"大分散，小聚居"的分布特点，是我国少数民族中分布最广的一个民族。东起黑龙江，西至新疆，北起内蒙古，南至海南岛，没有一个省没有回族，几乎三分之二的县都有回族居住。回族自治地方分布在宁夏、甘肃、青海、新疆、河北、云南、贵州等省区。从古至今，甘肃都是回族的主要聚居区之一，当代在甘肃居住的回族人口约为1258641（2010年）。[①][②]

13世纪以后，回回色目人从中亚等地陆续迁入中原。宋代文献中最早记载"回回"一词，原为"回纥""回鹘"，指当时已信奉伊斯兰教的喀喇汗王朝回鹘。到元代时，"回回"一词的含义有所扩大和变化，包括信奉伊斯兰教的中亚突厥人、波斯人和阿拉伯人，以后在长期发展中吸收汉、蒙古、维吾尔等族逐步形成了回族。回人大批东迁来华则是伴随着蒙古军队的几次西征开始的，蒙古西征横扫中亚，兵锋抵达东欧草原和西亚巴格达等地，西征归来的蒙古军队中裹挟着大批色目回人探马赤军和工匠，并随着征服西夏、金朝、南宋、大理的战争迁徙到全国各地。元朝建立后，又有大批中亚和西亚的穆斯林商人和宗教职业者从水、陆两路来到中国经商和传教，形成了"时回回遍天下"的局面。

由于西北紧邻中亚的地理位置，及蒙古征服战争过程的关系，回人在西北分布尤多。六盘山附近的宁夏、河西、临夏等地都是元代通往西域的交通要冲，也是重要的镇戍垦牧区域，《元史》中屡有回人在甘肃屯戍的记载。在镇戍屯垦过程中，落籍这里的回人越来越多，成为当时回人聚居的主要地区。元初，马可·波罗经过沙州、甘州、凉州、宁夏等地，均见到有穆斯林居民。由于回人人数众多，故元朝行政机构内设有"回回书写""回回令史""回回掾

[①] 甘肃人口普查办公室：《甘肃省2010年人口普查资料（上册）》，中国统计出版社2012年版。

[②] 高小强、铁文英：《甘肃少数民族文化概论》，中央民族大学出版社2014年版，第32页。

史"之类的属史，处理涉回事务，有些回人还在元朝政府中担任行省平章这样的重要职务。在他们的影响下，部分蒙古贵族及其军队也改信伊斯兰教，更壮大了回人的势力。如忽必烈封其子忙哥剌为安西王，驻守六盘山，"统河西、吐蕃、四川诸处"，其子阿难答自幼受一名穆斯林抚养，皈依了伊斯兰教，"信之颇笃，因传布伊斯兰教于唐兀之地"。因阿难答承继了安西王位，"所部士卒十五万人，闻从而信教者居其大半"①。阿难答有个儿子名叫月鲁帖木儿，他在自己的营地上建立清真寺，经常念诵《古兰经》②。今天水市北关清真寺、临夏南关清真大寺皆系元代所建。

明朝时，回族继续在西北地区发展，《明史·西域传》称"元时回回遍天下，及时居甘肃者尚多"。明中期以后，陕甘回族日趋稳定并有了较为明显的文化特征，逐渐演变为一个新的民族共同体。清代是回族进一步巩固和发展的时期，"自乾隆以来，重熙累洽，关陇腹地不睹兵革者近百年。回民以生以息，户口之蕃亦臻极盛③"。从"宁夏至平凉千里，尽系回庄"，有些地方甚至达到了"回七汉三"或"回多汉少"的地步。回民在西北地区分布也极广，西起瓜、沙，东至环、庆，北抵银、夏，南至洮、岷，所谓甘回即东于回之足迹，盖已无处无之④。当时习惯上将居于陕甘等内地，使用汉语的回民称为汉（装）回，与天山南路的维吾尔族（缠回）相区别。

唐代以来，传统的中国穆斯林社会以教坊制为核心，以正统（逊尼）派信仰为基础，称为"格底木"（尊古派）。他们形成了大分散、小集中，在与其他民族广泛杂居的同时又围寺而居的分布格局。明清陕甘回民社会一方面保存着数百年来以伊斯兰教教规及风俗为核心的传统，例如聚居时以清真寺为核心形成的"教坊制"、

---

① 冯承钧译：《多桑蒙古史上册》，中华书局1962年版，第345页。
② ［波斯］拉施特：《史集》第2卷，余大钧等译，商务印书馆1983年版，第382页。
③ 易孔昭：《平定关陇纪略》卷1。
④ 吴景敖：《清代河湟诸役纪要》，参见《西陲史地研究》，中华书局1948年版，第56页。

信仰制度和礼仪方式等；另一方面，回民在经济、文化乃至于政治参与上又不可避免地与汉族社会产生密切的交流，汉文化对于回族社会也有着积极和深远的影响，两相融合，形成了回族独特的风俗习惯。自元明以来，回民主要从事农业生产，兼营商业和手工业。到清代，经商成为回族的重要经济文化特征，经营的商品包括茶、马、牛、羊、皮张、粮食、手工业品等，形成"亦农亦商"的经济特征和大分散、小集中的农商聚居形态。

值得注意的是，明末清初，随着伊斯兰神秘主义即苏菲派的传入，在西北地区产生并发展出一种具有中国伊斯兰教特色的宗教组织与制度——门宦制度。门宦制度的出现使传统西北回民社会"格底木"教坊制逐渐失去主导地位，并对当地穆斯林宗教和社会发展产生了明显的作用。这是伊斯兰教传入中国后的一次巨大变革，奠定了此后西北伊斯兰教从形式到内容的基本特色。教派众多，门宦林立，纷争不断，对近代西北穆斯林社会内部变迁及与外部互动产生了重大而深远的影响。[①]

（四）撒拉族

甘肃境内的撒拉族人口约为 13517（2010 年）[②]，人口较为稀少，主要分布在临夏回族自治州积石山保安族东乡族撒拉族自治县的大河家、刘集和四堡子一带，临夏州其他市县、甘南藏族自治州夏河县、兰州市等地也有少量分布。[③]

撒鲁尔是撒拉族的祖先，属于中亚撒马尔罕（今属乌兹别克斯坦）的西突厥乌古斯部落的一部分。撒拉族自称"撒拉尔"（SALAR），是"撒鲁尔"的变音。大约在 13 世纪蒙古军队西征卷起的民族迁徙潮中，撒拉人从中亚向东迁居。最早在元代汉文文献中有记载，明时称"沙剌""撒剌"，清时称"萨拉""萨拉尔""撒拉

---

① 刘基：《华夏文明在甘肃·历史文化卷下》，人民出版社 2013 年版，第 564—567 页。

② 甘肃人口普查办公室：《甘肃省 2010 年人口普查资料（上册）》，中国统计出版社 2012 年版。

③ 高小强、铁文英：《甘肃少数民族文化概论》，中央民族大学出版社 2014 年版，第 142 页。

尔"，由于其信仰伊斯兰教而与藏族杂居，所以也被称为"番回""撒拉回"等。中华人民共和国成立后，党和人民政府依据自称和他称都使用"撒拉"，并经过协商和本民族的意愿，于1954年2月24日开幕的青海省循化县第一届人民代表大会将其正式定名为撒拉族。①

（五）裕固族

裕固族是甘肃省三个特有少数民族之一，人口约为13001（2010年）②，绝大多数人口聚居在今甘肃肃南裕固族自治县内的康乐、大河、明花、皇城等地区和马蹄寺区的友爱乡以及酒泉市黄泥堡裕固族乡。裕固族自称"尧乎尔"（Yogur），"裕固"一词即为"尧乎尔"的音译，字面上取汉语"富裕稳固"之意。是明代形成于河西走廊的一个民族共同体。

其族源有两个系统，一是源自宋元时期的甘州回鹘—黄头回纥—撒里畏兀儿，一是源自蒙元时期镇戍于河西西端至新疆东部的蒙古军队。唐代漠北回鹘汗国灭亡后，其部众四散而去，其中一支迁入河西走廊的沙州、肃州、甘州、张掖等地依附于吐蕃，史称"河西回鹘"。因牙帐设在甘州，又称"甘州回鹘"。11世纪初，党项西夏政权建立后，向西攻破甘州回鹘，占领了河西走廊。甘州回鹘的残余部落则退居到沙州以南、柴达木以北、罗布泊及若羌以东的广阔地区继续过着游牧生活，他们就是宋朝史籍中记载的"黄头回纥"或"沙州回鹘"，突厥语对"黄头回鹘"的发音为"撒里畏兀"。13世纪初，蒙古军队征服了撒里畏兀儿，元廷派宗王贵族统率军队镇戍其地，察合台系统的出伯诸王集团驻在从沙州到哈密之地，察合台的另一支安定王集团则镇守沙州西南的撒里畏兀儿之地。

明朝建立后，先后招抚了河西西部至新疆东部的察合台诸王集

---

① 刘基：《华夏文明在甘肃·历史文化卷下》，人民出版社2013年版，第567页。
② 甘肃人口普查办公室：《甘肃省2010年人口普查资料（上册）》，中国统计出版社2012年版。

团，以出伯诸王集团设立了沙州卫、哈密卫、赤斤蒙古卫，以安定王集团设立了安定、曲先、阿端等卫。各卫的统治者是蒙古人，部众则有撒里畏兀儿、蒙古、藏族等。在长期杂居的过程中，撒里畏兀儿人和蒙古人之间交往密切，回鹘和蒙古两种民族文化以藏传佛教为纽带，相互渗透、融合，在经济文化上逐渐融为一体。15世纪中叶以后，瓦剌部和皈依伊斯兰教的吐鲁番察合台后王经常攻击关西诸卫，迫使他们向嘉峪关以东转移，在嘉靖前期，明朝将诸卫大部安置在肃州卫附近及甘州南山一带。到了明代后期，说突厥语的撒里畏兀儿人逐渐和说蒙古语的蒙古人以及汉、藏等族融合，自称为"尧乎尔"的新民族共同体诞生。周围群众则称其为"黄番"。"番"指其有藏族、突厥族成分，"黄"则指其拥有蒙古血统。

清康熙三十七年（1698），将撒里畏兀儿根据原属部落及分布划分为"黄番七族"，并封授了"黄番七族总管"以及各部落的首领、副首领，使用世袭制，部落民众从事畜牧业生产。裕固族人民在新中国成立后经过协商讨论，决定以自称"尧乎尔"语音相近的"裕固"作为全民族统一的民族名称。[①]

（六）东乡族

东乡族是甘肃省三个特有少数民族之一，人口约546255（2010年）[②]。东乡族的族名，以其居住地河州东乡而得名。河州即今临夏，明代初年在此地设置河州卫所，管辖范围包括今天临夏回族自治州全境及邻近的夏河、临潭、青海循化、贵德等地。按照当时的行政区划，河州卫分为东、南、西、北四乡。南乡即现今的和政、康乐两县；西乡即现在临夏县以西地区；北乡即现在的永靖县；东乡即现的东乡族自治县。以前东乡族被称为"东乡回""东乡蒙古"等。中华人民共和国成立后，根据东乡族人民的意愿以"东乡

---

① 刘基：《华夏文明在甘肃·历史文化卷下》，人民出版社2013年版，第572—573页。
② 甘肃人口普查办公室：《甘肃省2010年人口普查资料（上册）》，中国统计出版社2012年版。

族"为其族名。县一级的东乡族自治区在 1950 年成立于东乡族主要聚居区，并于 1954 年改为东乡族自治县。①

东乡族自治县位于甘肃省中部西南洮河以西、大夏河以东和黄河以南、临夏回族自治州东北部。县境西面环水，中间突出，大致呈"凸"字状。海拔最高 2664 米，最低 1736 米，平均 2610 米，面积 1510 平方公里。境内山峦、沟壑纵横，六大山梁夹着五条山沟，如伞状放射出几十条纵横绵亘的支岭、支沟，以锁南坝为中心向全县延伸。东乡族自治县地处大陆腹地，具有高原干燥气候的特征，冬长夏短，春秋相连，无明显夏季。甘肃省东乡族主要分布在东乡族自治县境内和临近的广河县、和政县、康乐县及临夏县、积石山县等。少数散居在甘肃兰州市和会宁、玉门等县市。②

东乡族的形成应溯源于蒙元时期，当时河州地区是蒙古军的屯戍要地，有许多蒙古军队驻扎，这些军队内部有不少来自中亚各地的色目回军人和工匠，据说安西王阿难答死于宫廷政争后，其部下信仰伊斯兰教的蒙古人也大量逃往此地。他们与当地的汉、藏居民交往杂居，逐渐形成了以中亚色目回人为主，吸收融合蒙、汉、藏等民族，以伊斯兰教为精神纽带的一个新的民族共同体。这一过程大约于明朝时完成。清朝时，对东乡族地区的土司制度实行改土归流后，东乡地区纳入内地封建政治制度之下。历史上东乡族的经济生活以手工业、畜牧业为主，以农业和商业为辅，经过元、明两代的屯垦开发，农业生产逐渐发展起来，到清代成为主要的经济部门。③

(七) 保安族

保安族是甘肃省特有的三个少数民族之一，人口约为 18170

---

① 杨圣敏、丁宏：《中国民族志》，中央民族大学出版社 2003 年版，第 120 页。
② 高小强、铁文英：《甘肃少数民族文化概论》，中央民族大学出版社 2014 年版，第 94 页。
③ 刘基：《华夏文明在甘肃·历史文化卷下》，人民出版社 2013 年版，第 568、572 页。

(2010年)①。大多分布在甘肃省积石山保安族东乡族撒拉族自治县一带，只有少数保安人居住在临夏回族自治州各县和青海省的循化县。"保安"系本族自称，因其旧时的风俗习惯与当地回族略同并且同样信仰伊斯兰教，也被称为"保安回"。中华人民共和国成立后，保安族自治乡于1952年在保安族聚居的大河家和刘集两个地区成立，积石山保安族东乡族撒拉族自治县于1981年正式成立。

积石山保安族东乡族撒拉族自治县位于甘肃省西南部的临夏回族自治州小积石山东麓，属于黄河中上游沟壑区，东南与临夏市接壤，西北部与青海省的循化撒拉族自治县、民和回族土族自治县相望，东北部与永靖县以黄河为界。县内地势最高海拔为4218米，最低海拔1800米左右，属于青藏高原和黄土高原过渡地带。

保安族没有形成自己的文字，只有自己的语言。保安语属阿尔泰语系蒙古语族，与蒙古族语、土族语、东乡语有一定的关系。居住在积石山的大部分保安族人都使用保安语，同时也通用汉语。由于长期同汉族、回族交往，保安语在语音和语法上也受到汉语的影响，保安语中吸收的汉语借词约占常用保安语的40%以上，所以基本上保安族人都会讲汉语。②

与东乡族相似，保安族是元明时期甘青地区民族融合的结果。其族源可追溯到成吉思汗从中亚派遣来的"西域亲军""探马赤军"等部队，主要由蒙古人和中亚色目人组成，这也是他们使用蒙古语作为共同语言的原因。元朝统一全国后，将探马赤军随地落户入籍，并且，这些人构成了保安族族人的大部分。同时，回、汉、藏、东乡等民族通过通婚等形式也有融入到保安族中。

公元1370年，明朝挥师攻下河州，并在保安地区设置隶属于河州卫的"保安站""保安操守所""保安营"。当时，保安族的先民主要聚居在隆务河两岸的保安、下庄、噶撒尔，俗称"保安三

---

① 甘肃人口普查办公室：《甘肃省2010年人口普查资料（上册）》，中国统计出版社2012年版。
② 高小强、铁文英：《甘肃少数民族文化概论》，中央民族大学出版社2014年版，第109页。

庄"。随着在这里屯垦戍边的内地回、汉人口增多，与当地蒙古色目人通婚融合，逐渐形成了一个新的民族共同体——保安族，"保安"由地名演变为族称。清朝咸丰末期，保安族与当地隆务寺所辖藏族部落发生矛盾，被迫迁离青海保安，落脚在今甘肃积石山县的大河家、刘集一带，其中大部分聚居在大墩、梅坡、甘河滩等村庄，仍沿旧习称为"保安三庄"。保安族虽然信仰伊斯兰教，使用蒙古语，但由于历史上跟周围的藏族人往来颇深，因此其文化融入了更多藏族文化的元素。[①]

(八) 土族

土族是我国人口较少的一个少数民族，主要聚集在青海境内。甘肃土族主要分布在天祝藏族自治县、肃南裕固族自治县、兰州市永登县、甘南藏族自治州卓尼县、临夏回族自治州积石山保安族东乡族撒拉族自治县，人口约30781（2010年）[②③]。

土族也是明代在甘青地区河湟流域发展形成的一个民族共同体。其中大部分是蒙元时期入居河湟地区的蒙古人，并且汲取了汉、藏等民族的文化。蒙古统治时期，曾将弘吉剌部赤窟驸马四千户分封于湟水流域，又将窝阔台汗次子阔端分封于凉州。据《安多政教史》说，明清时期华热藏区（今甘肃天祝、永登及青海大通、互助一带）的吉家、李家、鲁家、杨家等小土官，都是蒙古阔端汗部下的后裔。《佑宁寺志》中记载，"从前，大地梵天江格尔汗（即成吉思汗）的大臣格勒特带领部属来到这里（即青海互助地区），现在的霍尔（即土族）多为他们的后裔"。明朝建立后，这些留居当地的蒙古人后裔已经土著化，被称为"土达"、"达民"、"土人"或"土民"，据《西宁府新志》记载，"明初在土族地区封授的14家土司中，除2家外，其余12家土司的先世都是蒙古人"。

[①] 刘基：《华夏文明在甘肃·历史文化卷下》，人民出版社2013年版，第569、572页。

[②] 甘肃人口普查办公室：《甘肃省2010年人口普查资料（上册）》，中国统计出版社2012年版。

[③] 高小强、铁文英：《甘肃少数民族文化概论》，中央民族大学出版社2014年版，第154页。

今天的土族自称"蒙古尔""蒙古尔孔""察罕蒙古尔",讲蒙古语。民间口碑传说"我们是鞑靼人,我们的祖先也是在北边草地住帐篷,过游牧生活的",是当年成吉思汗留在青海互助、民和的人马,与当地妇女结婚后繁衍的后代。土族的服饰、饮食、婚丧嫁娶及宗教信仰、民间歌谣等习俗,都与蒙古族接近。说明蒙元时期陆续进入甘青地区的蒙古牧民是今天土族族人的主要组成部分。

土族文化在形成过程中,还汲取了汉、藏、回等其他民族的成分和文化。如《秦边纪略》记载,分布在河州、西宁、庄浪一带的"土人",一方面"所居,悉依山旁险,屯聚相保";另一方面与汉族来往密切,"其先世夷人,居中土已久,服食男女与中国无别,且旧与汉人联姻,与汉人言,则操汉人音,又能通羌夷语,其实心为汉,非羌夷所可及云"。而互助地区巴红村的土族、民和三川地区鲍家村、喇家村的土族,则是由藏族融合而来的。清代中后期的土族与汉、藏、回等民族交错杂居,甘宁青最密集的土族聚居区是以互助地区为中心,延伸至大通、天祝、永登各县。此外,在甘肃临夏、卓尼一带还有几个土族居民点和村落。

土族主要聚居在黄河及其支流隆务河、大通河两岸,自然条件"可耕可牧",故形成亦农亦牧的经济结构。土族信仰藏传佛教,其民族文化较多受到藏文化影响,藏族称互助、天祝一带的土族为"窝霍尔",意即藏化了的霍尔人,同仁土族的"热贡艺术",也有浓厚的藏文化特征。由于从事农耕,与汉民杂居,土族也深受汉文化熏陶,如民和三川的土族就被藏族称为"嘉霍尔",意即汉化了的霍尔人。

三　甘肃少数民族人口分布概况

甘肃省自古以来就是一个多民族聚居的地方。据《甘肃省2010年人口普查资料》记载,现甘肃省内共有少数民族55个,少数民族人口数241.05万,占据全省总人口的9.43%,与第五次人口普查(2000年)相比,少数民族人口占比上升了0.74%。其中,人口数过千的少数民族有裕固族、回族、藏族、东乡族、苗族、土族、保安族、满族、蒙古族、撒拉族、土家族、维吾尔族、哈萨克族、壮族共 14 个民族。甘肃省独有的少数民族共有 3 个，分别是保安族、东乡族、裕固族。甘肃省有甘南藏族自治州和临夏回族自治州 2 个自治州，还有 7 个自治县，分别是张家川回族自治县、天祝藏族自治县、肃北蒙古族自治县、肃南裕固族自治县、阿克塞哈萨克族自治县、东乡族自治县和积石山保安族东乡族撒拉族自治县，共有人口数 333.1 万，占甘肃省总人口的 13.02%。其中当属回族自治州占地面积最大，为 18 万平方公里，占全省总面积的 39.8%。此外，甘肃省还有民族乡镇 35 个，分别有回族乡 16 个、东乡族乡 8 个、藏族乡 7 个、裕固族乡 1 个、蒙古族乡 2 个、土族乡 1 个，总人口 31.1 万人，少数民族人口 20.6 万人。

从分布情况来看，回族大部分分布在临夏回族自治州和张家川回族自治县，并在兰州、平凉、定西等地区也有少量分布；藏族则主要分布在甘南藏族自治州和河西走廊祁连山的东、中段地区；东乡、保安、撒拉族主要聚居地在临夏回族自治州境内；裕固、蒙古、哈萨克族主要聚居地在河西走廊祁连山的中、西段地区。全省 86 个县、市、区中，除少数民族聚居的 21 个县、市外，其余 65 个县、市、区中均有散居的少数民族。

如今，甘肃囊括了中国现有少数民族划分下的所有少数民族，这足以看出改革开放以来，因为经济、教育、军事等方面的原因，中国各民族人口流动性之强，流动范围之广，达到了前所未有的程度。因为甘肃在中国地理版图上基本处于中心地带，地形狭长，东西横向分布，加之甘肃临近省份地形地貌多样，各民族人口众多，致使甘肃从古至今，不论是在各民族间的人文交流上，还是在各种地形的过渡连接上，都充分扮演着"桥梁"的角色。在甘肃这片土地上，各民族间的融汇交流在历史的长河中将源远流长。

第二章

甘肃地理环境与民族分布

第一节 河西走廊上的民族

从人口聚居地理位置分布状况来看，河西走廊祁连山的东、中段地区和甘南藏族自治州主要聚居的少数民族是藏族。临夏回族自治州中聚居的少数民族为回族、东乡族、保安族和撒拉族。其中回族还聚居在张家川回族自治县，另有一部分在定西、平凉、兰州等地散居。而在河西走廊祁连山的中、西段地区主要聚居着裕固族、蒙古族和哈萨克族。

河西走廊，简称"河西"，在古代被称之为凉州、雍州，晋朝时期的南凉、西凉、北凉、大凉、前凉、后凉都曾在这里建立都城。河西地区是中国内地和西域互通往来的战略要地，又被称为雍凉之地，是古代凉州、雍州的属地，是当时地方政权的政府驻地所在，西北的政治、经济、文化、教育中心。

河西地区是佛教向东传播的起点与重要通道，也是丝绸之路向西发展的关键区域；这里曾是汉朝统治西北时的军事要地，设立了武威、张掖、酒泉及敦煌四郡。因为有许多山脉作为天然屏障，中原许多文士名家为了躲避北方战乱，也会把这里当作避难所。

河西地区在春秋战国时期被西戎占领，先秦时期又先后被月氏和匈奴占领，并修建了城邦。早在公元前1年河西古道就有了经济贸易和宗教往来，后来汉武帝刘彻建立了酒泉郡和武威郡，再后来酒泉郡划分出了敦煌郡，武威郡又划分出了张掖郡，这四郡的设立对于华夏文明甚至对于世界文明而言影响是非常深远的。

河西位于甘肃和新疆边界以东，乌鞘岭以西，合黎山以南，祁连山以北，占地面积长约1000公里，宽约200公里，被两山所夹故而得名河西走廊。该地区是平原地貌，因其土地肥沃，自古以来便是兵家必争之地。

河西地区的历史久远且文化底蕴深厚。从西汉开始，它的辉煌就一直延续到了民国时期。从先秦时代的齐家文化、马家窑文化，然后再到历史悠久的宗教文化相互融合，民族文化大融合，特别是在佛教中，西域许多大师、高僧，大乘、小乘佛教都是从河西走廊进入洛阳。古代四位最著名的译经家中，有三位和河西走廊有着非常密切的关系。

武威、张掖、金昌、酒泉以及嘉峪关就是我们现在通常所说的河西五市。

一 民族历史与起源

裕固族，是早在唐朝时期就生活在鄂尔浑河流域的游牧民族，在唐德宗时改称回鹘，他们有着自己民族专属的语言文字：汉语、隶属于阿尔泰语系的裕固语（其中有两种分别归于突厥语族和蒙古语族差异化语言）。

他们自古将自己民族称为"西喇玉固尔"或"尧乎尔"。1953年，在汉语中用"裕固"二字定为新的汉文族名，因其读音与尧乎尔相似，寓意着富裕和民族巩固团结。

裕固族一直以来就是以游牧业为主的少数民族，甘肃酒泉市黄泥堡和位于甘肃肃南的裕固族自治县是现在裕固族人的聚居区，最近一次的人口普查报告数据显示，现有的裕固族总人数为一万四千多人。

裕固族唐朝史称"黄番"，在《宋会要辑稿》中被称作"黄头回鹘"，在被吐蕃占领时期称之为"河西回鹘"，元朝时则得名

"撒里维吾"，明朝则演化为"撒里维吾儿"。

850—860年，主要生活在新疆的回纥汗国人民遭受了罕见的雪灾，此时的回纥汗国内部统治阶级早已乱作一团，雪上加霜的是腹背受敌，遭到了其他民族的攻击，国家溃散，人民分散成许多队伍举众离开。一部分回纥人西行至河西走廊一带，分布在今天的敦煌、张掖、武威，归顺吐蕃，根据他们的地理位置，在历史上被称为"河西回鹘"。九世纪中叶，沙州（现敦煌）汉人张议潮借吐蕃政乱，煽动起义反抗，将吐蕃派驻在沙州的守卫赶杀，借此扩大势力占领了吐蕃十几个州，后归顺于唐。早年逃往河西走廊一带的回纥人顺应局势归顺唐。二十多年后，张议潮故去。原河西走廊一带的回鹘又叛乱脱离唐朝统治，回到甘州（今张掖），选出自己的统治者，至此以后河西便改为甘州，甘州回鹘也因此得名。四年后，甘州回鹘（现额济纳河流域）派使者入唐朝贡奉，唐朝作为回礼送绢万匹。当时唐朝的财政已经十分不可观，面对回鹘使者前来的请求却依然应允，可见双方始终保持着不错的外交关系。

十世纪后，吐蕃政权日益陨落，反之回鹘势力却越来越大，足迹踏上了更多的区域，占据着西域和唐朝互通有无的关键节点。后又占领了瓜州、沙州。

在脱离唐朝进行自我统治后，河西走廊一带的回鹘皆归附甘州。甘州回鹘选出来的最高领导者被称为可汗，借鉴了唐朝汉人的官吏制度，回鹘人也有自己的大小官员。可汗直接领导的是部落，部落又有自己的首领，各部落自治分管和谐。《宋史》记载，唐朝时期的回鹘势力影响深远，分布于河西走廊一带各个州，自成一派。

河西回鹘一直以来与宋朝关系亲密。北宋时期，甘州回鹘可汗时常遣使者入送贡奉，宋朝也会大方回赠。

1050—1060年间，遭到西夏攻打，痛失甘州，甘州回鹘势力被攻破，河西回鹘政权覆灭，至此以后依附于西夏，回鹘迁至甘肃省西北部。但回鹘依然和宋朝保持着密切交往。宋神宗熙宁元年，回鹘再次派遣使者带着自己欲购金字佛经的愿望入宋贡奉。入宋使臣称当时其部落人口总数 30 万余。回鹘部落在河西走廊流域日益强盛，子嗣繁盛，丁壮众多，发展成了西域有一定实力的部落。十三世纪，蒙古人攻破西夏政权，西夏王朝溃败，河西走廊一带、被西夏统治的回鹘部落也由此归附于蒙古。

十一世纪中叶生活在河西走廊一带的回鹘部落，便是裕固族的前身，他们的发展壮大一直持续到十六世纪，裕固族才基本成形。历史长河滔滔，在裕固族的发展历程中，河西走廊流域的回鹘部落在新疆回纥国的历史，与唐宋的密切交往，被蒙族西夏的统治，将异族文化带入这个部落，与之共同成长，在时代的变迁中发展成他们独有的回鹘文化。

元末明初时期，关外少数民族势力众多，新疆一带尤其动荡不安，抢占地界争夺统治的矛盾时有发生。明朝政府为镇压平定，在嘉峪关外不断设立监管组织，也就是俗称的"卫"，来管理当时生活在关外的人民，当时的裕固族也不例外。好景不长，各"卫"的掌权者妄图吞并彼此的权势领地，再加上关外少数民族地方政权集团的袭击，腹背受敌，明政府对关外的管辖监管逐渐薄弱。此时，将关外人民内迁成了明政府的最佳选择。裕固族也就是在这时跟从明政府的决定迁入关内，在接下来很长一段时间内居住在甘肃的甘州、肃州（今张掖、酒泉）。

在裕固族的发展历程中，元末明初时的内迁影响十分深远。有关于裕固族内迁的故事，并没有在时代发展中被淹没，而是被裕固族人传承了下来，经久不灭。据说那时，他们居住的地方遭受了极强的自然灾害，地动山摇、满目疮痍、哀鸿遍野，房屋被席卷而来的狂沙掩埋。还有的说裕固族在原住地被其他势力欺凌，不得已举族内迁，以求平安。

裕固族的历史与地理原因决定了它一直以来都是传统的游牧民族。史册记载，当时许多朝代对马匹的购买需求，都是由当时的裕固族来满足。对于马匹的买卖，通常是回鹘定期将马以进贡的名义带到开封，当时的政府就队马进行估价然后给予金钱馈赠。迁入关内之后，裕固族不比往日在关外，其经济发展方式也随之改变。因为与汉族人生活得较近，生活在黄泥堡地区的族人，吸收了汉族先进的农耕技术，而传统的游牧业便逐渐退化，其民族综合实力得到提升。生活在肃南地区的由于地理原因依然保持着放牧、狩猎的传统。

明崇祯元年，裕固族在肃州设立驻点梨园堡，遣兵监管，梨园堡被裕固族人视为其集中点，当时的裕固族首领还收到过政府授予的草原管理权。清初，准噶尔部落权压新疆南部及青海甘肃一带，胁迫当时的裕固族臣服并向其进贡，甚至为此派驻了专门的收税人员。康熙三十五年，准噶尔势力被清政府消灭，清政府便再次获得了裕固族的管理权。

到了民国初，裕固族所居住地区便按照地理位置由相应的州镇守使统一管理。1931年，甘肃省西北部落入马步芳的控制之中。自此以后，居住在此的裕固族人深陷其压迫之中接近十年。1942年，国民党分派于河西的各县政府在裕固族聚居地开展了人口统计，编制户籍，目的就是为了更有力的监管。这样的管理下，裕固族人被分散开来，族人也被不同的县政府划分管理。

依照清史记载，裕固族的领域范围含盖了整个八字墩草原。新中国成立后，青海、甘肃的省界划分情况发生了变动，世代居住在草原的裕固族再次迁徙，举族搬到了甘肃的皇城滩。新中国成立之后的这次迁徙是裕固族历史上又一次的重要变化，几百年的传统聚居地再一次被拆分改变。

二 裕固族民族分布

中国现有唯一的裕固族自治县，坐落于甘肃省张掖市，其地处祁连山脉北边，河西走廊中部。2014年统计数据显示，自治县人口37579。2013年，裕固族自治县GDP超过二十八亿元。自治县内现有马蹄寺、文殊寺、明花乡等许多旅游景点，其旅游产业收益十分可观。

河西地区早在春秋战国时期就是各个民族的广泛活动区域，禺知、乌孙等古代游牧民族都曾在此活动，之后被匈奴攻占。西汉时期，霍去病率军击破匈奴右地，收降浑邪、休屠二王，设置酒泉、武威、张掖、敦煌四郡。后来，裕固族的前身，当时的回鹘部落占据甘州（今敦煌），在河西地区选出了自己的最高统领，建立自己的国家，在此生活居住了一千多年。

民国时期，在国民党政府的统治下，设置了安肃道和甘凉道，裕固族传统聚居地被划分到各个县政府管理之下，被分而治之。

中华人民共和国成立后，许多隶属于甘肃肃南县的少数民族部落聚居地，根据其历史传统，分别成立了相应的基础人民政权，其政权领导者都是经过商议投票选出来的各民族积极优秀人员。

1952年，针对甘肃肃南地区的民族自治政府的工作，党和政府给予高度重视，并为其设立了专门的工作委员会。

1954年2月，第一届自治区人民代表会议在红湾寺召开，成立肃南裕固族自治区人民政府（县级）的文件正式通过，裕固族自治县正式成立。

1957年，原属民乐、张掖管辖的马蹄区被划归肃南县。

1959年，肃南与青海的行政区划发生了较大变动，青海省的城滩草原被划归到肃南县，肃南的八字墩、陶东部、友爱草原移交到青海省。

中国现有唯一的裕固族自治县，坐落于甘肃省张掖市，其地处祁连山脉北边，河西走廊中部。自治县东西包含了河西走廊五市，长六百多公里，南北宽一百多公里，与甘肃青海共十多个县市接壤，2014年统计数据显示，自治县总面积约2.38万平方公里。肃南裕固族自治县土地大致分为四个区域，其中南界青海省为核心区域。

肃南裕固族自治县毗邻祁连山脉，山地成为了自治县主要的地势形态。大部分区域海拔2000—3000米，部分山峰海拔高达5000

米以上，险峻陡峭，主峰高达5547米。高海拔山地上的冰川，也是河西走廊农耕必需水的主要水源之一。

疏勒河、黑河、石羊河共同组成了裕固族自治县境内的水系，农耕灌溉水皆取于此，县内建有水电站若干座。

肃南裕固族自治县地理位置处于半干旱高寒山地气候带，其中明花区属温带但却是干旱气候。它的气候特点是春季冬季寒冷漫长，夏季秋季短暂清凉。

东蒙古旅居甘肃。元朝灭亡后，故元势力逐渐衰败，蒙古地方的封建领主与明朝廷建立了臣属关系。明成祖永乐七年（1409），明朝封漠西瓦剌部的马哈木为顺宁王、太平为贤义王、把秃孛罗为安乐王。永乐十一年（1413），又封漠北阿鲁台为和宁王。马哈木死后，其子脱欢于永乐十六年（1418）承袭顺宁王位，先后兼并了和宁、贤义、安乐三王的部属，立脱脱不花为可汗，自任为太师。脱欢死后，他的儿子也先继承太师职位，起兵攻杀了脱脱不花，自立为"大元田盛可汗"。明代宗景泰五年（1454），也先被瓦剌右翼的阿剌知院所杀。此后，蒙古各部领主自相雄长，内讧不断。

明宪宗成化四年（1468），东部蒙古各台吉推举巴图孟克为大汗，史称"达延汗"，恢复了汗权统治。达延汗上台后，将蒙古地区重新划分为六个万户（即兀鲁思），左翼三万户为察哈尔万户、兀良哈万户和喀尔喀万户，右翼三万户为鄂尔多斯万户、土默特万户和永谢布万户。达延汗为了巩固他的政权和排除权臣对他的要挟，先后杀了亦思因，控制了左翼的统治权后又除掉亦不剌、满都赉阿固勒呼（即阿尔秃厮）为首的右翼三万户。

亦不剌早先居于哈密卫以北，在明朝孝宗皇帝弘治八年（1495），时，率领部族进入河套定居，后来分成永谢部和鄂尔多斯部，达延汗为了巩固自己在六万户中的主导地位，打算使用政治联姻，迎娶右翼统领亦不剌之女。但亦不剌将女儿嫁给了满都费阿固勒呼，从而加强了右翼三万户内部的联盟，以反抗达延汗的统一。达延汗又废除太师，恢复了传统的济农制（济农相当于副汗），任命次子乌鲁斯博罗特为副汗，令其前往鄂尔多斯住帐，并统领右翼的三万户。但是达延汗一系列政治方面的干涉举措，严重影响到了右翼封建统治阶级的基本利益，迫使他们激烈的反抗。最终导致满都赉阿固勒呼和亦不剌联合刺杀了乌鲁斯博罗特济农。达延汗只得诉诸武力，兴师讨伐。明武宗正德五年（1510）底，双方激战于达兰特哩衮。亦不剌、满都赉阿固勒呼兵败，"引众至凉州、镇夷永昌、山丹、甘州及高台（今高台西北）、肃州，联络住牧"。

兵败后的几年里，亦不剌为了可以在甘肃立足并得到明朝政府的庇护，便一直在河西一带活动。但是明朝边境的将士不是用武力驱赶，就是"唉之币帛，贿其远去"，终不得安身之所。亦不剌等与明军先后战于庄浪（今永登）、山丹、甘州、凉州等地，伤亡损失甚重。正德七年（1512），亦不剌遣使至肃州，请求驻地未果，满都赉阿固勒呼遂带众进入青海西部，曲先卫部族避之远徙，其卫遂亡。正德八年亦不剌辗转到讨赖川，（1513）五月，再次遣使肃州，请求驻牧修贡，明都御史张冀与之币帛，促其远走乌斯藏。后来总制彭泽率大军前来"捣巢"，亦不剌由河州渡黄河，走松潘、茂州，入乌斯藏。待明军撤退后又回到青海西部地区驻牧。

正德九年（1514）右翼蒙古的另一个首领卜儿孩也率人任用。卜儿孩出身于野也克力部，是达延汗的同父异母兄弟，初隶于达延汗，称太师。达延汗在统一蒙古的过程中"据其女子，戮其党众"，卜儿孩兵败逃亡后进入甘、凉一带，曾被总兵官姜奭击败。后来屡屡结好明朝当地的官员，希望得到朝廷的庇护。明世宗嘉靖十一年（1532），请求内属明朝的蒙古首领帖木歌等向甘肃巡抚赵载致意，要求与明朝通贡互市并内属，但明朝廷认为甘肃远通西域，在边防上具有重要战略地位，不宜作蒙古入贡之路，未敢轻许。卜儿孩希望朝廷庇护的要求同样未得到满足。后来，在土默特部与鄂尔多斯部蒙古的联合打击下只得远徙，活动于大通河流域。

乌鲁斯博罗特被杀后，达延汗让他的三儿子巴尔斯博罗特担任了右翼的济农。明世宗嘉靖四年（1525），巴尔斯博罗特以万骑西进甘肃和青海,他打出彻底剿灭亦不剌和卜儿孩部的旗号,声称要"使长久分裂而出的兀鲁思跪在额真(成吉思汗)面前",实质是把蒙古右翼的势力扩张到辽阔的甘青草原。巴尔斯博罗特死后,其长子衮必里克墨尔根(明人称吉囊)袭济农位,继续其父的西进扩张政策,于嘉靖十一年(1532),出兵甘、青,征讨亦不剌和卜儿孩部,大破亦不剌营,收其部落大半而去。

嘉靖十二年(1533),衮必里克墨尔根以5万骑西渡黄河,突袭亦不剌和卜儿孩部,亦不剌兵败西逃,被哈密人所杀。嘉靖二十一年(1542),衮必里克墨尔根病逝,他的弟弟俺答继汗位,史称"俺答汗",也叫"阿勒坦汗"。嘉靖二十五年(1546),俺答汗以10万铁骑西掠庆阳、环县。在三十二年(1553)至三十六年(1557)几年间,先后进犯明朝境内的甘州、肃州、环县、庆阳、永昌、凉州等地。嘉靖三十八年(1559),俺答汗率领数万军队突袭青海,把居于青海的卜儿孩逐走,东还时将其四子丙兔等七部驻守青海,侄孙宾兔留守天祝松山,并任命丙兔替他管理青海,加深对青海的统治,宾兔戍守河套地区南下的交通要道,把河套、松山、青海这些地区连接起来。从而达到自己的完全占领青海地区的目的。随后,许多东蒙古部落陆续迁至青海,也是由于俺答汗不断向甘肃、青海地区扩张的原因。当明朝人感叹"环甘皆虏矣"时,迁至青海的蒙古部族已多达29支,此时已是明神宗万历年间。

明穆宗隆庆五年(1571),明朝廷册封俺答汗为顺义王。此后,他驻守青山(今内蒙古大青山),每年按时向明廷纳贡,并与夫人三娘子约束丙兔以及诸部不得进犯,使明朝的西部边境得到了一时的安宁。内尊崇佛教,于明神宗万历二年(1574年),向朝廷请求在青海及嘉峪关外建佛寺,而且采取先下手为强的办法,先在青海湖南岸察卜齐雅勒采木动工,修建大乘法轮寺院。明朝廷拒绝了丙兔在嘉峪关修建佛寺的请求,并因势利导,资助部分建筑材料在青海修寺。明廷又批准丙兔在甘州和肃州、宾兔在庄浪(今永登)分别与内地互市,每年一次。万历四年(1576),青海的佛寺修成。

明神宗赐匾额"仰华寺"。万历六年（1758），俺答汗到青海，在仰华寺迎见藏传佛教首领索南嘉措，尊索南加措为"圣识一切瓦齐尔达喇达赖喇嘛"（三世达赖）。八年（1580）春，遵从达赖喇嘛的劝告，俺答汗率众东还，并把达赖也迎到了归化（今呼和浩特），建起弘慈寺，从此藏传佛教的格鲁派（黄教）开始传于蒙古地区。

俺答汗东还时年事已高，为了后代能够继续来往于甘肃、青海等地，他让右翼的火落赤和把尔户留驻青海，守护仰华寺。随后，东蒙古许多部落也借互市、熬茶、拜佛等名义到甘青地区。其中麦力艮台吉和卜石兔诺延（俺答汗曾孙）留驻于肃州，鄂尔多斯部首领峪关外。河南达和硕齐诺延等留驻于嘉峪关外。

万历十年（1582），俺答汗去世，三娘子率子黄台吉等向明朝廷上表进马，明神宗封黄台吉为顺义王。万历四年（1586年），土默特多罗土查部的威静阿拜被瓦剌部人所杀，其父戴雅黄台吉闻讯后，联合哈剌慎和鄂尔多斯各部的大批首领，西征瓦剌为儿子报仇。

第二节　河湟谷地中的民族

河湟谷地地处黄土高原与青藏高原的连接点上，在青藏高原东北部（东经100°40′至103°20′，北纬35°10′至37°18′，海拔1650—4969米）属于青藏高原海拔较低地区，范围大约36000平方千米。大约在21000年前，中国北方的人口就开始从这个地区向青藏高原迁徙，最后在3600年前定居在青藏高原。许多学者认为，这一区域是各个族群之间文化交流、发展及融合的重要地区。黄河谷地和湟水谷地组成了河湟谷地。河湟谷位于东亚夏季风的地带，年均降水量约为250—536毫米，为典型的干旱、半干旱大陆性气候，黄河和湟水一起组成这个区域的主要水系。源头在巴颜喀拉山的黄河在河湟谷地流出青海，汇合源头在祁连山的湟水之后流经甘肃，并流入黄土高原。黄河谷地东面以积石山为界，南面以青沙山分水岭为限，西面紧邻共和盆地和甘肃相连。北面延申至拉脊山与湟水谷地相邻。此地区占地面积大约为13480千米，地形为东西走向，南北方向相对比较狭窄，而东西方向比较宽阔。从地势上看，东面相对较低，而西面高，表现为南北方向地势高、而黄河沿岸地带地势低的河谷盆地地貌。形成官亭盆地、循化盆地、群尖盆地、贵德盆地等地貌。湟水谷地北面靠着达坂山，西面和日月山相连，南面与拉脊山相邻，该水域河口朝东南方向，水域东面窄，西面较宽，地势从西北方向至东南方向徐徐下降，最高处有4900米，而最低处仅有1565米（湟水注入黄河之处）。湟水作为黄河的支流，与黄河谷地的地形完全不同，黄河谷地为V形谷地，而湟水谷地则相对平缓为U形谷地。故而，湟水流经的岸边，形成了许多适合开展农业种植的坡度较小的平地。以牧业作为主要生产活动的古代羌族，在青铜时期就开始在河湟谷地活动，并以该区域为界限划分出了在黄土高原以农业为生的汉族群体以及在高原地区的藏族群体。随着各个民族群体文化的不断交流及融合，元明清时代（公元1271—1911年）前后逐渐形成撒拉族、蒙古族、汉族、回族、藏族和土族等民族。

根据中国2010年启动的第六次人口普查数据，在河湟谷地中，人口超过1万人的民族，只有汉族、藏族、回族、蒙古族、土族和撒拉族6个民族，而甘肃省属于河湟谷地地区的少数民族主要有回族、土族和撒拉族。

临夏回族自治州地处青藏高原与黄土高原的过渡地带，位于黄河上游，在甘肃省中部西南面。地理坐标在东经103°211′与北纬35°601′区域内。东部连接洮河和定西市遥相呼应，西部紧靠积石山和青海省相邻，南部与太子山与甘南藏族自治州相连，北部接近湟水和兰州市连接。总面积8169平方千米。区域内多山谷，少平地，地势西南相对较高，而东北低，由西南向东北递降，呈倾斜盆地状态，平均海拔2000米。

（一）回族

回族在甘肃地区已经有了漫长的传统历史，回族在这里的发展是钟灵毓秀的造化成果，这里独一无二的自然风貌、地理特征、风俗特征共同孕育了这一民族成长发展的过程。如今甘肃回族地区的成形是悠久岁月雕琢洗刷的结果。

根据史书记载，伊斯兰教于651年阿拉伯与唐朝正式建立交往关系时传入中国。进入8世纪后，丝绸之路这条重要的贸易商道上就往来着许多穆斯林商人的身影。在这条传承千年的路上，他们操作着经济往来，又传播交流着异域文化，伊斯兰文化由此穿越了高山沙漠来到了中国，将伊斯兰教的教义在哈萨克族、维吾尔族中传播开来，回族、保安族、东乡族等伊斯兰教民族也由此诞生。在一次次的大移民中，回族这一群体被分开，却又在此聚合，明末清初方才奠定了回族这一群体在中国的大致分布。由平凉、张家川、河州这三个主要的回族聚居区组成的甘肃回族地区也正是在此时有了基本雏形。

1. 唐宋两朝：伊斯兰教在河西地区的兴起

公元7世纪初期，伊斯兰教创建，其创始者为阿拉伯人穆罕默德，诞生地为今天的沙特阿拉伯麦加。在伊斯兰教创立之前，居住在阿拉伯半岛的人民的宗教信仰主要为本地原始宗教，信奉多个宗教一时十分流行，但部落与部落之间的矛盾厮杀、还有其他部落的攻打，一度使阿拉伯半岛人心惶惶，矛盾激增，经济也出现了萧条。正是在这种情况下，伊斯兰教却得以更好的发展。穆罕默德故后，伊斯兰教的信徒传承了他的衣钵，将伊斯兰教的教义传播到亚洲、非洲，将足迹踏遍了整个阿拉伯半岛，甚至建立起自己幅员广阔的帝国，中国历史上将其称为"大食"。

公元651年，两国的正式建交由阿拉伯派遣使臣来到唐朝都城长安拉开序幕。千古繁荣的丝绸之路承载着世界商人和传道者前往中国的脚步，来自阿拉伯的商人也在这个队伍中占据了一定比重。这是一条从公元5世纪开始渐成规模的东西方民间商用之路。之所以被赋予了"丝绸之路"这一动人的名字是因为道路形成初始，是中国西部游牧民族与中亚塞种人相互通商，将中国的特产——丝绸销售到西方国家，丝绸带去了中国的美名，在那个闭塞的时代，中国就是传说中的"绮国"。在这条道路上，阿拉伯商人的角色不仅仅是买卖者，更是异域文化的传播交流者，伊斯兰教正是由阿拉伯商人从这条丝绸之路上带到中国。在丝绸之路兴盛的时期，甘肃凭借其得天独厚的地理条件，成为丝绸之路的必经站，占据了河西走廊的经济中心、交流中心的位置。经新疆、河西走廊、河州、秦州一路跋涉到达都城长安是当时许多阿拉伯商人的入唐路线，而对于那些需要长年在丝绸之路上奔波的商人来说，定居在河西走廊，也就是甘肃地区成了最佳选择。其中不乏与唐朝交好的波斯、阿拉伯、喀剌汗朝的国家派遣使臣。这条繁忙的丝绸之路上，正是因为多了穆斯林信徒的身影，清真寺在中国才得以建立。

2. 蒙古西征时期：回回人口入住中国

公元 13 世纪，成吉思汗的铁蹄三次踏上中亚、西亚地区的领域，将中国，同时也将丝绸之路的版图拓宽了许多，丝绸之路便成为当时回族人民常来常往的道路之一，重要的交通节点和人口较多的城镇上，回族人的往来的身影也逐渐增多。在千百年的发展史中，元朝时期成吉思汗从蒙古向西进军讨伐中亚时，当时回族聚居的村镇被大规模破坏，房摧屋塌，但蒙古人却留下了那些愿意跟随蒙古人回到中国和懂得先进技术的回族人的性命，将许许多多的回族人和先进技术带入了当时的中国。聚居在甘肃地区的回族与元代关系甚密，甚至蒙古宗王阿难答手中的十五万士兵中，几乎全部人都信仰了伊斯兰教，可见回族与蒙古族人的交流融合十分紧密。据蒙古的史书记载，蒙古宗王阿难答从小就被一个回族人收养，并跟随此人皈依伊斯兰教，非常虔诚。当时在西夏政权的领土上，伊斯兰教传播颇广，所以阿难答的部下大部分人都跟随他皈依了伊斯兰教。在平凉，元朝政府派遣了许多回族士卒驻守在此。蒙古宗王阿难答和他手下的十五万穆斯林士兵很大一部分分布在此，回族人口的激增也有这个原因在其中。当时的安息国国王占领着河西走廊一带，其中就有平凉、六盘山以及宁夏部分地区。这些地区是交通咽喉，是中原西域互通往来的重要通道，散落在此的回族人很多。成吉思汗出兵西征讨伐后，存活下来的西域原居民有的跟随军队来到中原，有的则落难逃亡。

有史料记载，当时在河西宁夏地区驻扎的蒙古军队数目庞大，再加上丝绸之路通商往来繁忙，各国的使者、商人、居民聚集在此，另外还有一些专门设立用来管理各种宗教的机构，临夏地区不出意料地成为回族人和伊斯兰教信徒的活跃地点。人们逐渐适应了当地的生活条件和环境，战争结束后军队士兵也不再离开，炮手留在此处畜牧、狩猎，许多军队里的匠人也变成了回族的一员了。在回回民族发展历史中，回族经历过的规模最大的一次迁移就是在元朝时期，这次大迁徙，大大增加了回族人数的规模，为未来的壮大奠定了坚实基础。元朝时回族还未曾形成专有的聚居区域，但如此多的穆斯林和极高的人口密度为伊斯兰教在这一地区的传播做出了极大贡献。

3. 明清时期：回族共同体的形成和回族人口的再分布

明清时期，回族也有了新的人口迁移。在迁移过程中，政治原因主导了回族人口分布的变动，为回族凝聚成共同体，回族发生新的聚居区改变做出了贡献。明清时期的政治性迁移是回族人口分布在中国产生的新的变动的过程，这次变动，奠定了分布于甘肃的回族聚居区在整个中国回族部落中的坚实地位。

明政府是禁海政策的推行者，禁海政策无疑对回族的往来交流、商业活动造成了严重挫伤，民间贸易被堵塞，但官方上仍在互通有无。在明朝与撒马尔罕（今乌兹别克斯坦第二大城市）的贸易往来中，凉州作为重要的商业中心，发挥了巨大作用。当时撒马尔罕前来贸易的回族商人，有很大一部分在凉州定居。

洪武三年，回族将领休英，在带病镇守时一度屯兵临潭、临夏地区。明代以来，移居到张家川（今甘肃天水）、河州（今甘肃南部）地区的人口数量也十分庞大。明永乐时，明成祖一心想成就大业，对外自称为上等国，用温和的政治手段去笼络海外他国，想要使众国归附自己，所以当时西域和中原往来的使臣络绎不绝。

明朝的时候，"寄居回回"这一群体在中国西北区域就已初现。据明嘉靖本《河州志》记载，如今的临夏县马集乡附近就出现了回族人在当地从事农耕，今甘肃天水地区有许多回族人迁入，平凉也分布着许多回族新住民。在明朝中期，由于经济状况极差，甘肃回回聚集地回族人的动乱屡禁不止、愈演愈烈。回族宗教内部矛盾在清朝时期使西北甘肃地区动荡不已，清政府数次出兵平息其暴乱。一直持续到19世纪后期，长达十多年的回民起义才画上了句号。对回族宗教的防范管制和巩固清政府在陕甘地区的统治无疑成了清政府一块心病，当时全权负责西北地区的钦差左宗棠，承担着镇守陕甘地区，镇压回族起义的大任，他周密地设计了如何限制、分散、削弱当地回族人势力过大的计划。其中一项政策，对此后的回族人口分布产生了极大影响，那就是"徙戎"：将许多聚居在甘肃地区的回族人强行迁走，令他们在荒凉处重新安家，尤其是那些原住所地理位置佳、生活条件优良的回族人，大多都被下令搬离原处，前往寸草不生的穷乡僻壤再次安家。后来被迁居的回民将这些不毛之地称为"三边二稍"，即沟稍、渠稍和湖滩边、河边、山边。被强行迁走的回族人必须相隔一定距离居住，自己偷偷迁走不行、一起居住不行、私自返回原住地更是大罪。

迁徙的主要方案有：平凉的大盆沟附近迁入几千个原住陕西、固原的回回，张家川则住入原住址在马家滩的回民。静宁、定西、会宁、平凉等地收留了陕西回民两万多人。原来聚居在西宁的三万多回民安置在清水、平凉周围。反清起义中一大将李得仓，其部下多达三万多人则迁徙至张家川一带。平凉和张家川是这次"徙戎"政策中的主要安迁地，这一大规模的人口分布调动将回族的分布再次打乱。因此，平凉和张家川成为清朝以后回民的两大新聚居地。因为没有考虑到回族人民今后更深远的发展，左宗棠的这一迁徙，从文化方面、经济方面都大大挫伤了回族这一群体，伤害了它的团结凝聚力及未来发展动力。

清政府覆灭后使左宗棠曾经在此设立的一系列约束他们的条例规定也一并丧失了其威慑力。20世纪初，新疆地区的发展势头又一次崛起，回民向新疆迁徙的新浪潮也被掀起，来往陕甘地区和新疆的商人、匠人日益繁多，新疆因地理位置的缘故，在抗日战争的连天炮火中，成为许多人理想的避难所，许多人从中原地区背上行囊逃向西北边疆地区。新中国成立后，中国共产党秉持着民族公平的理念，在陕甘宁地区设立的少数民族优惠政策吸引了许多回民重新迁回甘肃、宁夏地区。青海、甘肃、宁夏等地之间，由于各种原因而互相迁徙的回族人更是数不胜数。

4. 甘肃回族地区现状

从清王朝覆灭以来，回民在甘肃的人口分布格局初见雏形后，再没有过大的变动。新中国成立，平凉、张家川、临夏等甘肃省回族人聚居区，得到了党和政府的民族优惠政策，其中临夏被设立为回族自治州。本文中提到的甘肃回族民族地区是基于中国当前少数民族地区的行政区划。中国少数民族地区的行政区划设立了自治区、民族自治地方和自治区、自治州、自治县等少数民族聚居区。根据民族地区的行政区划，本文将甘肃的回族地区划分为回族自治州，自治县和回族乡。在回族自治区域中，回族人自然占据了人口组成比重中的大头，当然这里也居住着其他少数民族和汉族同胞。

在长期的历史发展与变动调整中，甘肃省的回族人口主要形成了以下三大聚居地区：临夏回族自治州、张家川回族自治县、平凉市。在这三个聚居地区中，回族人的数量和分布已经达到了一定规模，在其聚居区域已经形成了鲜明的人文特征，既有中原农耕文化的长久灌溉，又保留着传统的游牧文化，可谓得天独厚。

美丽宜人的临夏回族自治州东西宽136千米，南北长183.6千米，总面积为8169万平方千米。中国现有的回族自治州有临夏回族自治州和新疆昌吉回族自治州两个。临夏回族自治州下有永靖县、东乡族自治县、临夏县、广河县、临夏市、康乐县、和政县、积石山保安族东乡族撒拉族自治县，截至2020年底，自治州常住人口为2109750人。自治州中民族组成包括回族、撒拉族、保安族、东乡族等少数民族。临夏地区的保安族和东乡族是人口数量较少的两个群体。临夏有很长的发展史。早在5000多年前就已有先民居住，秦汉以来就已设县、□州、建郡。古称枹罕，后政称河州。是自古以来就是各王朝的战场。它是有名的军事要地、经济贸易中心，一时鼎盛，便有了"河湟重镇"的美称。临夏平均海拔两千米，年平均气温6.3℃，降雨量537毫米。其自然环境钟灵毓秀、峰峦雄伟、沃野千里、物产丰盈、物华天宝、气候宜人、景色优美。

张家川回族自治县位于甘肃东南部，陕西陇县、清水县、秦安县、华亭及庄浪县分别与其东西南北相接壤。地势由东北向西南倾斜，东西长南北宽，总面积1311.8平方千米。最高海拔2659.4米，最低海拔1486米。全县地貌多山地。全县人口为24.44万人，其中城镇常住人口7.32万人。

坐落于其东北部的陇山巍然屹立，层峦叠嶂，其西南部千壑蜿蜒。陇山山脉向外蔓延出六个分支，神似手指，绵延不绝向外延伸。张家川回族自治县沟壑纵横，土石山地，陇山石质为东北部地区的主要地质形态，中东部则多为山地，其组成为红砂岩黏土与红土相间山地，沟壑在中西部是常见地貌，由黄土崩塌形成。其地貌组成结构繁多，颇为壮观，主要为梁峁、沟、台、谷。

张家川回族自治县深藏于内陆、位于西北地区的腹部，受东南、西南季风双重影响，其气候类型为温带大陆性季风气候。此地地貌复杂，海拔高、地形奇特，便有了它特殊的地域型立体小气候环境。温和半干旱、温凉半干旱和温寒、半干旱地区共同组成了中西部地区气候特征。气候温和，无霜期较长，光照丰盈，但雨水不足；东北部则相反，气候寒冷，光照较差，兼有暖冷半湿润、暖冷潮湿地区，无霜期较短，雨量充足。

平凉市与陕西、甘肃、宁夏三省（区）相接壤，海拔适中，平均海拔1千米。全年气候温和，年均气温8.5℃，季节降水量分明，年均降水量为511.2毫米，主要集中于夏秋两季，平凉市行政规划为一个1个市、5个县，全市面积为11325平方千米。总人口184.86万人，全市为少数民族聚居地，其中以回族为主，回族人口占全市总人口的7%。

平凉市位于我国中部地区，气候类型为温带大陆性气候。农业气候为温和半湿润。气候总体特征呈现为南部湿润暖和、北部干旱。因地形和海拔，造成气候垂直分布明显，地形分布状态"星罗棋布"，沟、川、塬、梁较为突出。

5. 甘肃回族地区人口规模

甘肃省是我国第二大回族人口聚居省，回族总人口数量在全国各省中居第二位。回族总人口为1258641人，占全省总人口的5%。其中，城镇人口仅占回族总人口的36.4%，总人口数量中农村人口占了主要比重。

据统计2011年末，临夏回族自治州总人口213.35万人，回族人口68.98万人，占总人口的32.3%。2020年，平凉市常住人口为184.86万人，其中回族约16万人，分布在崆峒区的大寨、上杨、峡门、白庙、寨河、大秦、西阳等7个乡和华亭市神峪、山寨2个乡，共有110个回族村，530个纯回族社。

(二) 东乡族

东乡族自治县地处青藏高原和黄土高原衔接地带，东部与洮河相邻，和定西相连。南部和广和县与和政县相接；西部与大夏河连接，以临夏市、临夏县为边界；北部与黄河及永靖县相望。东乡族自治县是我国东乡族相对集中居住的民族自治县，全县辖8镇、16乡，总人口38.17万人，常住人口31.47万人，其中东乡族33.55万人、占87.9%。

这里有深厚的历史底蕴，境内有齐家、马家窑、辛店等历史文化遗址10多处；这里出土了我国迄今为止最早的铜铸刀，被称为

"中华第一刀";这里是华夏古丝绸之路的要道;这里有文明遐迩的东乡手抓羊肉、醇香可口的唐汪大接杏、品质优良的大"斡脱"商人尤为活跃,他们从城市到乡村,从内地到边疆,从中国到外邦,进行商品交换,推动了社会发展。

"撒尔塔"人是继粟特人之后,活跃在丝绸之路上进行商业活动的主力军."撒尔塔"人身上充满了古阿拉伯人、古波斯人善于经商的基因。"撒尔塔"人在中国西北部定居之后,把商业贸易作为自己主要的生活方式。

东乡族把自己称为"撒尔塔",他们的形成和商业贸易有着密不可分的联系。"撒尔塔"的原始含义就是"商贾"。13世纪蒙古西征时签发而来的撒尔塔人中除去工匠、军士之外主要就是商人。

东乡县属黄土高原丘陵沟壑区,全境四面被水环绕,中间高高凸起,形似"凸"字状,南北宽度大约47千米,东西长度大约50千米,总面积约1500平方千米,海拔最高处2664米,最低处1736米,平均为2200米。在这里,进出的路只有上与下,进就是上山,出就是下山,山是这里的主体。山峦起伏,沟壑纵横,悬崖峭壁处处皆是。人们形象地说,这里是"摔死麻雀滚死蛇"的地方。山坡陡峭,险峻壁立,深度大于宽度,呈"V"字形,是"隔沟能说话,握手得半天"的地方。

东乡族自治县的地形地貌比较单一,全县大约94%的土地为黄土山地沟壑,剩下的土地基本都是河谷川地。自治县山脉无明显的走向,基本上以县城锁南坝为中心,呈放射状向四周延伸,有大小山梁175条,大小山沟3000多条,总长约5220千米,沟壑密度每平方千米298条。主要由县城锁南坝为中心,放射状发出六条大山梁夹着六条大沟,包括韩则岭梁、沿岭梁、官结梁、新王家梁、阿娄池梁等山梁,以及叶沟、毛沟、王家沟、妥家沟、苏会沟等山沟。再由这些大梁大沟划分出了几十座支岭,构成了一幅形状明晰、连绵不断、交互纵横的山峦态势。人们形象地形容这里是地球裸露出肋骨的地方。有道是:"人靠衣服马靠鞍"。东乡人喜欢给走骡置办套漂亮的行头，且往往耗资巨大。人常说："马买起哩，鞍子置不起。"骡子脊背上贴身的鞍子，一定要柔软，通风透汗，还要配上夹褥，使骡子和人均感舒适。好的鞍子是镏金的或是雕花的，上漆打蜡，黄铜的扣钉排列非常有艺术性，闪闪发光，既有连接作用，又有装饰作用。东乡人最崇尚的是用生长多年的牡丹根和葡萄根雕成鞍子，这种材料性凉，骡背不易成疮。而牡丹鞍尤受青睐，其他如榆树做的就差一等。

新中国成立前东乡地区的交通非常闭塞，陆路有连接兰州和河州的东大路，全长约100千米，其中一半在东乡境内，负担着物资交流的主要任务，但山路陡峭、狭窄，蜿蜒崎岖，行路时举步维艰，非常吃力，沿线锁南坝、唐汪、大湾头等地设有店铺和站口，这条大路也是古代丝绸之路南路的一段。连接东乡地区的数百个散布于沟壑山岭、深谷旷野间村落的羊肠小道被东乡族称为"陌"，这些羊肠小道不仅通往梯田山野，也通向附近四方的乡镇乃至州府省城。过去陆上的交通工具有轿车子、架子车、驴、马、牛、骡，由于山道险峻，轿车子等较笨重的运输工具很少见，只有个别富裕人家才用，山道的运输更多的是靠牲畜和人力来完成，现在随着道路面貌的改观及农业机械的使用，状况有所改变。

东乡境内渡口较多，黄河上的主要渡口有盐滩渡口、黑城渡口、红崖渡口、他家渡，洮河上的主要渡口有也松达坂渡口、红柳滩渡口、马巷渡口等。这是由于它三面与大夏河、洮河、广通河、黄河相连所导致。新中国成立之前，该区域几乎没有渡桥，当地居民出行只能依靠羊皮筏子与木筏，东乡族有许多人曾在大夏河、黄河、洮河沿岸以撑筏渡河为生。筏子是指用数十根木头并排捆绑在一起，而筏子所用的木材都是在洮河、大夏河、黄河的上游砍获。每一只筏子上都有几人负责撑筏，甚至有一些人把几十只筏子连接起来，这种水运的方式曾经是青海、甘肃、宁夏等地向下游运送木料的主要方式。在当时，整个东乡族区域以撑筏为生的族人大约有一千余户，其中人数最多的是达板有300户左右，剩下的包括红泥滩约有 230 户，喇嘛川 100 户左右，唐汪约 200 户。

交通的不便限制着东乡族的经济发展，但正是由于交通不便也使东乡族祖先从西亚、中亚带回的文化得以完整地保存下来。比如东乡族的语言东乡语，也正是由于民族语言的保存和发展，东乡族与周边回族的融合也得到了极大程度的限制，从而使今天东乡族的产生、巩固奠定了基本的文化基础。东乡之封闭、贫瘠、干旱的土地孕育了东乡民族，也孕育了东乡族吃苦耐劳、坚忍不拔的民族精神。

(三) 保安族

我国少数民族保安族在甘肃省人口分布情况如下。

甘肃省的保安族人口主要集中在临夏回族自治州的积石山保安族东乡族撒拉族自治县，该县常住人口 23.9 万人（截止 2021 年），有保安、东乡、撒拉、回、汉、土、藏等 10 个民族，少数民族占全县总人口的 65.2%，其中保安族人口 2.2 万人，占全国保安族总人口数的 95% 以上，是全国唯一的保安族聚居地。

从自然区来看，保安族的聚居地大多分布在龙溪黄土高原的黄土丘陵（亚洲）地区。积石山保安族东乡撒拉族自治县位于该区西南缘，也就是黄土高原向青藏高原过渡地带。它坐落在甘肃省西南部，临夏回族自治州西北角的小积石山东麓。地形崎岖，整体趋势为由西南向东北倾斜，东北偏低而西南较高。它的西南长年极寒，阴冷潮湿，东北则地处干旱，同样常年寒冷，平均海拔为 2800 米。

黄河承担着灌溉养育此地生灵的重担，它由背海的循化地区经积石山流进甘肃省，注入刘家峡水库。除黄河外，还有众多河流滋润着这方土地：发源于积石山的银川河、刘集河、大河家河、吹麻滩河、清水峡河等。它们皆为黄河水系的小支流，冬季濒于干涸，夏季流量渐增，秋季山洪突发、河水暴涨。

临夏州西部黄土丘陵区属于黄土高原和青藏高原的过渡带。气候变化浮动较大，差异明显。以黄河流域来看，其北部皆为谷地，气候温暖，山川绵延。而西部却相反，为高寒阴湿的气候。黄河流域的中部地区的特点是长年寒冷而又缺水干旱，冬天漫长而寒冷，夏天短暂而不炎热，四季界限不清。全年平均气温徘徊在4.4—8.1℃。因为其地形特殊的缘故，整个区域的温度从东向西，从北向南逐渐降低，南北温差达到3.7℃，区域季风气候明显。

积石山县大河家地区是保安族的主要聚居地，它的西面是地险天成的积石雄关，北面是黄河上游著名的临津渡口，除甘河滩、梅坡、大墩村为丘陵沟壑外，其余皆在黄河二级台地上，地势平坦，土地肥沃。当地许多传统乡土聚落在营建过程中匠心独运、手法不拘，既顺应自然又切切实实与当地的气候、习俗、信仰密切结合。一般认为，保安族族源是一批信仰伊斯兰教的中亚色目人，他们自元朝以来在青海同仁地区戍边屯垦，与当地的回、土、藏、汉、蒙古等民族长期交往、自然融合，逐步形成一个民族。保安族的居住格局通常是整村连房密集居住，一家一院，户与户的房屋屋顶相连，这种居住形式，是保安族为御敌防卫而形成。

(四) 土族

土族的族称，分自称和他称。土族自称因地而异：青海互助、大通和甘肃天祝一带的土族多自称"蒙古尔""蒙古尔孔"（意为蒙古人或"察汗蒙古尔"（意为白蒙古）；青海民和三川地区的土族多自称"土昆"或"忙古"；居住在青海同仁县土族自称"土民"或"霍尔"；居住在甘肃卓尼地区的土族多自称"勺哇绕"（即勺哇部落）。其他民族对土族的称呼也各不相同：汉、回等民族称土族为"土人""土民""土户家"；藏族和藏文文献称土族为"霍尔"；汉文史书和地方志则称土族为"西宁州土人""西宁土人""土人""土民"等。新中国成立后，经过民族识别，并根据土族人民的意愿，统称为土族。

土族的历史背景至今没有定论，研究者对其莫衷一是。20世纪初研究专家便开始了对土族历史背景的探索，一直到现在得出了以下几种假设可能。

1. 吐谷浑说

在 20 世纪初期，一篇名为《青海各民族记略》的文章对土家族的吐谷浑说进行了最初的记载，这是新中国成立前较为流行的一种说法。新中国成立之后，土家族历史研究专家对其传统历史、生存环境、家族世系、名称由来、风俗习惯等进行了更深层次的挖掘，以求挖掘出土族与吐谷浑源远流长的历史联系。吐谷浑说认为 4 世纪初，吐谷浑遂率所部西迁上陇，在现青海开始了三百多年的历史，唐高宗龙朔年间势力不敌吐蕃，随即被攻破而走向灭亡，其族人仍有一部分留在了原来的地方，依附吐蕃继续生存，原吐谷浑残存王室带剩下的兵力东行，迁徙到今天的山西、宁夏一带。留在原地址的吐谷浑人与统治国密切融合，逐渐被其同化，湟水以北、祁连山南麓都是吐谷浑人聚居的地区，他们被当时的藏族地区称为"霍尔"。进入元朝时期，蒙古人的马蹄踏入了此地，附属于吐蕃的"霍尔"又受到了蒙古族人文的深刻影响，再加上此地人口、民族数量众多，吐谷浑后代在此吸收了众族文化，日渐发展壮大。土族的最初的形成中，其大部分组成都是吐谷浑人后裔，所以土族的历史形成背景便有了此说。

2. 蒙古说

不同于吐谷浑的是，土族蒙古说最初的提出者是一个比利时神父，此说在世界范围内都得到了广泛认同，土族的历史称呼、他们自己的语言、各种文献的记录，土族人口分布的情况都成了蒙古说的研究重点。蒙古说的主要内容为，元朝时期，蒙古人占领了青海地区，统领了当地的吐蕃人，吐谷浑人发展而成的"霍尔"也是其中一员，在与蒙古人的日渐交融吸收中，土族的形成也初现雏形。

而近代对蒙古说的见解又出现了不同的看法。土族先人的主体是元朝入侵青海地区的蒙古族人，被当地原住民吐蕃人、吐谷浑后裔、藏族人、汉族人等各种民族人种影响，吸收借鉴了他们的人文特色、历史传统，在交融中一个崭新的群体孕育而生。然而，自 20 世纪 80 年代以来，蒙古论中又有了"土达"新说。这是一个蒙古说观点的新发展，明成化年间，元代的蒙古人尝试反明复元后溃败西逃，迁至今甘肃平凉及宁夏回族自治区的固原一带，在这里逐渐成长成一个新的族系——土族。通过查阅历史文献的记载，一些研究专家发现，在明代历史记载中，这类蒙古族人在甘陇地区发展而成的被称为"土达""土民"的新族系，都是由因为种种原因移居到甘陇地区的蒙古人发源而来。迁居于此的蒙古族人，逐渐形成了一个相对闭塞的群体，远离其原住草原，逐渐与蒙古人产生了差异化发展，加之时间一长，在此地受其他民族的影响十分深刻，他的人文风俗、历史传统都产生了一定的变化，他们身上原本的蒙古族特征逐渐消失退化，一些则逐渐加入了其他民族，成为其中一员，剩下的则孕育出自己独特的民族文明和历史传统。土族的起源，恰好就是蒙古族人在此发展出的崭新文明和群体。

3. 多元混合说

在新中国成立之前，多元混合说有很多的支持者，所谓多元混合，其观点就是土族的起源是吐谷浑后裔、蒙古人、沙陀三个民族融合而成，但目前为止仍然未找到切实的证据证实这一学说。在漫长的历史发展和雕刻中，土族从其他民族的交融成长中起源而来，而这其中，蒙古和阻卜占了较大比重。但多元混合说没有切实的文献及证据来加以论证，所以此说的准确性、重要性仍有待考证。

4. 阴山鞑靼说

阴山鞑靼说认为，土族最先发展于今中俄边境上的内蒙古室韦，唐朝时主要分布于我国东北部的呼伦贝尔一带。8世纪下半叶，其势力不敌契丹，遭其攻击后溃败，一些人溃逃至阴山（现中国内蒙古自治区中部山脉），据史书记载，自称为"鞑靼"。唐朝后，进入宋、辽、夏时期，西夏政权举兵攻打嘀嘶啰民族，因战争原因，山西的蒙古各个部落归附于契丹统治，迁至甘肃青海等地，阴山鞑靼在辽时也被迫西迁，重新聚居于河西走廊，西迁后的他们在青海、甘肃一带发展了很长时间，慢慢成长为今天的土族。这一理论提出后，有专家认为，元朝、明朝因征调被迫西迁徙的阴山鞑靼，他们的足迹最远也知道了河西走廊一带。但这一理论没有切实的文献及证据来加以论证，所以此说的准确性、重要性仍有待考证。

5. 沙陀说

这也是在新中国成立之前有众多支持者的一个学说。沙陀说的历史依据追溯到对于晋王李克用的史料记载中。现在的土族有民和、互助两大类，沙陀说认为他们之中有大部分人都是李克用（原沙陀部晋王）的后代。随着近现代科技水平的发展，晋王李克用的家族发展史逐渐揭开了其笼罩的面纱，沙陀说便已经被明确证实有误，现已无支持者。

目前，土族的发展历史背景，吐谷浑说和蒙古说逐渐取代了另外几个没有背景支撑的理论学说，取得了学术界的一致认同。

6. 甘肃境内土族人口分布

土族人口主要集中分布在甘肃、青海两省。在甘肃境内主要居住在天祝藏族自治县的天堂、石门、西大滩、东坪、东大滩、朵什、大红沟、哈溪、华藏寺、炭山岭等乡镇，永登县的武胜驿、坪城等乡镇，积石山保安族东乡族撒拉族自治县的石塬、刘家集、关家川、柳沟等乡镇，卓尼县的勺哇、康多等乡，永靖县的小岭、刘家峡、川城等乡镇，肃南县泱翔、雪泉等乡。从土族人口的城乡分布状况看，2000年时乡村人口有199000人，占土族总人口的82.5%；城镇人口有42198人，占土族总人口的17.5%。

明清及民国时期，土族基本上以农业为主，兼营畜牧业。新中国成立以后，随着土族地区经济和社会各项事业的发展，从事农牧业以外的各类生产活动的土族人口不断增加，在行业分布上呈现出多元化的特点。以2000年全国第五次人口普查数据为例，土族在各行业从业的人数分别为：农、林、牧、渔业11746人，制造业662人，教育、文化艺术及广播电影电视业406人，国家机关、党政机关和社会团体381人，批发和零售贸易、餐饮业243人，社会服务业131人，卫生、体育和社会福利业112人，建筑业109人，交通运输、仓储及邮电通信业100人，采掘业89人，金融、保险业53人，电力煤气及水的生产和供应业45人，地质勘查、水利管理业19人，科学研究和综合技术服务业12人，房地产业4人，其他行业15人。

土族很早就生活在青藏高原东部，是这一地区的世居民族之一。在漫长的历史发展过程中，勤劳、勇敢、智慧的土族人民从居住地的自然条件出发，因地制宜地发展农牧业生产，并以农牧兼营带动其他产业的发展。同时，在改造自然、创造物质财富的生产实践中，土族人民还逐渐形成了整套具有浓郁民族特色的生产生活习俗，这些生产生活习俗，形式古朴、内涵丰富、寓意深刻，其中既保留有许多古代先民的社会遗俗，也反映了土族社会发展的时代特征，是数百年来土族生产生活的浓缩和积淀，是土族物质文化的重要载体，也是土族文化的重要组成部分。

第二篇
生活空间、生计模式与生活方式

第三章

农耕、游牧与商业文化

第一节 农耕文化

一 东乡族

中国自古以来就是农耕经济发达的社会，勤劳勇敢的东乡族是中华民族重要的组成部分。清代东乡族农作物品种较少，主要有洋芋、青稞、燕麦、小麦、荞麦、糜子、大豆等，其中以洋芋的翻种量和产量较大，是东乡族劳动人民的主食之一，当时洋芋垧地（折合今1.25亩）可挖二十到三十背斗（一背斗约60斤），由于自然环境恶劣及连年社会动荡造成的劳动力短缺，使得东乡族人民不得不采用浅、粗播、甜种（不施肥）的方法，因此粮食的单产量较周围汉族地区和回族地区少。清代农业生产中的主要工具多为木制的和石制的杠子、犁子、耧车、镢头、木铣、石磨、石碾等，铁制的铁锨、铁犁尚未普及。民国时期农作物品种有所增加，麦类有红麦、蓝麦、白麦、燕麦、大麦、荞麦等；洋芋类有洋麻洋芋、红杨洋芋、白杨洋芋等；豆类有蚕豆、豌豆、扁豆、回回豆等；经济作物有胡麻、油菜、温芥等。民国时期，随着农业知识的丰富和对周围汉族地区优良品种的引进，农作物品种改良进程较快，清代引进的尕甜洋芋、绿子洋芋及民国初期引进的红杨洋芋和占杨洋芋被民国后期的深眼窝洋芋、牛头洋芋所淘汰；农作物产量比清代有明显提高；铁制劳动工具开始普及，传统的木制工具开始逐渐淘汰，同时在唐汪川等沿洮河、大夏河畔的地区开始兴建水利设施，尽管可灌溉的面积有限，但反映了东乡族农业发展的要求和向干旱发起挑战的决心。新中国成立以来，东乡族农业有了突飞猛进的发展，表现在农作物品种增加、科学种田步伐加快，农业机械开始使用，灌溉面积成倍增长，生存条件有所改善，经济作物产量和播种量增加，优良品种的引进和研究更新速度加快，化肥的推广等；农作物品种有红麦、大麦、青稞、豌豆、扁豆、蚕豆、玉米、谷子、荞麦、燕麦、大豆、洋芋、回回豆、甜豆、油菜、胡麻等。

农业是东乡族经济生产活动中受汉族生产方式影响最深的产业，但东乡地区极度恶劣的自然环境和生态条件使得东乡族人民不能或无法完全照搬汉族的传统生产方式。东乡族传统的耕作方式有三种：轮种，头年种杂禾（青稞、豆子、红麦混合或油菜、大豆混合），第二年种小麦，第三年种洋芋，第四年再种杂禾，如此循环反复耕种。歇种：多在土地贫瘠的土坡地上，种一年，歇一年。混种：多将青稞与豆子、小麦混合下种，菜籽与大豆混种。在此三种耕种方式中，歇种在周围汉族地区较为少见或没有。东乡族传统的劳动工具有犁、耧、碌碡、铡刀、铁锨、木锨、连枷、杈子、磨子、耢子、耙子、铲子、榔头、刨镢、风车、碾子、柞臼、连子背头、场杠、杪犁、镢头、簸箕。耕畜主要有牛、骡、驴、马，其中牛既可作耕备，也能食用最受东乡族农民青睐。

在农业生产中，男女分工略有不同，尤其是近年来，随着改革开放的进程，越来越多的东乡族农民（多为男性）离开黄土地，出外打工经商，而庄稼活留给妇女承担。一般分工方式是男子犁地、耕地，女子撒种子，打土块；男子往地里拉粪，女子施肥；锄草为女子专利；拔麦子、豆子、挖洋芋等一般由男女双方一块完成，收庄稼、碾场等活动也由男女双方共同完成，农忙时家伍（家族）的男女老少都来主动帮忙，称为"变工"。

东乡族为了弥补肥料紧缺，除了压茅坑、挖炕灰、挖圈粪以外，还有一种特别的积肥方式，叫烧生灰，用铁锨垦播荒坡，翻过后的大块头草坝子根须密集，让太阳晒上一秋一冬，来年春天，再把草坝子一块块摞起一人高，长十几米，里面架空后放火烧，经十天半月等坝子烧透以后，再经几场大雨，生灰便烧成了，一般一堆生灰可用两年。

东乡族的手工业种类较多，元代有碗匠、纺织匠、铁匠、银匠、皮匠、麻匠、毡匠等从事手工业生产的匠人，现在很多手工业种类已销声匿迹，传统的手工业只剩擀毡、织褐子。擀毡是东乡族的先民"撒尔塔"人从中亚带过来的传统手工业，有毛毡、沙毡（二年毛制作的）和绵毡等，其中以秋毛毡和绵毡为佳；大小尺寸通常分四六毡（宽4尺，长6尺）、五七毡、单人毡和做礼拜用的拜毡；以颜色分，有白毡、花毡、红毡、瓦青毡（黑白羊毛混合制成的）；制毡的工具有3件，即弹弓、竹帘、沙柳条。擀毡时，先把羊毛堆在地上，拌上细土后用沙柳条狠狠抽打一遍，然后将毛用弹弓（形状像弓，但比弓大几倍甚至10倍）弹松，然后把羊毛铺在竹帘上卷起来，再用绳子捆住，放在木椅上用滚烫的开水洗刷，这样经过多次洗刷搓，然后放在板案上，用搓钩揉弄出四条带棱的边。

褐子是东乡族的传统纺织品，织褐用的线是由羊毛捻制成的，颜色有黑、白、红三种，成品虽然粗糙，但结实耐穿，价格便宜。织褐时无需专门的作坊，可以在院子里、场沿上随便支起简陋的织褐架，因此褐匠不仅在自己家里织褐，也可走村串乡。过去，褐子是东乡族人民做衣的主要面料，到20世纪六七十年代时褐子仍然相当流行。20世纪80年代以后，汉族地区的布匹大量涌入东乡，褐子业被现代机器制造的布料挤垮，到现在已经名存实亡了。

东乡族的编织品主要是用竹子、沙柳条、麦草等编织成的背头、簸箕、筛子、草帽、篮子等生产生活用品，专业从事编织业的匠人较少，而且东乡地区的编织业因当地原料的紧缺及制作工艺简单等原因使之无法与周围汉族地区的编织相媲美，因此在市场上的销量有限。

二　保安族

保安族主要从事农业，过着以农业为主，畜牧业、手工业、商业为辅的经济生活，农业是他们的第一生命线。保安族居住在青海同仁地区时，与相邻而居的各族人民一道开发了这片土地，创造了自己的农耕文化。在那里所耕种的土地，其来源一是屯垦土地，这是最早形成的农田，其开垦者是元代"守边防番"、亦兵亦农的屯田兵士，包括蒙古族兵士和从中亚随蒙古军队而来的保安族的先民一批信仰伊斯兰教的色目人；二是明朝政府从内陆地区征集调动大量回族和汉族的将士远赴同仁戍守边防，实行移民实边的政策。这些军士及其家属开垦了大量的土地；三是这里的土著民族和逃难到这里落户的难民开垦的。由于生产工具和生产技术的落后，农作物品种单一，农耕经济发展缓慢，再加上统治者的压迫和剥削，居住在青海同仁地区时，保安族人民的生活很苦。

保安族居住在青海同仁地区时，种植的农作物有青稞、病豆、洋芋、胡麻、油集等。大麦、小麦、土地的耕作，山区旱地采取哪山停息，明年种哪山，让这山停息的"轮歇制"（俗称"敢地"），用体耕养地的方式来换得"地力"的恢复以增加产量：掌握了一定的农业灌溉技术，同当地其他民族一道，从隆务河上游野雀峡开凿渠道，引水灌溉。但农业生产水平总体上依然很落后，据三秦出版社出版的《同仁县志》载："四寨子共五庄水地1350段，合10260沧亩。"水地从下种到收割，大多灌一次桑水。不重视田间管理，青苗出土后，岁只用几根带刺的树枝绑在一块进行松土。田间杂草丛生也不多管，直到野草长高后，才去拔一次草。庄稼收割后也不垒成垛子保存，只是扎成小捆搭在木架上"风干"保存。作物不分夏秋，每年只种收一次，所以粮食产量很低，亩产只在70斤至90斤左右徘徊。生产工具落后，使用的木犁粗大笨重，木杠是直的，没有弯角；犁铧叶宽尖小，挖沟浅，效率低；碾场使用无棱碌碡；用长皮条打场脱粒。其他农具部分由自己的铁匠打制，铁锨、锄头等大多从循化、河州等地购买。保安人在农业生产中多为自耕农，如租种别人的土地，租佃关系也多是"伙种"，即租种者除去负担籽种外，收获物与土地所有者对半分。农业劳动中的积肥、送肥、下种、灌水、拔草、收割、打碾、砍柴等主要由妇女承担。

  保安人定居到今甘肃积石山县后，学习和吸收当地汉、回等其他民族的耕作方式、生产技术，改进生产工具，引进农作物新品种，农业经济有了很大程度的发展。农作物品种逐渐增多，主要有兰麦、佛手麦、大麦、青稞、荞麦、蚕豆、大白豆、胡麻、糜子、大黄荞、"深眼窝"和"牛头"洋芋、"红洋芋"等。在一些水川地区，由于气候温暖，水源充足，开始种植蔬菜、瓜果等。蔬菜有白菜、青菜、萝卜、菠菜、菜瓜、辣子、韭菜、莲花菜、刀豆、胡萝卜、葱、蒜等；果类有冬果梨、杏、李子等，以自己食用为主，很少向外卖。在耕作技术上也有比较大的改进，用"豆类、洋芋倒茬"法代替多年在一块土地上种植单项作物的旧种法，从而保证了地力的恢复及产量的提高；根据农作物的特性，在川地种麦、豆，坡地种糜谷，依雨水的多少进行灌溉和拔草；肥料使用厩肥、人粪肥、烧生灰等多种肥料；重视选种并学会了拌种，如麦种用清油拌，洋芋用炕洞灰拌。农业生产工具有了明显的增加和改进，有铁铧犁、镰刀、榔头、斧头、锄头、耱子、碌碡、连枷等。改进的农具中，把"二牛抬杠"由直木杠改成曲木杠，杠的长度比过去短了三四尺，用"阶州铧""百草铧"代替了"小尖铧"，这些工具比较轻巧省力，入土面积大，易于松土，且耕地深度一般可达五寸左右；用曲柄形铁铲和锄头代替直柄长方形铁铲进行锄草；碾场使用的碌碡，由原来的无棱的逐渐改用凿有八棱和十二棱的；原先打场脱粒用的长皮条改为连枷，既顺手又省力。保安族的农业经济尽管有了很大程度的发展，但广大的保安族农民仍然束缚在封建土地制度下，许多农民耕地很少或没有耕地。

  手工业是保安族依附于农业的重要副业，也在保安族经济生活中起着重要作用。金属的加工是该民族主要的手工业，有打造刀具的工匠，制造锁子的工匠，制作剪刀的工匠，打造铜、银制品的工匠等，多以家庭手工业的形式进行。而其中的制刀业不仅具有比较悠久的历史，而且在技术和产品质量方面达到了很高的水平。如今，保安腰刀形成一种刀具品牌，作为保安族优秀的传统工艺品而闻名遐迩。

保安族在青海同仁地区定居时，族内的铁器制作工匠除了要生产弓箭、土制枪、战刀、马足铁掌、及其马嘴嚼子等军事用品外，还会制作铁制勺、铁制切菜刀、铁制盆、剪刀、锄头、耙子等多种生产生活用品。特别是制刀业有了一定发展。迁徙到甘肃积石山后，由于人多地少，为生活所迫，大批保安人纷纷进入铁制品制造行业，从而可以使他们从周边农牧民手中换取生活所需的农畜品。这就使得保安腰刀的工艺制作水平有了极大的进步，造型更是日益完善，品种也呈现多样化，逐步增加到10多个种类30多个品种，产品远销甘肃、青海、宁夏、新疆、四川、西藏、内蒙古、云南等地，有的还远销国外。

水磨在保安族的经济中占有重要的地位，无论在青海同仁，还是迁徙到今积石山县后，他们都修了许多水磨。

据《在"田野"中发现历史：保安族历史与文化研究》中的调查记载，在青海同仁保安地区隆务河东岸到撒尔塔大庄、下庄段，有十二处一渠双轮的水磨遗址，这些水磨当年承担着热贡十二族及保安四屯农牧民的粮油加工。其中有八盘是"营伍磨"（意为产权属保安堡人），四盘是"德让马吉"（保安语，四个马姓家族）的。保安堡通往河边有一条长约3千米的便道，当地人称之为"官磨路"。这表明在明清时期，其部分产权归官方所有，部分归城内的"营伍仓"和"德让马吉仓"所有。也说明撒尔塔大庄和保安堡"营伍仓"保安族屯垦者，利用隆务河的自然落差修建了水磨。它一方面方便了各部族居民的粮油加工，另方面增加了磨主的收入，促进了当地社会经济的发展。

保安族迁徙定居到今积石山县后，先后利用刘集河水、大墩峡水、甘河滩泉水、马蹄河水修建了三十一盘"特尔芒"（保安语，水磨）。高赵李家的保安族人利用刘集河来水稳定、水量充足的条件，巧妙利用河床的自然落差，在上游东岸利用石家寺泉水修建立轮磨，又从肖家至科脱段开挖引水渠修建盘水磨，在中游段东岸的王家、高赵家村、孕李家河段开挖引水渠，修建水磨。刘集河畔共有十八盘水磨，其中十六盘是由保安族人修建经营。在大墩峡口东岸，利用峡水，修建了两盘立轮磨，分别属保安族韩振钢、马忠家所有。甘河滩的"亥沙班勒贺"（保安语，黑色泉）下游有一盘单立轮磨，一盘双立轮磨。"亥沙班勒贺"下游向尾嘴坎子引水，修建了三座立轮磨，一盘属甘河滩保安族人孕胡散，两盘属安民湾的大汗然穆藏家。柳沟马蹄河下游袁家段，有保安族修建的水磨五盘，其中两盘立轮磨为马蹄河孕胡才尼家的，一盘立轮磨和榨坊是高赵家村藏客马三十六的，两盘平轮磨分别属斜套村马孕奴和袁家村韩福祥。

三　蒙古族

甘肃蒙古族农林业不断创新。粮食是蒙古人赖以生存的必需品。在小农经济条件下，受社会条件和交通不便的影响，仅仅依靠畜产品交换粮食，无论在数量上还是时间上，都不能满足正常生活的需要。所以，甘肃蒙古人很早就有了经营农业的活动。

据今天聚居于肃北蒙古族自治县的蒙古族牧民回忆，在他们的先辈中，有些人曾经就在青海柴达木地区和甘肃的党河流域从事过农耕生产。在20世纪40年代，一些生活没有着落的牧民，靠给地主拉长工和打短工维持生活，从而积累了一定的排作技术和经验。50年代初，一些牧民在农区土改中分得了土地和农具，从事农业生产。1987年，肃北蒙古族自治县获得甘肃省人民政府颁发的粮油生产和交售奖；1988年、1989年获得甘肃省人民政府颁发的粮油丰收奖和特别奖；1989年，成为被国务院表彰的全国粮食高产达标的46个县之一和油料高产达标的10个县之一。近年来，肃北县稳步构建戈壁现代牧农业、生态观光牧农业和绿色有机牧农业优势产业布局，推动现代牧农业转型升级。牧农户采取"牧区放养+农区散养+设施养殖"的畜牧养殖方式发展壮大畜牧产业，2019年，全县一、二、三产业结构调整为6.8∶42.3∶50.9，全县农林牧渔业总产值达11284万元。

蒙古人的先民是从森林中走出来的百姓，所以他们对林业情有独钟。他们爱护森林和每一棵树木，在他们居住和放牧过的地方，林木都会得到很好的保护。

甘肃蒙古人从1950年建立自治地方以来，根据国家关于植树造林、绿化祖国的一系列方针政策，加强了对天然林木资源的管理和保护，同时坚持年年发动城乡干部群众植树造林。如今的肃北蒙古族自治县，县城和乡镇政府所在地，都有了成片的防风林带和观赏林。特别是县城所在地，从东山湾到浪湾，林带延编25公里，昔日荒芜的戈壁滩，变成了景色宜人的小城镇。现在，全县人工造林面积达到1.6万多亩，其中以产苹果、梨、桃、杏等水果为主的经济林387亩，年产水果45吨。

四　土族

（一）生产习俗

湟水河谷的土族农民一般从腊月（有的地方到正月）开始往农田中运送肥料。肥料多为农家肥和旧土墙、旧土灶、旧土坑等土制肥，另有野灰、山圈肥等。将粪肥运到田里后，均匀分成许多小堆，并用土将粪堆覆严，以防粪肥因风吹日晒而失去肥效。春耕时，再将这些小粪堆用铁锹均匀扬撒，紧接着深翻耕地。播种方式以前多为漫撒，也有男子在前翻地、妇女在后面将农作物种子撒到地沟的。现在，机械条播等现代播种方式在河谷地区得到普及，但山地仍采取漫撒后再将地翻耕、整平的方式。等到农历四月前后，禾苗长到3寸左右时开始锄草。川水地第一次锄草后要浇一次水，土族农民称之为"头水"，头水要少浇，以免田地皲裂。头水浇完一月后要浇第二次水。收割后再浇一次水。而山地多靠雨水浇灌。到八、九月份收割庄稼时，青稞、小麦等多用镰刀收割，油菜多用手拔，也有用长把镰刀收割的，蚕豆、豌豆则直接用手拔。庄稼收割后扎成捆，晒干后拉到碾场打碾。打碾时，把麦捆解开平摊在碾场上，然后用牲畜拖拉碌碡来回（或绕圆）碾压，而后翻一两次再次碾。碾至麦粒全部脱落后，将长草挑起，把碎草、麦衣和粮食堆积起来，顺风用木锨向空中扬起，借风力将碎草和粮食分离。秋收之后，紧接着开始犁地翻秋茬。川水地区先犁一次后晒几日，以增加土地肥力，最后再犁一次。山地一般实行轮种，川水地一般在冬至前后还要浇一次冬水，然后再将地整平，保持墒情。至此，一年农业耕作便宣告结束。

另外，甘肃的土族地区还保留有一些充满民族特色的耕作习俗，如"拍春""插牌""卸捆""加斯·喀迭力嘎""碌其喀迭力嘎"等。

拍春，就是春耕仪式，须选择吉日举行，大致过程是：在耕牛角上串油饼，额头挂上彩红，在附近找一块农田，给牛套上犁环绕土地一周，然后在画出来的圆圈里再犁出来一个十字的形状，最终犁出一个田字的形状，最后往农田里撒一把小麦种子，并且"田"字的中央部位煨桑、焚香烧表、磕头祈福，以求今年风调雨顺、取得好的收成。

插牌，是青苗季节里为了保护庄稼而举行的一项活动，也是许多地区的青苗会中非常重要的一项内容。每年大约在农历的5月13号前后，每个村子或者是几个村子集中在一起商定一些乡规民约用以保障粮食丰收。从当天开始就挨家挨户地传递一面刻有乡约的专用木制牌子，轮换检查农田，巡视村民是否严格按照乡规民约执行农务。有的土族村庄在插牌这一天由众人推举产生"特肉其"（土语，亦称"堪过"，意为领头人）一人或数人，其职责是监督乡规民约执行情况、组织召集村民商议村中重要事宜、调解村民一般纠纷等。秋后举行"卸捆"仪式后，"特肉其"的职责便终止。

卸捆，是秋收之时将自家麦地里的麦捆运回到打碾场后举行的仪式，大致过程是：将从地里运回的麦捆垒好，并将皮绳、驮鞍整理好后收藏起来，再宰羊犒劳帮工之人。"卸捆"仪式完成后，各家地里还未运回的麦捆不再受乡规民约的保护。加斯喀迭力嘎，土语，意为卧犁。土族有"寒露霜降，轭子架到梁上"的农谚，说的是在每年农历九、十月间（脑山地区稍迟一些），即寒露霜降前后，地里的农活全部干完。这时，人们将犁铧卸下，擦拭干净，小心谨慎地把犁辕犁头架在房屋梁头上，犁铧放在柜下，并化表、供"扁食"祭祷，以感谢犁铧一年来的辛劳。

碌其喀迭力嘎，土语，意为卧碌碡或祭碌碡。土族的农民们在秋收脱粒谷穗之后，便会集中在麦场，并将碌碡端端正正地摆放在铺设了麦草的中央位置，然后在碌碡前方位置煨桑，供奉一碗"海流"（油炒面），还要在碌碡上面撒上一些"海流"，然后众人诚心祷告：碌碡大哥辛苦了，碾场脱粒粮入仓，立下功劳实感激，敬请安卧到来年，来年丰收请劳你！祝祷完毕后，向碌碡叩头致谢。

（二）作物种类

明代，土族地区的农作物种类主要有青稞、燕麦、大麦和豌豆等，青海民和、贵德的土族地区农作物品种更丰富些，史籍记载这些地方"五谷俱产""麦豆杂粮，随地皆有"。当时，青稞是最主要的作物种类，除食用外，还用来酿酒。清代时，土族地区的农作物种类更加丰富，其中粮食类有青稞、大麦、豌豆、燕麦、小麦、荞麦、糜子、蚕豆、藏豆、扁豆等，油料类有油菜、胡麻，蔬菜类有芹菜、芥子、萝卜、白菜、甜菜、苦苣、茄、蒜、韭菜、蔓菁、芫根、马铃薯等。此外，黄河沿岸的土族地区，在经营农业的同时还经营一些园艺业，种植枣树、梨树、杏树等，出产李、苹果、桃、楸子、樱桃、花檎、沙枣、核桃、西瓜、花椒、旱烟、杏、甜瓜等，民和三川地区有"王石沟的黄烟（旱烟）鞑子庄的蒜，胡李家的花椒麻死人"的俗语。近现代时期，土族地区的作物种类与清代基本相同，没有发生大的变化。新中国成立以来，随着农业生产方式的进步和农作物品种的改良、引进，原先许多产量较低的作物品种如荞麦、糜子、大麦等渐渐被淘汰，许多新的小麦、油菜、蚕豆品种被引进或培育出来，特别是随着蔬菜种植面积的扩大，许多外地的蔬菜品种被引入土族地区，进一步改善了土族人民的饮食结构。

（三）生产工具

在过去很长一段时期内，土族农民使用的农具主要有犁、耙子、糖子、铁锄、铁锹、板锨、铁铲、粪杈、木轮车、镰刀、石磙、木杈、木锨、连枷等。使用的耕畜主要有犏牛、黄牛、驴、骡、马等。加工粮食主要用水磨、手磨等，而且水磨以前基本上为寺院、地主和富农所有。粮食主要用木柜、草转子、土仓、板仓、囤子等储存。耕地用"二牛抬杠"，其方法是用一根长圆木横架在两头耕牛（或其他牲畜）肩部，横杠正中与犁铧拴系结实，耕者手扶犁柄进行耕作。

改革开放以来，传统的农业耕作方式发生了巨大的变化，老式犁铧、木轮车、铁锄、粪杈、石磙、连枷等生产工具逐渐被淘汰，新式犁铧、拖拉机、收割机、脱粒机、播种机、粉碎机等现代农业机械在生产中得到推广，钢磨、榨油机、压面机等新式的现代粮食加工机械普遍使用，化肥、农药、塑料地膜等在生产中广泛应用，农业生产的现代化水平和机械化程度大幅提高。如今，多数土族地区的农业生产基本上实现了半机械化甚至机械化。

（四）手工业

早在明清时期，土族的手工业已有一定的发展，粗放的纺织业在土族中相当普遍。土族人民所穿戴的由羊毛织成的褐子、毡衣、毡帽、毡鞋等，都出自善于纺织的土族妇女和部分土族毡匠、鞋匠之手。到了近代，土族地区出现了一些脱产或半脱产的工匠，有木匠、铁匠、银匠、毡匠、鞋匠、裁缝等。他们大部分于农闲时做工，只有一小部分长期脱产做工，多集中在集镇上，所得报酬低微，且多以粮食支付。土族所使用的糖子、犁头、犁杆、木锨、木杈、木轮车、耙子、连枷等木制生产工具，都是土族农民自己加工的，并有部分进入市场交换。木碗、木盘（用于盛馍馍的）、木桶等生活用具，大多出自土族工匠之手。

土族民间酿酒的历史已有四五百年之久。早在明代时，土族人民利用当地的有利条件，将青稞煮熟作原料，用当地草药做成酒曲拌和，经过发酵后，烧出白酒，称之为"酩馏酒"。这种酒不仅甘甜、香醇、风味独特，还具有顺气、活血、调经等功效，常被当地医生用来做药引，进行中药配方，以增进疗效。清代中叶，这种酩馏酒便已驰名甘青地区，"乡间婚娶酒席皆资焉"。各地商贾赶着骡马，翻山越岭来此驮酒，沿途闻香而来的买酒者络绎不绝，因此，民间曾流传着"驮酒千里一路香，开坛十里游人醉"的佳话。清末，仅丹噶尔（今湟源）地区每年就从互助威远镇运销"二百余担"青稞酒于本邑蒙古族、藏族中。

互助地区的土族人家几乎家家都有酿酩馏酒的习惯，土族家庭主妇大都是酿酒能手。其工艺是：把青稞煮熟晾温，撒上甜醅曲，两三天后盛入缸内，加酒曲和适量水，密封缸口。保持恒温约15日，然后将发酵好的青稞倒入锅内加水，加盖密封，留小孔，接通气管，与冷却器和烧酒缸相连，用慢火加温，锅内蒸汽通过冷却器时，形成蒸馏水流入烧酒缸，便是酩馏酒。为使酩馏酒具有独特色味，土族人还常常将初酿的酩馏酒密封在酒瓶里，深埋在羊圈或屋内炕沿下，过一年半载后取出来添满酒再埋。如此几次，酩馏酒便呈浅黄蜜状浓汁，闻起来香气扑鼻，喝起来味道浓烈。如果贪杯，一不小心就会酩酊大醉。此外，土族地区还有些从事谷物加工的磨坊、油坊等。

第二节　游牧文化

一　蒙古族

（一）乌兰牧骑

"乌兰牧骑"蒙古语的原意为"红色的嫩芽"。它成为文艺单位的名称后，意为红色文化工作队，是活跃在草原上和蒙古包之间的文艺团队，1957年诞生在内蒙古大草原上。

乌兰牧骑从一开始就坚持先进文化的方向。几十年来，这种组织形式努力适应牧区群众文化生活的需要，得到了党的领导人的高度评价。1964年，乌兰牧骑在得到毛泽东主席与周恩来总理的高度肯定之后，就开始了全国范围的大型巡演活动。随着乌兰牧骑演出节目的不断改进与完善，1979年，乌兰牧骑正式踏出国门，开始了面向全球观众的访问演出，乌兰牧骑先后在欧洲、亚洲、美洲等国家登台演出，并获得外国观众的高度赞扬。1979年邓小平同志曾题词："发扬乌兰牧骑精神，全心全意为人民服务。" 1997年，江泽民总书记再一次为乌兰牧骑题词，称赞"乌兰牧骑是我国社会主义文艺战线上的一面旗帜。"

甘肃蒙古族聚居区的肃北县于1974年成立了乌兰牧骑。多年来这支队伍一直坚持"一专多能"的培养方向，多数队员都能唱会跳，并能演奏乐器。加之乐器和道具简单轻便全队只用一辆大篷车便能拉走，因而被誉为"大篷车上的文化工作队"。

这个精悍的文化工作队，牢记周恩来总理"不要进了城市，忘了乡村，要不忘过去，不忘农村，不忘你们的牧场"的嘱托，坚持不受场地、舞台、布景等限制，随时随地为群众演出。每年下乡演出的时间最少都有五个多月。

乌兰牧骑是牧区的宣传工作队、文艺辅导队、生活服务队。下到牧区，坚持白天为牧民演出，晚上播录像，辅导文化知识，宣传党的政策和法律法规，还帮助牧民背水、拾柴、烧水做饭，尽力帮助群众解决生产生活上的困难。由于他们坚持不懈地全心全意为牧民服务，被牧民亲切地称为"玛奈（我们的）乌兰牧骑"。

乌兰牧骑的节目以牧民喜爱的歌舞为主，主要取材于蒙古族牧民的生活。肃北蒙古族自治县乌兰牧骑成立以来，精心创作了40多个反映牧区建设成就、讴歌草原美好生活的舞蹈和音乐作品，在省市调演和全国性比赛中，先后获得2次"五个一"工程奖，3次国家级奖项，9次省部级奖项，10多次市级奖项。如《快乐的响铃》《瀚海驼铃》等舞蹈获得了文化部、国家民委、石油部的有关奖励，《鹿舞》《牧马场上》《迎宾舞》等5个舞蹈节目获得了甘肃省少数民族文艺调演奖项，《雪山魂》等7个舞蹈、小品获得了酒泉地区一张掖地区文艺演出优秀奖。几十年来，乌兰牧骑坚持培养训练，造就了一批优秀文艺人才。先后有10余名演员被中国歌舞团、省民族歌舞团和内蒙古、青海等地院团录用，并成为这些团体的艺术骨干。

（二）蒙古族行旅

由于畜牧业生产的需要，长期以来，蒙古族形成了按季节和水草状况迁徙的生活习惯，即所谓"逐水草而居"。所以一年四季的草场搬迁是他们最主要的行旅活动。此外，就是访亲会友、进城购物等需要外出行旅。

自古以来，马就是蒙古人最主要的交通工具。过去，无论放牧牲畜、草场搬迁，或者出门访亲会友都离不开马，所以有俗语说蒙古人是在马背上长大的，他们中的男女老少都善于骑马，家家户户都饲养着好几匹骏马。

根据史料记载，蒙古族人饲养的马匹数量是非常庞大的，南宋时候被遣往蒙古族的使臣彭大雅就在《黑鞑事略》中提到，蒙古士兵"人二三骑或大七骑"。《蒙鞑备录》也有着类似的记载："凡出师，人有数马日轮一骑乘之，故马不困疲"。而按照《蒙古秘史》的记录，札木合曾经公开向成吉思开宣战，并动员了13部3万骑准备攻打成吉思汗，成吉思汗在知悉这个消息之后，也马上动员13部3万骑准备应战。如果上述史料记载真实，那么按照每一位骑兵都需要配备5匹战马来算，那么木本合和成吉思汗两方拥有战马总数就达到了三十万匹之多，蒙古族一般都会在牧草肥沃的地区居住，而且在当时蒙古族人饲养马匹的的技术水平已经达到了在当时而言非常专业的水平，所以蒙古马"以不蹄啮也，千百成群，寂无嘶鸣，下马不用控系，亦不走逸，性甚良善"，并有耐饥、耐寒等特点。蒙古族兴起并建立横跨欧亚大陆的大国，除了其他因素之外，历史上所说的"在马背上得天下"是有一定道理的。

蒙古人世世代代都爱马，对马的偏爱在他们的现实生活和民间文学中都得到了充分的表现。过去，养马的多少是贫富的主要标志，一匹好的走马能成为牧人赖以自豪和骄傲的资本，调训马的好手是牧人们尊敬的对象。生活中马奶和马奶酒是珍贵的饮品。民间体育活动中有赛马和马表演，乐器有马头琴，舞蹈的大量动作都取材于骑马和赛马。英雄史诗中描写的人物都是马背上的英雄，民间故事中离不开关于马的情节，大部分的民歌都把骏马作为歌颂的对象。在蒙古人眼里，骏马就像草原上的鲜花一样，是多姿多彩的。有凌空腾跃的赤兔马，有行步超群的枣骝马，有挂着银掌的灰兔马，有俊美烈性的栗色马，有具备骏相的枣红马，有细长腰身的黄骠马，等等；还有铁青马、海骝马、三花马、灰青马、淡黑马、灰紫马、黄膘雪里站、菊花青……等等。他们把马当作自己的贴心伙伴和珍贵宝贝。

清代末期，出产于色尔腾草原的蒙古马，闻名于甘、青两省。现在，甘肃蒙古族饲养的马，属于一种地方杂交品种。身材中等，体质强健，极耐粗放饲养，能忍苦耐劳，以善于走山路著称，是优良的山区骑乘马。

由于甘肃蒙古人居住的地方多为干旱荒漠草原，骆驼也是他们的重要交通工具。骆驼对干旱荒漠和半荒漠草原的适应性强，易于管理，并且耐饥渴、不畏寒暑，能负重、善于远行，不会迷路。一峰成年骆驼，一般能驮四五百斤，长途驮运，可日行百里，并且行走稳健，耐久力极强，遇上特殊情况，可数天不吃不喝。所以，牧民在远出而且需要搬运东西时，一般都选择骑乘骆驼。中华人民共和国成立后，甘肃蒙古族有了固定的居住区域，加上交通条件的不断改善，远行一般不再用骆驼。只在转移牧场时，依靠骆驼驮运生产工具和生活用品。

改革开放以来，蒙古族牧民的生活水平迅速提高。许多牧民都买上了越野车、小货车等适合草原使用的汽车，搬家、出行乘坐汽车已经是一件平常的事情。很多年轻人还买上了摩托车，走亲访友、到县城或者乡镇所在地办事，甚至放羊都骑着摩托车。幸福的生活改变了蒙古人历史上形成的行徙习惯。

二 东乡族

畜牧业是东乡族经济生产的支柱之一，它与农业相辅相成并依附农业生存并发展。畜牧业的两种类型分别是：供农业生产的大牲畜类和供人食用或用于交易的家畜类。大牲畜包括牛、马、驴、骡等；家畜包括牧养的绵羊及其他。东乡最为普遍的莫过于养羊并剪其毛，毛则广泛用于擀毡或织褐子、积累粪便、出售等。由于每只羊每年可以剪2斤毛，所以用于这些当中绰绰有余。东乡族区域山大沟深，牧坡虽不大，但星罗棋布，牧草茂密旺盛，村间小块草地到处都有。东乡大部分地区采用合群放牧，一群百只左右，但不都是自家的，有些是替亲戚朋友牧养的。大部分东乡族地区，几乎一半农民家里都有一个牧羊人，或为老人，或为儿童，一般是家庭中的弱劳力。替人牧养的羊只所剪的羊毛归牧羊人，产下的羊羔由牧羊人和主人平分，在合群放牧时，自家尽量多配有种羊，以吸引别人寄养。通常每天放牧两次，上午一次，下午一次。

牛、马、驴、骡一般在家饲养，很少放牧，夏秋两季的饲料主要是苜蓿和草谷，冬春二季则是铡碎的干草拌麸子和切碎的小洋芋，大忙季节须给大牲口加料，喂尕麻豆。为了饲养大牲畜，东乡族农民一般都有一亩左右的苜蓿地或草谷地，苜蓿、草谷长成后每天铲一次，驮回来，用铡刀铡碎后饲养。有些人家在收完麦子后，种上燕麦，霜降以后，燕麦长成尺把高，就把燕麦拔了，驮回家撂在房顶或墙头上，晒干后留作冬天的干饲料。鸡是东乡族主要饲养的家禽，在东乡族的家中，不仅饲养有公鸡和母鸡，还有一种具有东乡特色的鸡——玄鸡。这种鸡是被阉割了的公鸡，它可以被喂养到8斤左右，有的甚至高达10斤以上。东乡族喜拿玄鸡做礼物，尤其是在定亲、开斋、会官时，讲究选双不选单。

此外，东乡族还养狗（用以看门）、猫（用于抓老鼠）、兔子（多食用）、鸭等家畜家禽。

三　裕固族

以前裕固族的农牧业生产模式非常落后，经济模式单一。就连农牧生产过程中使用的工具都非常简陋，其中有镰刀、鞭子、动物毛制作的用来驱赶牛群羊群的"撂抛子"、套索、专门用来装小羊羔的皮口袋"土布拉"、用动物角制成的"奶角子"、普通剪刀等。牛羊合并混合放牧通常比较普遍，畜圈也仅仅是用木栅栏简单围成，即便是这样的条件，也是中高经济水平的牧民才有。牧民常常受到自然灾害和野兽的侵袭影响，所以牛羊牲畜存活率大概只有一半左右。半个多世纪的改革和发展，为裕固族的农牧业带来了翻天覆地的变化，大大提升了人民生活和经济水平。

随着经济社会的迅速发展，传统的游牧文化也逐渐退化，取而代之的是牧民定居一处式的畜牧模式，传统的牛羊混合式集体放牧也变为了不同牲畜分类各自放牧。人工播种牧草、围栏封育、害草整治、消灭虫鼠灾害等措施的全面实施，大大提高了草原的畜牧能力，使生态环境的良性循环得到保护，使草原的抗灾防患水平进一步提高。有了国家的各项民族公平优惠政策，草原水利系统的升级和建设也被进一步推动，秉持着因地制宜的理念，草原上的雪窖开挖，水库破土动工，井、泉、坝等水利设施在草原上日益密集起来。因为干旱而导致的畜牧养殖业难题、牧民居住问题，都随着水利设施的建设不复存在了。

畜牧业做为肃南裕固族自治县的支柱产业，带动了自治县经济的快速发展。肃南县得天独厚的自然环境很适合鹿的养殖，辽阔的草场、种类繁多的牧草、降水集中于夏季，这些因素都是畜牧业发展的优良条件。因此，以鹿产品为主营项目的一批龙头企业，在鹿产品的加工和销售方面取得了很好的效益。甘肃祁连山生物科技开发有限责任公司就是其中一家规模大、效益好的鹿产品深加工公司。该公司位于肃南县城内，成立于2002年5月，注册资金418万元，是一家获得进出口贸易自主权的企业。该企业在祁连山地区成立了大型养殖基地，以繁殖马鹿和种植中药材为主，并且和清华大学结成战略合作伙伴，为企业产品的深加工寻找到了强大智力支撑。为了在产品的研发和质量上把好关，该公司特意从清华大学聘请了教授担任技术研发顾问。在强大的科学技术力量的支撑下，该公司的在产品研发和深加工领域都具有强大的竞争力。现在该公司在养生药物及食用均衡营养胶囊及片剂的年产量已高达5000万颗。这几年公司还不断在很多大、中、小城市建立了产品直销点，越来越多的企业和个人成为该公司产品的忠实客户，所生产的鹿系列深加工产品已成为很多人访亲探友的最佳选择。

当前，该公司自主研发的具有抗疲劳、调节免疫力、延缓衰老等功效的鹿类深加工产品已经多达30余种，其中获得国家食品药品监督管理局（SFDA）的"国食健字"批号的产品有裕丰胶囊和裕康茸参胶囊。这对于每一个肃南人民都是值得骄傲和自豪的事情。该产品目前已为国家游泳队、高尔夫球队、台球队等7支国家级运动队和浙江省体工队等6支省级运动队所订购。

该公司在科学开发祁连山马鹿、中药材资源的同时，抢抓西部大开发的战略机遇，争取到了由省发改委批复立项的"鹿保健品深加工扩建项目"。该项目计划总投资1898万元，得到国家支持320万元。经过3年多的实施建设，现已按要求完成项目的建设，建成符合国际食品卫生生产标准的GMP车间及相应的生产、办公场所，购置安装满足生产的各类设施、设备，并已通过ISO9001：2000质量体系认证和GMP认证。项目的建设带动了全县养殖马鹿的积极性，极大地提高马鹿养殖的经济效益，同时也为缓解自治县的就业压力做出了积极贡献。该公司凭借雄厚的技术力量，已形成集基地、科研、生产、销售于一体的格局。尤其是《102吨/年药用高纯度黄芪多糖黄芪皂甙》已经被国家科技部列为国家级火炬项目，并积极与中科院兰州化学物理研究所合作继续开发祁连山中药材资源,已完成黄花棘豆的前期研发工作,为公司的可持续发展奠定了坚实的基础。鹿产品的研发与销售,对自治县的经济发展做出了巨大的贡献。通过鹿的养殖以及鹿产品的深加工,草场、中草药、社会闲散劳动力等闲置资源也都得到了很好的利用。作为自治县的龙头企业,它还带动了很多相关产业的发展。在产品的销售、推广过程中,对裕固族文化,对自治县特色的宣传也起到一定的推动作用。正在不断发展的鹿产品加工业前景广阔,在发展模式上会越来越现代化,在销售区域上会不断全国化,甚至全球化。在对外开放的形势下,不断打进各地市场的鹿产品,一定会在世界保健品的大舞台上画出辉煌的一笔。

四 土族

土族先民为游牧民族,主要从事畜牧业生产。元末明初,青海、甘肃地区的土族先民仍以经营畜牧业为主。此后,甘青地区随着国家大政方针的指导,种植业开始得到迅速的发展,农业也就成为土族的支柱型产业。畜牧业成为农业经济的重要补充。但是,土族地区畜牧业生产并没有完全消失,直到今天,生活在脑山和浅山地区的部分土族群众仍然保留着半农半牧的生产方式。如:甘肃省卓尼县勺哇土族乡至今仍有草场约10万亩,部分群众至今仍是半农半牧;青海省互助土族自治县和大通回族土族自治县的部分土族居住区均有一定面积的优质草场,畜牧业经济仍占一定比例。

在过去很长一个时期,土族地区的畜牧生产方式主要是冬季在家喂养夏秋时节到田垄山坡放牧,有的村庄还会在夏天将全村的牲畜(主要是牛马等大牲畜)集合起来,推举或指派几个人赶进草山去放牧,称为"放青"。到农忙时,再将牲畜赶回,用于农业生产役使。近年来,随着国家对草场的保护和封山育林育草政策的实施,在山上放养牲畜的方式逐渐减少,棚圈养殖等方式的养殖业开始了快速的发展,养殖业从传统的自然放养逐渐改变为规模化养殖，农畜产品产量和质量都得到了极大改善。此外，在许多土族农业区，依附于农业生产的家庭禽畜养殖业仍然较为普遍，在一般的土族农户中，养羊的现象极为普遍，从数只到数十只不等。凡经济条件较好的土族农家，还饲养一两头奶牛或黄牛、犏牛、骡、马、驴等耕，以供平时农业生产和生活所用。土族农户几乎家家都养一定数量的鸡和猪，作为家庭经济收入的补充。

历史上，土族人民曾大量饲养马、牛、羊、骡子、驴、骆驼等各种牲畜，后来随着畜牧业的逐渐衰落，畜牧规模和牲畜种类不断减少，畜种品质也不断下降。现在，各级人民政府在土族地区积极开展畜种的改良和自种的引进、推广、繁殖工作，陆续引进秦川、三河、黑白花、西门塔尔等良种公牛，巴克夏、约克夏、苏白、长白、内江等良种公猪，新疆细毛羊、中卫羊、阿白山羊和奶山羊等良种羊，阿尔登、卡巴金、奥尔洛夫、河曲、浩门等良种马，引进关中驴与本地马、驴进行杂交，使牲畜品种得到改良，促进了畜牧业的发展。

新中国成立以前，土族地区几乎没有专门的畜病防治机构，畜病防治主要依靠传统经验和土方土法，若遇到比较严重的疫情，牲畜大批死亡，不仅严重影响畜牧业的发展，也给群众造成巨大的经济损失。据20世纪50年代统计，在此之前青海、甘肃两省土族地区各类畜禽中有传染病共36种，其中猪瘟、羊快疫、羊猝狙、肠毒血症、牛出败、牛肺疫、炭疽、羊痘、布病、鼻疽和猪肺疫等传染病的危害最为严重。新中国成立以后，土族地区陆续建立了较为完善的畜病防治管理机构，在畜病防治过程中贯彻"预防为主"的方针，根据不同时期、不同疫病的特点，采取免疫、检疫、检测、淘汰、捕杀及改善饲养管理、加强牲畜卫生、结合药物治疗等综合性防治措施，收到显著效果。到20世纪60年代，上述疫情已经基本上得到控制。改革开放以来，土族地区的畜病防治机构不断完善，畜病防治工作得到进一步加强，动物疫病防控体系不断健全，重大牲畜疫病得到有效控制，保证了畜牧业的持续健康发展。

第三节 商业文化

一 回族的商业文化

（一）清真传统行业

经营餐饮业是回族的传统，在城镇居住的回族，主要经济来源就是其所经营的饮食业。回族有句谚语说："回回两大行，小买小卖宰牛羊"；"回回两把刀，一把卖牛肉，一把卖切糕"；"回族三大行，羊肉、馒头、贩枭粮"，回族从事屠宰、饮食业，还得从清代说起。

明朝在历史上，有相当长的一段时间，是禁止海上贸易的，对这段时期，政府对回族的态度是既关怀又防备。在当时的政策下，回族在海上进行的商业贸易活动全部中断。因此回族在明朝时期的"水上贸易"彻底衰退了。而在清代，由于清朝政府对回族实行高压政策，回族人由于人口众多但是所获得耕地面积又极少，这就迫使回族人民在从事农业劳动的同时，再从事畜牧业和商业。并且以农牧业为主，饲养牛羊鸡鸭，从而进行屠宰业和餐饮业等，这就逐渐形成了大多数回族居民会在当地进行餐饮业的习俗。清真牛羊肉饮食业、皮毛皮革贩运买卖兴旺起来了。

在甘肃回民中，以养羊为主的家庭畜牧业较为普遍，有的农民也兼养牛。比如，清嘉庆年间，山丹回民曾招集蒙古族妇女向她们学习畜牧技术，牧养牛羊。畜牧业的发达，带动了屠宰业和皮毛业的发展，兰州、临夏、张家川、平凉等地都是清代回族皮毛和皮革加工行业发达的地区。

制革业是回族人的传统手工业，最初主要集中于甘肃河州、张家川、平凉等地，此后又逐步发展至全国各地。从业人数既多，技术力量也较雄厚。这和回族擅长屠宰业有着极大的关系。动物毛皮的加工产品是屠宰业的附属产品。由于屠宰业的兴盛，回族的动物皮毛加工行业也因此而得到了飞速的发展。牛羊的屠宰业和售卖牛羊及其皮毛加工的行业，投资小，资金回笼快，周转快，市场波动小，而且所售商品销路也非常稳定。此外，回族商人还经营粮食、蔬菜、布匹等，并用它们从畜牧地区交换皮毛、皮革、牛羊肉等畜产品。

回族人，历来擅长牛羊屠宰，经营屠宰业。元代以来回族定居于各地，人口大量增加，扩大了对牛羊肉的需求量。在全国各个回民聚居比较集中的地方，有许多从事屠宰、贩卖牛羊肉行业的回民。因此也出现了许多清真餐厅、饭馆。回族饮食业的特点是，以经营牛羊肉、小吃等扬名天下，饮食环境干净卫生，店主对待顾客也极为热情。回民经营的饭店内，以菜品制法精细、花样新颖、种类繁多、口味香浓、价格实惠，深受广大群众热爱。

（二）河州茶马互市

茶马互市起始于我国唐朝时期，而在明朝至清朝时期达到顶峰，这种贸易活动持续了上千年之久。茶马互市是一种传统的贸易活动，是指在我国西北部，以畜牧业为支柱性经济产业的少数民族，用他们生产马匹、牛羊等牲畜及其畜产品交换内陆地区以种植业为主的民族所生产的布匹、粮食、茶叶、铁制品等生产生活所必需的物品。

河州地区位于青藏高原与黄土高原交界的区域。该地区由于地理位置关键，土地肥沃而且交通四通八达，唐、宋、明三朝时，一直都是中原王朝与西北游牧民族的政权交界处，所以茶马互市在这里得到了极大的发展。在明王朝初期，当时的执政者为了防止蒙族铁骑的侵略，需要给军队配备数量巨大的战马，而在青藏高原生活的游牧人也想获取中原地区生产的布匹与茶叶。在这种需求互补的影响下，茶马互市发生了飞跃式的发展。

明朝时期，茶马互市和之前有了非常大的改变。执政者把这一经济活动，发展成为一种带有政治策略的贸易往来。从明朝初期开始，为了更好地统治在这一地区的蒙古、撒里畏兀儿等游牧民族，当时的掌权者就在嘉峪关西侧、哈密东侧，青海湖、柴达木盆地一带先后设立了安定、曲先、阿端、罕东、沙州、赤斤、哈密等七座羁縻卫所，史称关西七卫。明朝政府利用"番人好食肉，必饮茶，不饮茶，多困于病"的特点对其进行控制，所谓"采山泽之利而易充厩之良"，"戎得茶不能为中国害，中国得马足以为我利，计之得矣"，此为"壮中国之藩篱，断匈奴之右臂者"。

在明王朝时期，河州作为茶马互市的核心区域，也是西北地区最主要的茶叶交易中心，回族人或贩马，或贩茶，有些家族还成为茶马交易的世家。"数年之间，河州之马如鸡豚之畜，而夷人亦往来，慕知识，效信义，在仕为宦者，不但茶马之贡而已。"（《明经世文编》卷十一）到了明朝，茶马互市得到了更好的发展，并且设立了官方的茶马互市的机构——茶马司。茶马司的职责是："掌榷茶之利，以佐邦用；凡市马于四夷，率以茶易之。"以管理内地与西北各族之间茶马互市的进行。洪武五年（1372），明政府在秦州（今天水市）设立第一个茶马司。七年（1374），又在河州设立茶马司，而后在洮州等地区设立了茶马司，负责用四川、汉中和湖南等地出产的茶，交换西北各游牧部落主要是藏族地区的马匹。

明太祖朱元璋时期，由于全国统一战争的原因，当朝政权急需马匹，于是他们到西北的藏区购买或者用实物进行交换。1375年，内史赵成组织了一支贩卖丝绸和茶叶的商队，这些人专门在河州地区开展买卖马匹的交易活动。但是后来随着官员以过高的价格进行买卖，很多少数民族的牧民也热衷与他们进行交易，就连离他们稍远的藏区民族也来进行交易活动。茶马互市的的交易主要场所是在西宁、河州和岷州这些地方，统治者曾经用将近60万银锭，购买了7000匹马匹。随后，他们在1392年又以大量茶叶进行换取马匹，大约换得马匹数量为10300匹。西北地区牧民们与朝廷的交换率之高造就了马匹交易规模之大。面对这种局面，明朝为了加大对西北地区的统治，将茶马互市逐渐变为中央垄断，并将茶马互市主要设置在河州，西宁，甘州等地。至万历年间，茶马司的设置有很多，且变化多端，其中设置时间最长的茶马司有河州、洮洲、甘洲、西宁四座，直到明朝末年间也没有太多变化。

在政府施行的强力制度下，我国西北边陲的茶马互市便处于政府的管控之中。"私茶出境者斩，关隘不觉察者处以极刑。"明初时期，"金牌制度信符"便已得到大力推广，当时走私是非常重大的罪名，甚至做到了"王室犯法、与民同罪"。当时的一位驸马，正是因为这项罪名被赐死兰州。茶马互市的地位一时颇重，朝廷十分重视，明初时期甚至设立了专门在此监管当地茶叶交易机构，监督制度亦十分严格，朝廷设立了定期去往茶叶产地监察管理、打击个人交易的"巡茶制度"。刚施行此政策时，频率为一年一遣，往后竟发展成三个月一派。成化三年，明政府遣御史"巡茶陕西，番人不乐御史，马至日少，乃取回御史，仍遣行人，且令按察司巡察。已而巡察不专，兵部言其害，乃复遣御史，岁一更，著为令"。民间茶叶走私力度极大，兰州、甘肃一带是明朝朝廷监管最严的道路之一。自正统十四年始，朝廷制定：每年派遣一人至陕西渭南到甘肃张掖一带去查看是否有民间贸易活动的存在。显而易见的是，"金牌信符制度"的施行对控制民间个人贸易出境起到了很大的作用，对茶马互市中规范公平官员的稽查过程也树立了一定的威慑作用。但一味地抑制民间个人贸易是违背客观经济规律的，反而损害了茶马互市的发展。

当然，即便制定了严酷的刑法，私茶贸易也不可能被完全控制禁止。永乐初年，"茶禁亦稍弛，多私出境"。明朝政府便默许了民间私茶贸易的存在。这一态度转变之后，原先的管控制度便无一开始那样严格，有时严有时松，没有固定规律。弘治三年，御史李鸾提议明朝廷，放行西北边陲的民间茶贸易。故个人经商便不再受朝廷禁止管控，民间市场因此获得了一线生机。所谓的"金牌信符制度"，正是为了帮助明朝政府掌握茶马互市的独断权，可以说是费尽心思，条条框框的制度几乎让民间贸易窒息，但随着经济的发展，这种违背客观发展规律的专权计划还是不能继续下去。到了明朝中期，"民市"在茶马互市的大交易市场中占据了一定位置。政府对其应对措施就是召集商人运送茶叶，对所运送的数量设定上限，同时政府也从中抽走不少部分，余下的便可以自行交易。自此以后，民间茶马贸易迅速扩大、成长，逐渐在大市场中成为重要通商模式。

从宏观的角度来看，明朝时期，茶马互市这一贸易往来为当时社会的经济和文化发展起到了积极的作用，也极大地促进了各民族之间的互通往来。所以历史上就有人将其称为以茶易马，"岁以万计，加之寺监所牧，足给边用"。嘉靖时期巡茶御史刘良卿认为，陕西设立茶马司以收茶易马，"虽以供边军征战之用，实系番夷归向之心"。

河州茶马司纳马的数量虽每年不一样，但从下列的数字可以看出是非常可观的。河州的贸易在明代的茶马贸易中占有十分重要的地位，有时差发的马数超过其他地方的总和。洪武十三年（1380），河州茶马司用茶58892斤，易牛98头，市马2050匹。洪武二十五年（1392）五月，尚膳太监而聂等至河州，召必里诸番族，以敕谕之，诸族皆感恩意，争出马以献，于是得马10340余匹，以茶30万斤给之，"诸番大悦"。洪武三十年（1397），李景隆赍金牌入番，几用茶50余万斤，得马13518匹，其中河州必里卫义等西番二十一族得金牌二十一面，纳马7705匹。永乐八年（1410），河州卫收到各番族马7714匹，共给茶278460斤。宣德七年（1432），河州卫与各番族互市，得马7700余匹。到明王朝后期，茶马互市逐渐衰败，清初在河州设有茶马司，雍正十三年（1735年）茶马市停止。

尽管交易中官方垄断价格，茶贵马贱，但在客观上，茶马互市促进了当时农业和牧业方面经济的增长，也对当时交通运输行业的提升起到了极大的推进作用，同时对各民族之间文化的交流产生了积极的影响，使回族与藏族等少数民族和汉族之间的经济往来有了更进一步发展，密切了各民族之间的友好关系，河州做为西北民族之间经贸往来的核心场所，逐渐使河州地区的各个民族的群众有了物品的商品化这个概念，从而使居住在河州地区的居民有了善于经商的特点，使河州成为西北物流的集散地、旱码头。河州因而成为"秦陇以西繁华称首"的"乐土"。

(三) 张家川地区茶马互市

张家川地区自古为丝绸之路的交通要道。自汉代起，中外之间贸易往来都要由此处进出内地。从唐朝开始，西域出产的特色商品比如苜蓿、胡椒、核桃等农作物和大量的畜牧产品如牛、马、羊等都要从张家川运往中原地区，而且当时在张家川地区也有西域商品的交易市场，这是县境内茶马互市之始。宋代，朝廷需要西域马匹，而西域民族视中原茶叶为神品，求茶若渴。宋仁宗时，官方就从南方运来大批茶叶，在边境地区设立交易场所，年支银4万两，绸绢150000匹。神宗熙宁七年（1074），宋神宗在秦州创造性地正式设立国家专门管理机构——茶马司，负责与吐蕃、西夏进行以茶易马的交易。

张家川地区当时地处宋、吐蕃、金、西夏诸国的战略要冲，是通往中原古都的重要通道和边境口岸。加之当地盛产马匹，一时商旅云集。"西人善马至边所，嗜唯茶，麝香、水银、牛黄、珍珠自西而来，丝绸、茶叶、金器、银器、漆器流西。"茶马交易始显其重，市场交易日渐扩大，至元代持续繁荣。明清时期，茶马交易的发展又达到了一个新的高度。随着茶马互市的不断兴旺，张家川地区的农贸集市的规模也越来越庞大。境内规模较大的集市除张家川镇外，还有龙山镇，恭门镇，马鹿镇。当时的交易品种也由牛马驴骡、小农具扩展到毛毡、食盐、瓷器、药材、山货、手工产品等。据史料记载，清代，一匹上品马可换茶叶120斤，一匹中品马可换茶叶90斤，一匹下品马可换茶叶60斤，一张牛皮可换一丈白布，100斤羊毛可换30斤砖茶，一只羊可换26斤食盐。清圣祖康熙皇帝时，当权政府要求各省的最高行政长官亲自负责茶叶销售事务。茶叶经销采取招商方法，由经销机关印制引票，发给商人。到清文宗时，地方设立的马场被强制性关闭，如果部队需要购买战马，那么就由军队统归自购，拥有400多年历史的茶马互市的贸易活动也至此落下了帷幕。

（四）回族牙行

今天的回族中，有很多人在牛、羊、马、干果、古玩甚至摩托、自行车、汽车等交易中作"牙行"。牙行是商品交易双方的共同经纪人和中间人。看"牙行"们在生意中的一言一行，对外乡人来说，是件很有意思的事。

"牙行"的来历久远。临夏的牙行存在较早，牙行生意兴隆。这从文献中记载的"牙税"（向牙行征收的税）中可以看出："清康熙四十四年（1705），河州年收牙税33.62两。道光三年至咸丰三年（1823—1853年），有牙帖（牙行所领凭证称为"牙帖"。持帖经营的牙人不许跨市集、跨品种经营）33张，每张课税不一，年收牙税48.15两。民国3年，《甘肃省牙帖章程》实行，导河县（今临夏县）牙帖捐银，分长、短期两种，长期20年，捐银80元；短期一年，捐银6元。另有牙帖年税分上、中、下三种，上等12元，中等8元，下等4元。时城关牲畜交易牙行4人，民国14年有牙行19人。

当今中国，从事"牙行"生意的商人也很多，主要经营范围是马匹、牛、羊、干果、文玩等商品。尤其是在甘肃临夏一带。"牙行"的存在，还说明了这样一个事实：我国信仰穆斯林的国人有许多宗教礼仪方面的细节及日常生活中的行为习惯也存在着什叶派仪礼的痕迹，据此我们也可以推断，古代迁徙至中国北方的什叶派穆斯林，也有可能是我国回族的早期先民之一。

（五）脚户闯天下

河州的"花儿"中，有不少唱的是脚户。脚户一词，通常是西北地区的居民对驾驭骆驼、骡子、牛、马等中大型牲口进行长、短途货物运输的劳动者的称谓。他们将足迹和身影留存于连绵的山梁和漫漫的荒漠。一首首传唱至今的"花儿"记载了他们的足迹所到之处："上走了西宁的碾伯（呀）城，下走了窑街的大通"，"走罢了凉州了走（呀）甘州，嘉峪关靠的是肃州"，"阿拉山尖上的烟瘴们大，西代唐河里的水大"，"渭源县有一座灞陵的桥，鸟鼠山有一座庙哩"，"尕马（哈）骑上者走（呀）云南，捎带者走了个四川"，"黄河上走了个宁夏（呀）了，包头的街道里站了"，"泾阳的草帽是十八（呀）转，长安城打了个过站"，"固原的城是个砖包的城，青石头铺下的大路"。

回族人在历史上就喜欢蓄养和贩卖马、骡、驴、骆驼。许多马贩子依靠骡子、骆驼、马、牛进行货物的运输，而且在每一次外出进行贸易活动时，都会三五结伴而行，所以以前回民所说的"驼帮""马帮""赶脚""吆骡子"其实就是指这些马贩。而脚户则指的是那些赶车、马和骡子运输货物的人。

明清时期，在甘肃的天水、河州、平凉一带的穆斯林卖家经常会带着他们的骆驼商队，前往宁夏进行交易买卖。马和骆驼成为常见的买卖运载工具，其中回族商人们经营的范围很广，主要为茶叶、丝绸、中草药、粮食、油盐、煤炭、瓷器、皮毛等。

回民在经商贸易中体现出了惊人的毅力，夏暑冬寒，风餐露宿，他们长期在外漂泊，周期甚至会长达好几年。

河州（今临夏回族自治区）群山环绕，地势错综，其交通往来十分困难，马匹、骆驼成了运送货物进出的主力工具。清朝末年，河州的贸易往来日益繁荣，专门进行货物运输的行业得到了较大发展。

陇中黄土高原赤地千里，能耕作的农田不足，人不够用，能放牧的草地有限，牛羊不够吃。这里生活的穆斯林商人，却完美继承了古阿拉伯、古波斯祖先善于买卖经商的特点，大多以长途贩运为业。生活在这片贫瘠土地上的回族人民，他们没有得到自然的眷顾，却毅然决然地奋起反抗命运，用自己的勇气和智慧将自己的足迹踏遍了中国各地，翻越高山大川，秉承着自己的信仰将自己的口碑做大做强。面对闭塞的交通地势，蜿蜒曲折的山路上出现了畜力运输者的身影。这些运输者被称为"脚户哥"，他们使用的畜力交通工具以骡子为主。骡子性格坚韧、脾性温顺，在长途运输的强度下显得十分有耐力，显示出它们天生适合运输劳作的优势。"马骡"体型比马瘦小，腿细，腰部灵活，作为拉车之马，短途运输则成了它们的主要用途。"驴骡"体型强健，其腿粗而壮，腰部有力，耐力很大，它们喂养简单粗糙，成活率高，跑长途便成了最佳选择。脚户哥带着他们的骡子走出黄土高原，走出重重山脉，将无数货物送往祖国各地。

  脚户哥最拿手的绝活就是收拾鞍鞴。骡子身上所装配的鞍具称为鞍鞴，对于长期高压工作下的骡子，鞍鞴的舒适性、实用性是非常重要的，为骡子安上松紧合适、透气散热的鞍鞴才能更好地利用它们。另外，还有骡子的笼头和驱赶的鞭子。当时流行脚户哥为骡子编制笼头，非常精致实用，这同时也体现出脚户哥的运输质量。再说鞭子，河州脚户哥所用的鞭子里面学问不小，对鞭杆、鞭把套子的制作都有严格的要求：驱赶马匹的鞭子，要选用有硬度的木头，一尺左右长，套下鞭头用皮条编成，上面要配上金属环串成的链子，鞭梢头还要编上精美的结。制作精良的鞭子在空中抽响，鞭声清脆响亮，再加上脚户哥一路高唱的民间地方曲调，高亢入云。在和骡子的长期相处合作中，脚户哥都必须掌握照料骡子，为其医治的本领。脚户哥最令人赞叹的技能还是吆喝骡子走石坎。河州到四川这条险路上，重峦叠嶂，山路险峻、上面的石梯高耸入云，人走在上面都会心惊胆战，如履薄冰，非常困难。而脚户哥不仅要走，还要赶着驮骡前行，他们要不停地抽响鞭子，不断地高声吆喝。就像人劳作时高喊的号子一样，响鞭、吆喝声也有着它特殊的节奏感、鼓舞感。鞭声推动着背上千斤重的驮骡层层往上，险中求稳，一点点往上。一旦鞭声节奏错乱，骡子很容易乱了脚步节奏，在陡峭的山路上非常危险。

  运输单位通常有单帮，是一个人带着四五个骡子，一个人来来往往，适合短途运输。脚户哥的长途运输一般不以单帮为单位。而是由多个单帮组成驮骡队，规模壮大，大家同舟共济，走南闯北，安全性也得到很大提升。风吹日晒，这一路上的苦和累自是不必说，千山万水也只等闲。蜿蜒曲折的山路上，一路风光送着脚户哥向前，山青水碧，云天一色，身边是清脆响亮的骡铃声，日光照拂，脚户哥便唱起了那欢快的花儿长调。远行的路途中，心中的苦楚也被唱入了这歌声之中，对家中爷娘的思念，对心爱的姑娘的牵挂，家乡的树和花都显得那样动人，游子在外漂泊，心里的不舍太多太多。

曾经脚户哥的后人们如今早已经开上汽车，坐上轮船，或者乘坐飞机在空中飞行。数以万计的回族人民还在青藏高原地区开展各种各样的商业活动，他们自己称这些行为是"东引西进"。在西藏自治区首府拉萨，就有一条被称为"临夏一条街"的街道，这条街上共有有300多家经营各种各样商品的商店，这些商店的经营者不仅自己赚钱，还会带动本地其他行业的发展，并且帮助当地回族同胞共同富裕。那些脚户哥赶骡走驮的辛酸岁月已成为故事传说。

（六）回族的店铺、摊点

在临夏，云集着各色店铺，有百货店、米粮店、小吃店、药店、民族用品商店等。为了在买卖市场中争到自己的席位，回民创造性地设计出许多特色经营手段。质量显然是第一位，高质量的商品才能长久立足，然后就是清新优雅整洁的店铺环境给顾客留下好的印象，良好的服务态度、价格战中薄利多销的战术都是他们的特点。充分结合当地居民的生活习惯和宗教信仰，回民通常给自己的商铺取名时都会选择具有穆斯林和回族特征的店名。例如史料记载中回民开设的古玩店有"天宝斋""宜生斋""迪华斋""古善记"等店名；目前在八坊区域内，最能代表八坊商贸特色的就属北大街商贸一条街了。在这条200多米的街道上阿文壁挂毯、仿古地毯、礼拜毯、仿古彩陶、保安腰刀，藏族的珊瑚、玛瑙、项链、唐卡，东乡的刺绣，临夏的葫芦艺术品、各民族服饰等，应有尽有。这是一条集穆斯林商贸文化及其他民族文化精华于一体的商业街，它也体现了八坊人不仅是临夏四周城乡各民族商品的流通者，更是汉藏贸易的中介者。

八坊有句俗语称"大买卖要等哩,尕买卖要吼哩",而北大街的坐商们就是在等生意上门。他们有的在攒头闲聊,有的聚众下棋。这些经营着民族用品、贵重古玩的坐商门前一般顾客稀少,店面门庭显得比较冷清,但一旦顾客上门,基本上都是"实"(真心实意)买主,而且每一笔交易金额都不菲。所以,北大街的这些"大买卖人"是坐着等生意的人。

八坊的坐商商铺自清朝以来,都喜取字号来扩大影响,发展经贸。商号都有匾额,一般为地方文化人所书写,但现在留存的极少,多数商号已湮灭无存了。以下所列的一些在八坊存在过的商号名称,是根据文献或口碑整理,从中也可窥视出历史上河州的商贸繁荣景象:医药堂、安泰堂、福生堂、育生堂、永善堂、中和堂、德记堂、大夏药房等。工业商号:义信马、义顺昌、福信马,专营铜器业;俊发楼、彦发格等均为银器业;福泰昌为铁器业商号;临夏民生火柴厂。羊毛商号:复兴隆、王盛会、隆顺祥、步云祥、福顺祥、同兴店、昌新店、天兴魁等。洋行主要经营羊毛和土畜产品,洋行商号:主要有新太兴洋行、高林洋行、聚利洋行等。专营藏区生意的字号:同心马、同兴盛、义信马、世兴锡、德兴元、公兴元、天顺祥等。现代商号匾:民族商场、友谊商场、毓贸商场、商贸大厦等。

(七)回族贸易的习俗习惯

回族人民中大部分人信奉伊斯兰教,宗教信仰对回族人民的影响可谓颇深,在历史的长期发展与雕琢中,回族人之间形成了很好的社会风气。

1. 礼数周全,公平诚信经营

回民商贩对于顾客非常礼貌,他们认为,凡做生意者,对客人的和气和礼数是最重要的,即便两人最终没有成功交易,就算交朋友,交情还在。回族商人无论在那个行业,都恪守着道德规范,诚实守信,为顾客着想,不做亏心的交易。不唯利是图,对顾客坦诚相待，不会偷偷对顾客暗中使坏。回族商人讲求交易时要把情况面对面说清，不能对顾客有所隐瞒，即便是蝇头小利也要在交易完成前对顾客讲清楚。回族商人中以次充好、鱼目混珠的不良风气还是较少的。这离不开穆斯林崇奉的《古兰经》对他们极其深远的影响，比如《古兰经》中提到："无论债额多寡，不可厌烦，都要写在借券上，并写明偿还的日期。在真主看来，这是最公平的，最易作证的，最可祛疑的。"诚信经营是《古兰经》中屡次提到的品质，所以穆斯林对这一点的理解非常深刻，回族清真寺对穆斯林进行的宣传也经常教导人们要恪守诚信品质，还会以伊斯兰教教义为基础，例举出哪些事是不能做的，是违反穆斯林本质的，像坑蒙拐骗、隐瞒顾客、销售次品、小偷小摸、抢劫这类行为。伊斯兰教的宣传对回族人民的优良品质形成影响巨大。

2. 交易往来中严格遵守买卖道德

回族人在交易买卖中严格遵守商业道德，买卖过程中足斤足两，不差顾客的秤，价格可以商量，但一定不在秤上动手脚，不故意去坑骗顾客。回族人认为总坑骗顾客赚来的钱是不义之财。伊斯兰教《古兰经》中说"你们应当秉公地谨守衡度，你们不要使所称之物分量不足。"所以回族人无论走到哪里都始终遵循着他们的宗教指引，无论何时何地都恪守公平公正的原则，所以回族商人在全国都有一定的口碑，有许多在祖国各地的回族商人，面对不同的民族，和他们有着不同习惯和信仰的合作伙伴，他们总是实事求是，公平交易，秉承着共赢的愿望，成就了回族商人的好名声。回族人也不全都是完美无暇的，回民中也偶尔出现一些虚假狡猾的投机取巧者，假冒伪劣商品也有时出现，但是大体来说，回族人民在贸易中还是诚实守信的。

3. 禁止放高利贷，禁止投机行为

《古兰经》中做出了这样的规定："真主准许买卖，而禁止利息。"所以回族人在经商方面，是谈高利贷而色变，回族人也很少有放贷的情况，个别存在的也不是传统意义上的高利贷。回族人不交易有危险、不健康的商品，这也是回族人对消费者利益做出的保障。

4. 诚实守信，信守诺言

回族人在诚信方面要求严格，不管是在买卖交易中还是日常生活中。对于双方签订的协议合约，他们始终遵守，不会出现临时逃脱、违背合约的事。尤其是在交易中的金钱往来，绝不拖欠，即便去世了其家人也会为他还清债务，这样的诚信令人敬佩。

5. 抵制浪费和反对贪图钱财

回族人中流传着这样一句谚语，回族人是不会因太过富贵而死的。回族人一生都敦促自己自始至终保持勤俭朴素，这也是他们的先知给他们带来的无穷的正面榜样力量，拒绝奢侈，拒绝大手大脚，《古兰经》在回族人一代代的传承中，影响了无数回族人。"世人切记莫要挥霍，浪费钱财之人乃是恶魔，而恶魔曾经背叛了先知。"回族人的团结和凝聚力令人刮目相看，回族人在自己富裕之后，常常不忘自己家乡和民族的发展，不断投资教育建设、基础设施建设、慈善公益事业。

任何先知，都不致于侵蚀公物。谁侵蚀公物，在复活日，谁要把他所侵蚀的公物拿出来。然后，人人都得享受自己行为的完全的报酬，他们不受亏枉。"《古兰经》中将不义之财定义为肮脏的、可耻的，清白的钱财才是值得赞许的，这样的财物才能用作慈善之事。

伊斯兰教在回族中的影响极其深远，回族人互相通商的过程中，进行贿赂是遭到鄙视的。伊斯兰教典籍《古兰经》中写道："你看见他们中有许多人，急于作恶犯罪，超过法度，吞食贿赂，他们的行为真恶劣！一般明哲和博士，怎么不禁戒他们妄言罪恶，吞食贿赂呢？他们的行为真恶劣！"

6. 回族对抢劫偷盗行为的看法

在回族人的认知中，偷盗他人财物是不齿的，肮脏的，不符合其民族精神的，万万不能触碰。伊斯兰教的典籍《古兰经》也对偷盗的行为明令禁止，并加以斥责。

二 藏族的商业文化

明仿宋制，也实行茶马互市。明太祖洪武四年（1371年），在秦州置茶马司，运汉中茶至秦州，以易甘肃南部藏马。其后又置河州茶马、洮州茶马司，设大使、副使各一人。后废洮州茶马司，以河州茶马司代。上马每匹换茶40斤，中马30斤，下马20斤，为马价最低时期。洪武二十五年（1392），在河州等卫以茶30多万斤，换马10340余匹，平均30斤茶叶换马一匹。后实行金牌信符制，由明廷向各卫、部落颁发金牌，以作信符。金牌篆文上曰"皇帝圣旨"，左曰"合当差发"，右曰"不信者斩"。金牌由两半合成，上号藏内府以为契，下号降诸番，三年一次，遣官合符，以防伪诈。金牌共41面。洮州的火把藏思囊日等部族，颁发金牌4枚，交纳3050匹马；河州的必里卫西番29个部族，颁发金牌21枚，交纳7705匹马。西宁卫颁发金牌16面，纳马3050匹。上马易茶120斤，中马70斤，下马50斤，严禁私人交易，违者死罪。洪武三十一年（1398），与西部少数民族（主要是藏族）以茶30多万斤，换马13118匹，至洪武末年，有一年易马13500匹的记录。明成祖永乐十一年（1413）设甘肃茶马司于甘州（今张掖）。朝廷每年派官进行巡抚，严禁私茶出境换马并广设马市，用货币在各地买马。令藏族"以马为地赋（同田赋）"，实行"计地贡马法"。明神宗万历十六年（1588），放宽马禁。规定易马定额，河州2500匹，岷州1160匹，甘州1000匹，庄浪800匹，临洮1800匹。以上几个地方基本就是今甘肃藏区。

明廷为什么把茶马看得这样重呢？《明史》"番人嗜乳酪，不得茶，则困以病。故唐、宋以来，行以茶易玛法，用制羌、戎，而明制尤密。""当时是帝绸缪边防，用茶易马，固番人心，且以强中国。"用番人日常生活离不开的茶，达到控制番人的目的。同时通过这种长期的特殊的民族贸易形式，加强了藏汉民族的交流，达到了政治上"彼得茶而怀向顺，我得马而壮军威"的目的。

明代，藏区对外贸易主要为马，公养、私养的养马业发展起来了，其马种还是来自藏区，主要是今甘南藏区和河西藏区。除马之外，藏区畜种主要是牦牛、藏羊，同时黄牛、犏牛的数量也不小，供应农区使用。

随着经济的发展，促进了贸易，藏区大量的畜产品、药材、工艺品涌入汉区，而汉区的茶叶、粮食、食盐、布匹、绸缎等日用品也进入了藏区。也是这时期，藏区的建筑、冶炼、铸造、手工业技术也有了很大的提高。

明代，朝贡也是一种特殊的交流形式。由于"多封众建"高僧、头人源源不断地涌向京城，每年达数千上万人，队伍十分庞大。后来规定每三年贡一次，每次三四人。藏区贡者携带珍宝，而朝廷赐给的茶叶、彩缎十分丰厚。一方面朝廷笼络了藏区，高僧头人又抬高了自己的身份，同时又增进了交流，促进生产关系大变革[1]。

在旧中国甘肃藏区被少数封建主、牧、地主等封建统治阶级霸占，他们享有至高无上的封建特权，占有大量的草原、土地和森林等生产资料，对各族人民进行残酷的政治压迫和经济剥削。

新中国成立后，甘肃藏族人民在党中央的领导下，消灭了国民党反动派的残余匪特，甘南部分县消除了历史上遗留下来种植鸦片的恶习，在社会秩序安定的基础上，贯彻"慎重稳进"的方针，使农牧业得到了快速的恢复，且发展态势也得到了积极的推动，极大地提升了藏族人民的生活水平。

三 东乡族的商业文化

（一）交换、贸易方式

无论是东乡族先民还是现在的东乡族，无论是在古代还是现代

---

[1] 洲塔、乔高才让：《甘肃藏族史话》，甘肃文化出版社2009年版，第32—33页。

都是以善经商而著称,尽管历史上因政治军事等原因时兴时衰,但传统的经商观念始终根深蒂固。明代,在河州设"番客百户所""番丁""茶马司"等经商机构,当时的交换方式是以物物交换为主,交换物品主要有汉族地区的茶叶、布匹、瓷器,少数民族地区的马畜产品。清代东乡族经济转向农牧业为主的经济方式,但从事商业的"脚户"有600户有余,走四川、汉中、新疆、宁夏等地。清宣统年间,东乡地区设有锁南坝集、汪家集、唐汪集、张家集、平善集等六处集市,后来又增加那勒寺集、耶松达坂集。民国时期集市贸易兴盛,增设红崖子集、达坂空集、红泥滩集、池斯拉伍集、尕磨河滩集等。以农历二、五、八日或三、六、九日或一、四、七日或双日逢集不等。当时集市上有粮、牲畜、布匹、山货、毛毡、褐子、木材、药材、日用杂货、茶叶等货品。

东乡族商人的经营方式,不同的历史有所不同。元代以官办商队"翰脱"组织形式出现。自清以来,小商小贩增多,字号少。现在有走乡串户的货郎,摆小地摊的摊摊客,长途贩运的脚户,坐店取利的铺子家等。

(二) 嚼子

老百姓叫钗子,有大钗、小钗之分。大钗是用来指挥骡子的。小钗不常用,只有骡子发脾气不听调教时使用,像孙悟空头上的紧箍圈一样,紧勒小钗,骡子就会因疼痛难忍而乖乖听人指挥。笼头用牛皮条编成,交叉处置以扁平铁环,要求做得扁平、柔软,以不磨皮肤为准。鞍鞯两边拴着两个黄铜做成的梅花镫,鞍子上搭着深蓝、中蓝、浅蓝的"三蓝"栽绒褥子,垂着长长的流苏,显得富丽堂皇。骡子脑心上扎一束红色的流苏,脖子上挂一串小铃铛。鞭子更为讲究。打马的鞭子叫"蛇抱蛋",东乡人常做的鞭子叫三环鞭子。鞭杆用长约一尺的硬木条制成,先削后刮,以捏在手里感到光绵为好。鞭把的两端镶以铁制的套子,下端有环,环中再套三个小铁环,环上拴鞭梢。鞭梢用牛皮条编成。有的骑手喜欢用马棒,马棒比鞭杆要粗要长,硬木做成,富有弹性,通常讲究的是桐条马棒。走骡一定要钉上合蹄的铁掌，一是用以保护蹄子，二是走起路来有"嗒嗒"的响声，听起来富有韵律感，走起来更有弹性，更得劲。走骡以其健美的身姿，平稳轻快的步态和敏捷独特的走姿引起人们的喜爱。农闲之际，骑手给心爱的走骡备上精雕细琢的鞍具，搭上华丽漂亮的鞍褥，五花笼头配上嚼子，戴上脖铃与串铃，披红扎彩，骑上它赶集逛市，走亲访友，"嗒嗒嗒"上路，骡欢人喜，既方便，又有派头。

在爱好者们的眼里，那些没有生命灵性的现代化交通工具，都不如他们的爱骡。就像当今英国女王出巡仍然要乘坐马车一样，只有骑上骡子，他们才会找到感觉。

剽悍的骑手手悬马鞭，意气飞扬，显示着高超的驭技，稳坐在鞍上，那么自然，那么神气，走到山间，还会唱上一曲"东乡花儿"：打马的鞭子甩圆了，有外走骡的脚步儿乱了。心里牵成冰块了，见你时化成个水了。

四　保安族的商业文化

保安族主要从事农业，兼营畜牧业和手工业，商业也是其重要的经济活动。在过去的沧桑岁月里，保安族商人用自己的聪明智慧和特别能吃苦的精神，走南闯北，甚至跨出国门，艰难地进行商业贸易，养家糊口。在甘肃、青海、西藏、内蒙古、成都、北京、天津、广州、汉口、上海和印度、尼泊尔等地，留下了"短脚客""鞑子客""中原客""印度客"等这些保安族商人的足迹。虽然其中饱尝艰辛，但在保安族的商业史上留下了值得书写的一笔。

青海同仁居住的保安人在从事农业、畜牧业和手工业的同时，经营小本生意或利用农闲时跑短途商品贩运，除资本较大的几家富户既经商又放高利贷外，大多数人的商业资本仅有几百元。他们从其他地区买一些盐、茶、烟、糖等，用马、骡、驴、牛驮到藏区，换回一些酥油、皮毛等畜产品，来往辛苦，本小利微。这些收入只能满足保安人生产和生活的部分需要，对总的经济生活起不了多大作用。清朝后期，同仁保安地方随着保安站、堡等行政建制的加强与扩大，成为一条联通西宁和内地的交通要道，贸易往来不断增强，逐渐形成一个商业贸易区。"番""回"商贾达到百余家，其中就有一部分保安族商人，保安族商业贸易得到了一些发展。

保安人定居今甘肃积石山县的大河家之初，1840年鸦片战争爆发之后，随着国外资本主义势力的入侵，我国封建社会的本质发生了极大的改变，从独立的封建社会一步一步变为半殖民地半封建社会。20世纪初，随着马步芳封建军阀势力的发展，当地官僚买办资本也开始形成，封建地主、官僚、宗教上层结成一体统治着广大的农民，残酷地进行压榨和剥削，保安族人民也和其他各族人民一样生活在水深火之中。他们艰难地从事农业，兼营畜牧业和手工业，进行商业贸易，以求生存。也就是在这样的环境中，保安族商人用特别能吃苦的精神、积累的传统经商经验和经商智慧，发展业贸易，促进了民族商业贸易的发展。

保安人定居到今甘肃积石山县后到新中国成立前，保安族商人大致可分为"印度客""鞑子客""短脚客""松潘客""中原客"和"藏客"几种类型。

"短脚客"，也称"跑短脚"，是大多数本钱少的保安族商人的行商方式。大多数保安人都利用农闲时节行商，他们用肩挑或用牲畜驮，从河州、兰州、青海官亭和循化等地购买枣、核桃、辣椒、蔬菜、面粉、针线、铜器、铁器等生产生活用品，到夏河、洮州、青海同仁保安城和隆务镇等地销售，并就地买或换回羊毛、皮张、酥油、羊等，返回后在集市上出售。保安族聚居的今积石山县大河家镇和刘集乡地处甘青两省和积石山、民和、循化三县交界处，曾是古丝绸之路上的重要通道，民国时期发展成为集市，随着集市贸易的发展，从而产生了几家规模比较大的商店，在大河家镇以棉布、杂货为主要经营物品的有"永盛祥""兴盛福""永盛贸""全盛祥"四家商铺，而在刘集乡主要经营副食品、日杂百货、布料生意的商店有有"积顺昌""渊发明""敬信义"三家。《续修导河县志》记载:"刘家集,县西一百里,居民二百余户,三、六、九为市,产核桃,年出市斗八百余石,花椒万余斤。大河家集,县西一百二十里,居民三百余户,双日为市。"一些保安族商人在这两个集市摆摊设点进行交易,也有人上山砍柴烧炭,背到集市上去卖。这些集市的形成和发展,促进了保安族商业贸易的发展。

"松潘客"主要来往于甘肃、青海至四川阿坝和松潘等地,故称"松潘客"。主要用马、骡、牛驮运,本钱一般为二三百元,最多不过一千元,每年跑三至五次。主要贩运皮袄、牲畜、珊瑚等,买回茶叶、布匹、牲畜、皮张等。据《在"田野"中发现历史:保安族历史与文化研究》中的调查:去松潘要走二十三站,"夏帮在每年农历五月端阳节左右出发。那时,草原上新草长出来。路上走一个月,售货一个月,回来走一个月,这样一个往返走三个月时间。到了秋季草原上草籽熟了,驮牛吃得膘肥体壮,进行调整替换。冬帮在冬季农历十一月走,腊月到了目的地刚好是销售旺季"。"松潘客"三五人至一二十人结成一伙进行贩运。"松潘客"的贸易形式主要是跑生意和放高利贷,跑生意者当地称为"领东",放高利贷者当地称为"放买卖者"。"放买卖者"把货物交给"领东",折价成银元,回来后,用"领东"一般要给"放买卖者"付所交货物利润的50%。

"鞑子客",主要从河州采购牧区日用品,返运到青海柴达木盆地的蒙古族牧区交易,故称"鞑子客"。他们的本钱比较少,一般只有二三百元银圆,最多超不过一千元银圆。商品大都用驮畜运,人都步行,非常辛苦。主要是贩卖刀、剪、针线、勺子、酥油灯等日用品,换回羊只、羊毛、羊羔皮、麝香等在本地销售。据《在"田野"中发现历史:保安族历史与文化研究》中的调查,"鞑子客"的路线和站口是:骑马走第一站古山驿,第二站民和,第三站乐都,第四站平安,第五站西宁,第六站湟中(塔尔寺),第七站上五庄(湟源县),第八站(水峡)三角城(共和),第九站、第十站倒淌河,第十一站向西北走茶卡路口,一路向海西州到柴达木，走十四站，到达"鞑子"地方。"鞑子客"和"松潘客"积累了一定的资本和经验后，才到更远、更艰险的西藏和印度经商，成为"藏客"或"印度客"。

"中原客"主要来往于北京、天津、广州、汉口、上海等地，货物主要有古玩、药品、珍珠、织布等生活用品。广州等大城市做生意的有甘河滩的马明贤，大墩村的马忠、马毅，高赵李家村的马德禄、马正武等。其中马明贤，李家村的马世龙、马伊海亚，高赵家村的马德龙、大墩村的马忠、马毅，甘河滩上庄寨的马三哥、月马尕老三、马铭骥的代理商陶家村的陶福山等还曾去日本经商，出售从国内带去的商品，返回时从日本带回珊瑚在藏区销售。

"藏客"与"印度客"，是保安族中最有实力和最有名的商人，因主要到藏区和印度经商，故称"藏客"或"印度客"。这些商人主要来往于青海、西藏和印度之间。民国17年（1928），保安族的马胡录、马忠、马毅等一行10多人，组成了一支跨国贸易团队，途经西藏远赴印度进行经贸活动，从此开始，经西藏到印度做生意的保安族商人逐年增加，到1949年的21年间，每年有20—30人从今甘肃积石山县的大河家、刘集来往于西藏或印度之间，人数累计前后约500多人次，其中今大河家镇甘河滩村的马撒生白、马克来目、马撒力、马如彪、马艾吉忍、马尕艾力、马穆罕麦、马明贤等为首的商队就达230人次；今刘集乡高李村的马六十五、马三十六、马依奴斯、马依斯麻、马哈如尼、马者麻力、马依斯夫、马明昌等人前后有220人次。1938年，马尕艾力、马明昌、马哈如尼、马者麻力、马依斯夫、马如彪、马撒生白、马依奴斯等20人从西藏翻越喜马拉雅山去印度，在加尔各答市做生意，居住时间达一个多月。还有今刘集乡高李村的王怒、马寿卿，肖家村的马建业，今大河家镇梅坡村的周文明，甘"藏客"与"印度客"本钱大，实力较雄厚，他们大多与地方势力和藏区头人有联系，但路途遥远，往返时间长，风餐露宿，危险性大，十分艰辛。他们的运输工具是骡马，以商队的组织形式行商。商队出发前准备好货物和食物，约定在一个地方集中，统一出发。每个人要赶上 20 匹左右的骡马，每 4—5 人带一顶帐篷，也有 10 多人带一顶帐篷的。一般从 5 月开始出发，8 月到达西藏。到西藏后把货物和乘骑以外的骡马卖掉，把银子和白洋换成印度币，然后骑马越过喜马拉雅山，艰难行走 20 多天，到达印度边境嘎伦堡地方，再把自己乘骑的骡马也卖掉，改坐汽车到火车站，又乘火车到印度的加尔各答并在当地买上当地特色产品及日用商品，在当年年底开始返回西藏。在西藏出售一些印度带回来的货物之后，又在西藏买些氆氇、藏红花、牦牛等物品，途经青海藏区时出售掉部分货物，回家后把牦牛和剩余的货物在当地全部销售。因路途遥远，加之牲畜走得又慢，一般在第二年 11 月才能回家，一次往返长达一年半时间。

"藏客"与"印度客"商队经过青海时，要经受军阀马步芳的盘剥，根据所赶骡马的多少，给马步芳一定数目的税钱，一头牲畜要交 3—5 元。为了讨好马步芳，有时还要给他送礼，据"藏客"马木核麦的回忆，他共跑了四次藏区，曾向马步芳送了两次礼，一次他们四人送了二三百元，一次从西藏回来时送了 40 对印度铁箱。有时马步芳还利用和逼迫"藏客"为他办事。一次他抢了藏民的 3000 多头牦牛，驮了羊毛和 8 万多银圆，迫使"藏客"替他运到西藏，不给任何报酬。为防备路途土匪抢劫，商队全副武装，如他们所说的"备好一马三件，不愁走南闯北"，即每人要准备有一匹好马，一件好皮袄，一杆好枪，由此可见行商之不易。

保安族"藏客"与"印度客"的成功，除较雄厚的本钱、商队的军事化武装、丰富的经商经验、顽强的毅力、特别能吃苦的精神和与地方势力及藏区头人有联系等因素外，商队坚强的凝聚力和团结协作也是一个重要因素，这一点连地方军阀也不得不称赞："保安人一匹马、一杆枪、一件皮袄，西藏印度跑趟子，真厉害。"据一些老年人回忆，马步芳很欣赏保安族"藏客"与"印度客"，还会见过商队代表马六十五等人，欲从他们中间聘几位副经理协助其经商，因他们厌恶马家官僚而婉言拒绝。

保安族"藏客""中原客""短脚客"等商人在半殖民半封建社会,在封建军阀、地主、官僚、宗教上层统治的夹缝中,在交通和运输条件非常落后的时代,走南闯北,有的还跨出国门,成功地进行商贸活动,这不能不说是一个奇迹。他们不只赚取了大量的财富,而且还见识到了更广阔的世界,增加了自己的阅历,带来了外面的信息和思想,加强了与外界的交流,也对促进保安族和聚居地的商贸发展和社会进步起到了积极作用。

五 土族的商业文化

早在明清时期,中央王朝在西宁等地设置茶马司,专司茶马贸易之事的土族人即已参与了这种官方贸易。清初,在青海多巴、丹噶尔等地规模较大的集贸中心,已经有一部分土族商人从事民族贸易,其经营的商品主要有酒、酥油、毛织品、皮货、瓜果等。到清代中叶,在丹噶尔城内还有充当中间商的"土民歇家"。今大通回族土族自治县境内有丰富的石煤资源,"系附近汉、土、番、回族人挖取贩卖,以为生计"。清朝时期,土族地区还有上川口、碾伯等较大的贸易市场,是当地土、汉、回、藏等民族进行交易的重要场所。清末民初,洋火(火柴)、洋布、洋糖、洋蜡等洋货也输入土族地区,经过土族商贩之手进入土族人民的生活之中。民国时期,土族地区的互助威远镇、民和官亭镇、大通白塔城,有一些较大的定期或不定期的集市,但其间经商的大都为回、汉等族人,土族商人很少。官亭镇有十几家坐商,土族商人只有两三户,主要经营布匹和杂货。民和三川地区的土族喇嘛善于经商,他们的足迹远至北京、天津、上海、张家口、尼泊尔等地,素有"三川的喇嘛,山陕的客娃(商人)"的说法。在土族区域销售的主要是一些土族人民自己不能生产的各色土布、茶叶、花红线、顶针、针、耳坠、手镯、糖等生活必需品,其中以布匹、茶叶的销量最大。

随着经济社会的迅速发展,土族地区的一些传统集市得到了很好的发展,如民和马营、古鄯、官厅、巴州等地的定期集市,以每月农历一、四、七日或二、五、八日或三、六、九日为赶集日。每到集日，商贾云集，前来赶集的群众络绎不绝。集市销售的商品既有家畜家禽，也有日用百货、家用农具，也有木材、钢材等各种建材，还有各种时令蔬菜等，十分丰富。

第四章

语言文字与文学

第一节 民族语言文字

我国是一个统一的多民族的社会主义国家。少数民族的语言文字是整个民族文化的重要组成部分。甘肃省是一个民族成分众多的省份，少数民族总人口241.05万，占全省总人数的9.43%。在众多的少数民族中，有一些民族有自己独特的语言文字，另外一些民族只有自己的语言而没有文字。在语言方面，有一个民族说一种语言，一个民族说几种语言，几个民族说一种语言的多种情况并存。因此，甘肃省是一个多语言地区。从语言的谱系分类来看，可将省内各地区分布的少数民族语言分为汉藏语系和阿尔泰语系属两大语系。蒙古语、裕固语、东乡语、撒拉语、藏语属于汉藏语系，保安语、土语、哈萨克语、满语属于阿尔泰语系。下文将对其做简单介绍。

一 藏族

藏族是中国的56个民族之一，是青藏高原的原住民。藏族主要分布在中国境内的西藏自治区、青海省、甘肃西南部、四川省西部、云南省西北部。甘肃省的甘南藏族自治州和天祝藏族自治县是藏族同胞主要群居地，一部分在岷县、文县、甘肃南等地居住。[1]藏族是中国及南亚最古老的民族之一，其历史是中国历史不可分割的一部分。现今在中国居住的藏族大致分为三个部分：卫藏，康藏，安多藏。藏族有自己的文字及语言。

藏语属汉藏语系藏缅语族藏语支，分卫藏、康、安多三种方言，卫藏方言和康方言都有声调，安多方言没有声调。居住在甘肃省的藏族同胞分别说不同的方言，其中，使用安多方言的地区多是夏河、碌曲、天祝等地，说康方言的地区有卓尼、迭部、舟曲各县的大部分地区。方言之间存在较大差别，这种差异在语音、词汇和语法上突出体现，因此相互交流存在不少障碍。[2] 藏族同胞有统一使用的文字，藏文属拼音文字，7世纪前期参照梵文创制而成，藏文共有30个辅音字母和4个元音字母，从左向右横行书写，字体分为楷体（有头字）和草体（无头字）两种，通行于整个藏族地区。语言上，安多藏族基本上操藏语安多方言和卓尼方言，同时各地还存在不少土语，如安多方言有农区话与牧区话之分。卓尼方言近似拉萨语，与安多方言区别较大，但又和白龙江流域的藏族土语不一致，这表明甘肃藏族在历史发展中的多元关系。甘肃境内民族杂居区的藏族，长期以来就有不少人能讲汉语。在社会主义时期，随着民族之间的政治、经济、文化联系的不断加深，藏族通晓汉语的人日益增多，如天祝藏族自治县，汉语已成为该县藏族的第二通用语言。[3]

藏族同胞所使用的藏文是书面交际工具，藏文的读音随着方言变化而变化，但藏文的撰写形式是统一的。作为中华民族悠久灿烂文化的缔造者之一，在历史的长河中曾拥有过浩如烟海的由藏文撰写和翻译的典籍，这些古籍成为藏族文化的特色。19世纪八九十

---

[1] 华侃：《甘肃省少数民族的语言文字》，《甘肃社会科学》1986年第1期。
[2] 华侃：《甘肃省少数民族的语言文字》，《甘肃社会科学》1986年第1期。
[3] 高小强、铁文英：《甘肃少数民族文化概论》，中央民族大学出版社2015年版，第58页。

年代，仅从敦煌这一地便发现数万卷古书，其中包含古藏文约五千卷。由于一些特殊的原因，很多的古书典籍流落国外。五千古藏文手卷是我们研究藏族历史、语言、宗教、社会经济的非常珍贵的资料。①

二 蒙古族

我国蒙古族主要分布在内蒙古自治区、东北三省、西北地区等地，有时鄂温克族和土族被认为是蒙古族的分支。甘肃省的蒙古族主要聚居在肃北蒙古族自治县。肃北蒙古族自古以来就使用本民族的语言，解放后普遍使用蒙古族文字。从文字的形态学来看，蒙古语是黏着语。受宗教的影响，蒙古语还充分吸收借鉴了许多的梵语借词和藏语借词。这充分证明了我们中华民族的先祖在一开始便是水乳交融，不可分割。在我国，蒙古语又划分为东北、中、西三个方言。东部方言又叫巴尔虎布里亚特方言。中部方言又叫内蒙古方言。西部方言又叫卫拉特方言。他们内部分割成不同的土语，② 由于长期的历史发展导致了生活环境和语言环境不断的变化，肃北蒙古土语，属阿尔泰语系蒙古语族中的卫拉特青海蒙古方言，它和新疆的卫拉特蒙古方言有很大的差别，同时又有卫拉特方言和内蒙古方言的特点。

肃北蒙古族使用的文字是通行于内蒙古的回鹘蒙古文。③ 蒙古族文字创制于成吉思汗统治阶段，它是利用畏兀儿字拼写的，最初用来为朝廷记录法令、户籍等，经过历代帝王的改进，发展到29个字母，同时也产生了现行于大部分蒙古族地区的蒙文以及在新疆维吾尔自治区的托忒文两个分支。从19世纪中期至20世纪初期又进一步成型。现代蒙古文由三十一个字母组成，字母上下连书，书

---

① 华侃:《甘肃省少数民族的语言文字》,《甘肃社会科学》1986年第1期。
② 华侃:《甘肃省少数民族的语言文字》,《甘肃社会科学》1986年第1期。
③ 高小强、铁文英:《甘肃少数民族文化概论》,中央民族大学出版社2015年版,第190页。

写从左到右。卫拉特蒙古著名英雄史诗《江格尔》、《乌巴什洪台吉的故事》以及后来的《格斯尔传》中《卫拉特法典》等都是用这种文字记述的。还有用托忒文翻译的典籍《金光明经》《金刚经》《明鉴》《贤劫经》等。至今，托忒文还在卫拉特蒙古族中沿用。蒙古文符合蒙古语特征，便于书写和学习，并且它能够依靠强大的凝聚力把不同地区的蒙古族群众凝结在一起。大部分蒙古族人民都会使用汉语，并且在同其他民族的交往中，多使用汉语。蒙古文对推动本民族进步起了巨大作用，成为中华民族百花园中的一朵奇葩。[①]

三 撒拉族

撒拉族曾自称为"撒拉尔"，并且因此得名，全国的撒拉族主要聚居在青海省循化撒拉族自治县、化隆回族自治县甘都乡、甘肃省积石山保安族东乡族撒拉族自治县的大河家，甘肃省还少量散居在临夏回族自治州及甘南藏族自治州。

撒拉族有自己本民族的语言，没有文字。撒拉族人民使用的语言来自阿尔泰语系突厥语族西匈语支乌古斯语族，与突厥语族中的维吾尔族、乌孜别克族的语音很相近，语音方面，塞音、塞擦音都是清音，分送气和不送气的两套。语法方面，名词没有数的区别；动词和名词作谓语时的人称形式已经消失。撒拉语属于黏着语类型的语言，与同语族的其他语言一样，如乌孜别克、土库曼、维吾尔、哈萨克等。语言划分为衔子和孟达两种土语，其内部比较一致，只有少许语音和语词上的差异，孟达土语包含着很多的古撒拉语特点。在历史大发展中，撒拉族人民与其他民族一样，和汉、回以及其他很多的兄弟民族频繁交往，因此撒拉族人民从其他民族语言中吸取了许多借词，尤其借鉴汉族的词汇。另外，随着政治、经济和文化的发展，撒拉族越来越多地吸收包括政治、经济、文化和

---

① 华侃：《甘肃省少数民族的语言文字》，《甘肃社会科学》1986年第1期。

生活等方面的单词和术语，丰富自己的民族语言。撒拉语中的阿拉伯语、波斯语借词比重较小，其中大部分是宗教生活和日常生活上的词，利用阿拉伯、波斯文字记事，称为"小锦文"。撒拉语中也有一些藏语借词，不少撒拉人还会讲藏语，这充分体现出我们是多民族统一的大家庭。根据资料记载，撒拉族在历史上使用过本民族称为"土尔克文"的文字，是以阿拉伯文字母为基础的撒拉文。"土尔克文"随着历史大发展，到了近代，它在宗教上得到了广泛的应用，例如：宗教上的经文的解注、经典文献书籍的转译、教育等，同时，它也在社会上的得到了广泛的传播，成为通信、契约、纪事立传、著书立说等写作的应用文。至今，撒拉族民间还保留着用这种文字书写的有关历史、宗教、文学等方面的一些手写文献，除此之外撒拉族没有本民族的文字，一般使用汉文并且兼通汉语。①

四 东乡族

东乡族是甘肃省三个特有的民族之一，信仰伊斯兰教逊尼派。他们主要聚居在临夏回族自治州境内山麓地带，还有一些散落在和政县、临夏县和积石山保安族东乡族撒拉族自治县，兰州市、定西地区等地。②

东乡族有自己的语言但无文字，东乡语是东乡族人民的主要交际工具，其语言属于阿尔泰语蒙古语族，与蒙古语比较接近，有很多的同源词。在相同语族的语言中，东乡语与土族语、保安语相接近，但交流起来仍然有较大困难。语法上，大多数的语法范畴和形式是相同的，并且，句子的基本结构也很似同。东乡语源自于蒙古人西征带回的中亚细亚一带的"撒尔塔人"，并且在接受当时的蒙古语作为共同语形成的，从而东乡族的语言中存留了一部分古蒙古语的特色和突厥语、波斯语、阿拉伯语的一些部分。在历史的不断

---

① 高小强、铁文英：《甘肃少数民族文化概论》，中央民族大学出版社2015年版，第142—143页。

② 华侃：《甘肃省少数民族的语言文字》，《甘肃社会科学》1986年第1期。

发展中，东乡族与其他民族积极交流，并且从其他民族语言中借用了大量的词汇。并且从《蒙古秘史》来看，东乡族人民使用的东乡语正和蒙古国统治时期使用的蒙古语语音很相近。同时，突厥语、阿拉伯语、波斯语也混杂在东乡族语言的词汇中，而这些词汇是蒙古语中所没有的。东乡语内部只有细微差别，语法系统基本一致。大部分的借词来自汉语，早期的汉语借词包括生产工具、亲属职称、名词数词等。现代的借词多属于政治、经济、文化活动等方面的新词语。此外，还有一些阿拉伯语、伊朗语、藏语借词。东乡族没有本民族的文字，现在使用的是汉文，大部分群众懂汉语。[①] 东乡语的研究也作为其族源研究的重要渠道。

东乡族人民从18世纪就开始使用"消经"，"消经"是用阿拉伯文或者是汉文拼写而成的东乡语作为书面交流的工具。拼写出来的东乡语称为"东乡语消经"，也就是东乡族"消经"文；拼写出来的汉语称为"汉语消经"，也就是回族"消经"文。"消经"文字的用途主要在于记录宗教知识、民间诗歌等。"消经"文字的书写习惯和阿拉伯文相一致，同时与阿拉伯文和波斯文在字母的数量上有一定的差别。"消经"文字用音节拼写为主。

五　保安族

保安族是我国人口较少民族之一，也是甘肃省特有的少数民族之一，"保安"一词是本族自称。甘肃省保安族居民集聚在大河家，以及甘肃西南部的积石山保安族东乡族撒拉族自治县。

保安族人民有自己独特的语言但没有本民族的文字。保安语是保安族人民的母语，它承载着独特的文化个性精神和民族心理。保安语来自阿尔泰语系蒙古语族，它与同一语族的蒙古语、土语、东乡语、达斡尔语和裕固族的恩格尔语等有一定的相关性，同时，保安语又可以分为积石山和同仁两种方言，前者受到了藏族文化的影

[①] 徐丹、文少卿、谢小冬：《东乡语和东乡人》，《民族语文》2012年第3期。

响，后者受到汉族文化的影响较多，方言内部的差异很小，甘肃省的保安族居民与居住在青海同仁一些地区的地方方言比较相似，同仁方言大量借鉴藏族词汇，并且多用于日常生活、佛教用语、动植物名称等。保安语中的元音和谐已不存在，在词首能存在大量的复辅音。同时与其他民族一样，在词汇中有一部分与蒙古语族等各亲属语言同源词，这些词是保安语词汇的精华，并且包含了不少珍贵的蒙古语词和突厥语借词。由于和周围其他民族的交流往来，从汉语中也借用很多词汇。[1] 只有在积石山梅坡村居住的保安人使用汉语，其余村落的保安人都使用保安语，同时也通用汉语。由于长期同汉族、回族交往，保安语在语音和语法上也受到汉语的影响，保安语中吸收汉语借词约占保安语常用词的40%以上。保安人基本上都晓通汉语。保安族学习了其他民族的长处，其他民族也吸收了保安族的优点，各民族在长期交往中相互交融，为中华民族优秀的传统文化贡献力量。

六 土族

土族，是我国人口较少的民族之一，主要集聚在青海省。甘肃省的土族集中在武威和张掖，散居在兰州、积石山、甘南等地。

土族有本民族自己的语言，土族语属阿尔泰语系蒙古语族，和甘肃省境内的保安语、东乡语最接近，在语言史上还和东部裕固语同为中古两支蒙古语。土族语内部有三种方言，甘肃省天祝一带使用的是土族语中的互助方言，积石山一带使用的土族语中的民和方言。近代以来，甘肃省的土族和藏、汉民族混杂生活，人口又少，许多散杂居地区已不使用本民族语言，而通用汉语和藏语。卓尼土族由于在历史的长期发展中的特殊原因，早已丢失本民族语言，而完全使用属于汉藏语系藏缅语族藏语支的一种方言，与当地藏语很相近。卓尼土族除使用藏语外，还使用汉语，其他地区的土族也都

---

[1] 华侃：《甘肃省少数民族的语言文字》，《甘肃社会科学》1986年第1期。

兼通汉语和藏语。与同一语属的语言相比较，土族语词的第一音节元音失落而形成了词首复辅音。同时，土族和其他民族深切交往，从汉语和藏语中借用很多词汇，因此，不少土族人不仅懂汉语，还兼通藏语。其本民族的语言在历史的进程中已丢失。土族历史上没有文字，主要使用汉文、藏文。1979 年，创制了以拉丁字母为基础的土族文字，结束了土族没有文字的历史。①

七 裕固族

裕固族起源于唐朝在鄂尔浑河附近游牧的的回鹘，他们自称"尧乎尔"，并且在 20 世纪中叶取与之音接近的"裕固"（吸收汉语富裕巩固之意）作为族称。裕固族是甘肃省独有的少数民族之一，以畜牧业为生，主要生活在甘肃省裕固族自治县和黄泥堡地区。②

由于历史的原因，裕固族人数虽少，却分别使用三种语言，其中东裕固语和西裕固语是本民族语言，汉语是共同交流用的语言：东裕固语是恩格尔语，这种语言来自阿尔泰语系蒙古语族，东部裕固语与土族语、东乡语、保安语等十分相近，并且他们和蒙古语是兄弟语言，据现在的考察，裕固语在语音方面和土族语、东乡语、保安语更相近，而在词汇和语法方面它又与蒙古语具有更多的一致性，在蒙古语族的语言当中，东裕固语与突厥族语言关系更密切，它包含了大量的和西裕固语相同的词汇；语音方面有 30 个元音，其中包括单元音和复元音，55 个辅音；其使用者主要居住在肃南裕固族自治县的康乐乡、红石窝乡、青龙乡、皇城镇东部和大河乡东部；西部裕固族使用尧乎尔语，属阿尔泰语系突厥语族，是一种古老的回鹘语，词汇上保存了许多古突厥和古回鹘词汇，西裕固语使用者主要分布于大河乡、明花乡、皇城镇西部即肃南裕固族自治

---

① 高小强、铁文英：《甘肃少数民族文化概论》，中央民族大学出版社 2015 年版，第 157 页。
② 华侃：《甘肃省少数民族的语言文字》，《甘肃社会科学》1986 年第 1 期。

县的西部。这种语言有 14 个元音，28 个辅音，而且有些语音保留了古代语言的特征，这充分说明了裕固族源于古代回鹘人和古代蒙古人。裕固语有自己语音上的特点：元音和谐以舌位和谐为主。词汇的核心部分是能够体现基本意义的词素，即词根。词根之后可以加一个或几个附加成分。不论是东裕固语还是西裕固语，他们都保留了古老语言的特色和优点，在长期的与其他民族交流中，吸收了不少外来语的成分，既丰富了自己民族语言词汇，又增强了民族语言的活力。同时裕固语拥有非常多的借词，包括汉语、藏语、阿拉伯语借词等。酒泉市黄泥堡裕固族乡主要使用汉语。现在，随着经济社会的迅速发展，在使用东、西裕固语的地区也有很多人懂得并使用汉语。[1]

裕固族人民过去使用过回鹘文，由于历史原因，再加上人口的不断减少，这些文字失传了，现在没有自己的文字，汉文是各地区通用的文字。在历史发展的长河中，裕固族充分汲取各民族优秀文化中的养分，不断发展壮大，在与其他民族乃至西域各国交往中丰富自己，成长为中华文化百花园中一道美丽的风景线。[2]

八 哈萨克族

我国的哈萨克族主要分布在新疆各地区，甘肃省的哈萨克族居民则聚居在河西走廊西部的阿克塞哈萨克自治县。

哈萨克族有自己的语言和文字。在甘肃居住的哈萨克族，其语言和文字与新疆的哈萨克族相同，系阿勒泰语系突厥语族克普恰克语支。语音上有 9 个元音音位，24 个辅音音位，其特点是：在元音前只能有一个辅音，元音后最多可有两个辅音；大多数词的重音都落在最后一个音节上；元音和谐比较严整，辅音同化现象较多。语法上的名词、代词和数词有七个格，比同语族的其他许多语言多一

---

[1] 张志纯：《甘肃裕固族史话》，甘肃文化出版社 2009 年版，第 79—82 页。
[2] 高小强、铁文英：《甘肃少数民族文化概论》，中央民族大学出版社 2015 年版，第 120 页。

个造格语法；附加成分的变体较多。它是在古代居住在哈萨克草原的族源相近的乌孙、康居、葛逻禄、乃蛮、克烈、钦察等部落语言的基础上形成的。金帐汗国时期，在汗国内流行的克普恰克语（钦察语）对现代哈萨克语言的形成有较大影响。任何一个民族的语言文字都反映着该民族政治、经济、文化生活的诸方面，哈萨克族的语言文字也不例外，它的词汇系统反映着哈萨克族经济、政治生活的方方面面。哈萨克族长期生活在北部边疆，受环境的影响及与周边各民族相互交往的需要，语言相互吸收发展，外来语借词就常常出现在哈萨克语里，诸如阿拉伯语、波斯语等，也有汉语、藏语、蒙古语等，在与宗教有关的词汇中就有大量的阿拉伯语和波斯语借词，语言词汇优美丰富，同时，由于哈萨克族长期从事游牧业，在词汇成分中，畜牧业方面的词汇就显得比较丰富。由于哈萨克语是一种高度的黏着语，发音、思维表达清晰、准确、生动，富于感染力，因此被誉为"草原上的法兰西语"。

哈萨克族先民历史上曾使用过四种文字，包括古突厥文、回鹘文、阿拉伯字母文字体系的文字和拉丁化的拼音文字。哈萨克文是哈萨克族的书面交际工具。13世纪伊斯兰教传入以后，逐渐采用阿拉伯字母拼写自己的语言。1954年经过我国最后修订，形成现行的以阿拉伯字母为基础的哈萨克文。1959年我国又设计了以拉丁字母为基础的新文字方案，于1965年开始推行。经过几年的实践证明，当时全面使用新文字的条件尚不成熟。1982年，新疆维吾尔族自治区人民政府决定并经自治区人大常委会批准，决定重新将阿拉伯字母做为古文字的基本元素进行使用，并且利用音标将新文字得以保存。

九　满族

满族是一个历史悠久、勤劳、勇敢的民族。在历史发展的长河中，满族占有重要的地位，满族和其他民族一起为中华民族优秀文化的建设建立了巨大功绩。甘肃省的满族居民主要居住在兰州市和河西走廊的武威市。

满族有自己的语言和文字。满语属于阿尔泰语系满—通古斯语族满语支。满文是16世纪末努尔哈赤命手下借助蒙古文字创制的，满文极大地促进了本民族的交流，并且为本民族的社会发展做出积极贡献。后来由于蒙古语与满语存在较大差异，原来的蒙古文字不能很好地涵盖所有的满文语音，于是在17世纪，皇太极又命手下加以完善，在原来从蒙古文字借来的文字上加"圈""点"，从而区别了蒙古文字与满文的不同的语音，后来又称这种改进的文字为"新满文"。从此，满族开始使用能够准确反映本民族语言的文字。现在，普遍学习了汉语文字，满族人基本不会使用自己本民族的语言文字了。[1]

第二节　民族文学艺术

文化是一个民族的灵魂。一个民族的历史渊源，生活和生产方式都不同程度地积淀在民族文化当中。在中华民族漫长的历史长河中，少数民族地区是源远流长的中华文明的重要发祥地之一，它丰富了中华文化的多样性，为中华文化多元一体格局的发展做出了重要贡献。

新中国成立以前，甘肃少数民族的文人文学大致有：诗词歌赋；碑铭题记；祭文诰敕。今天有些学者对临夏州和甘南州的各族文人的诗文做了比较全面的搜集整理。如：马玉海、赵忠、苟树信的《河州古诗校评》、宁文中的《历代咏洮诗评注》。

新中国成立后，很多少数民族知识分子开始广泛使用汉语白话文创作，涌现出了一批杰出的少数民族作家，如获得第一届全国少数民族文学荣誉奖的甘南人益西卓玛。

甘肃蕴藏着极为丰富的民间文学。包括：英雄史诗、民间叙事

---

[1] 华侃：《甘肃省少数民族的语言文字》，《甘肃社会科学》1986年第1期。

诗、神话传说、创世史诗、宝卷、贤孝、平弦、谚语、童谣、谜语、楹联、笑话等，宗教文学也十分发达。①

一 藏族

藏族在历史的长河中发展创造了灿烂而悠久的的传统文学艺术。藏族文学，体裁丰富多样，覆盖了人物传记、古代史诗、民歌、诗歌、神话故事、谚语等内容。谚语，藏语称之为"旦慧"，谚语的内容通俗易懂，语言表现生动活泼，形式比较固定，在藏族人民中得到了广泛的传诵，它反映出藏族人民的日常生活习惯以及劳动人民的勤劳智慧。格言在藏语中又叫作"勒夏"，藏族的格言大多为四句，在民间得到了广泛的流传。在甘肃南部有一位藏族僧人，他是贡唐·丹贝仲美，他所写《水树格言》和《世故老人箴言》，是在《萨迦格言》后又一精美的诗集，他的大部分诗句寓意深刻，迄今仍为人们所传诵。其他的故事例如《什巴宰牛》《猴鸟的故事》《兔子判官》等，通俗幽默，具有突出的人民性和现实性的特点，深受藏族大众的喜爱。近年来，经济社会迅速发展，藏族文学艺术家在继承和发扬优秀文学遗产，创作新作品，为优秀传统文化注入新活力方面，取得了巨大成就。历史剧《雍奴达美》和话剧《白雨》受到藏族同胞的深切喜爱。具有民族特色的短篇小说，其风格更加丰富多彩，有的还获得了重大奖项。藏族文学作品讲究声、韵，诗歌创作更是源远流长，富于哲理。在我国民族发展的进步中，国家文化部门组织专人整理收集了大量藏族民间文学作品，并且陆续出版了许多藏族民间叙事诗、谚语、小说等藏、汉文专集，促进了藏族文化的发展的同时，也成为中华民族优秀文化历史长河中的一股清流。②

---

① 高小强、铁文英：《甘肃少数民族文化概论》，中央民族大学出版社2015年版，第20页。

② 甘肃省民族事务委员会、甘肃民族研究所：《甘肃少数民族》，甘肃人民出版社1989年版，第144—145页。

《麻娘娘的传说》在甘肃省甘南藏族自治州的临潭、卓尼地区广为传诵，它是当地的藏族和汉族群众智慧的结晶。这首叙事诗饱含着江南情趣和水文化意蕴，从侧面映射出了甘南是多民族融合生产生活的地方，也突出了甘南民族文化的某些特点。《斯巴问答歌》广泛传诵于卓尼等地，它是一部描写宇宙天地间的事物的起源、因果和问答歌的创世史诗，其内容极为丰富、应有尽有：有本村山神、部落重大历史故事及名人的人生经历；五谷杂粮、牲畜牛羊、花草树木、鱼石鸟虫、湖泊山川、雨露风霜、天地日月星辰的来历；还有很多赞美、格言和叙事诗等。驰名中外的英雄史诗《格萨尔王传》兴起于甘南州的玛曲县一带，它是一部集传记、诗歌、神话、寓言、民俗于一体的文学巨著，其内容丰富、历史悠久、结构宏伟、卷帙浩繁、气势磅礴、广为流传。《格萨尔王传》是我们了解原始社会形态宝贵而丰富的资料，代表着古代藏族民间文化的最高成就。史诗从发源生成后，随着历史的进程不断演进，其囊括了藏族文化的全部原始核心，它不仅可以作为研究的参考，而且还具有很高的文学艺术价值，是一部描写甘肃省藏族古代社会生产发展的"百科全书"，被誉为"中国的荷马史诗"。可以说，世界上唯一的活史诗是《格萨尔王传》，直到今天的西藏、四川、内蒙古、青海等地区仍有上百位民间艺人传唱着英雄格萨尔王的丰功伟绩。[①]

　　藏族文化工作者非常热爱书法，藏族书法的字形有楷书、草书两大类。他们有自己的文房四宝，包括笔、墨、纸、散木札。藏族人民用自己做的竹子笔来代替毛笔进行书写，他们非常看重竹笔，甚至有人把它当作文殊菩萨"智慧之剑"的象征。对于竹笔来说，非常有讲究，制笔包括选竹、加工、削笔三道工序。一般使用的是色泽杏黄的旧竹，没有裂纹斑痕，质地柔韧。墨用墨盒来替代砚台，墨盒的形状像花瓶，小巧玲珑，写书法时左手拿墨盒，右手执

---

① 高小强、铁文英：《甘肃少数民族文化概论》，中央民族大学出版社2015年版，第20—21页。

竹笔，神采飞扬，很有韵味。藏传佛教中的经文书写就是用金银粉、朱砂、墨黑等融合而成。纸的种类很多，以洁白、不易破、书写不洇为上等。散木札类似水牌，使用时擦取一些酥油，打上格，撒上草灰，一物多用，它体现了劳动人民的智慧。①

二 蒙古族

在甘肃蒙古族中广为流传着一些历史故事、社会习俗、文学作品等，其中最为常见的形式是民间文学中的传说、歌谣、祝词、谚语等。

蒙古族的神话传说分类很多，包括对日月星辰的认识，对火的来源及其作用的赞词，对制服洪水和猛兽的歌谣，以及关于战争、复仇和祖先世系起源的种种佳话美谈。甘肃蒙古族中的传说流传最为广泛的是关于自己祖先起源这一类。甘肃蒙古族大多来自青海和硕特部，无论是哪种传说，他们都是成吉思汗的后裔。也有描述历史人物和部落战争的传说，例如"丹津洪台吉的传说"、厄鲁特蒙古的战争等，并且他们对民间的文学产生了深刻的影响。这些传说说明了自古以来我们就是多元一体的大家庭，各民族在相互交往中共同创造我们优秀的文化。同时，也反映了蒙古族人民对各民族互相团结、共同进步的美好愿望。②

祝词和赞词是蒙古族特有的一种文学体裁，它源自于原始社会。和神话传说相比，祝词和赞词在文学领域内拥有无可比拟的地位，由于他的人民性和通俗性，它在民间得到了更为广泛的传诵。这一类型的文学诗歌和音乐、舞蹈又紧密相连，尤其是在举办宴庆和节日的场合，就会飘扬这祝愿和礼赞之声。这一文学体裁，除了反映畜牧、狩猎与人民生活息息相关的事物，对日常生活中起重要作用的一切事物也都给以祝愿和礼赞。如对大自然中的日、月、星

---

① 洲塔、乔高才让：《甘肃藏族史话》，甘肃文化出版社2009年版，第178—179页。
② 甘肃省民族事务委员会、甘肃省民族研究所：《甘肃少数民族》，甘肃人民出版社1989年版，第263—264页。

辰、高山、流水、草原等，其中以对火的礼赞内容最为丰富。甘肃蒙古族把火作为神圣庄严的事物加以祭祀，每当年节，须祭火神。同时，对马的赞扬也非常明显，由于游牧民族的生产生活方式，马和蒙古族人民结下了不解之缘。马既是生产工具，也是生活中的伙伴，放牧、旅行、娱乐都离不开它，所以他们对马的赞颂特别真挚热烈。这些都要吟诵祝词以示虔诚，祈求幸福。此外，反映日常生活的祝词、赞词也不少，诸如祝酒词、酒赞、蒙古包颂词等。这种文学形式在民间广为流传，分映出人民群众思想感情和要求，他们用聪明才智不断丰富文学的内容，充分显示出强大的活力。[①]

甘肃省的蒙古族拥有古老的英雄史诗，人们把它叫作"镇压蟒古思的故事"。其中有两种史诗最为著名，他们是《格斯尔传》和《汗青格勒》。《格斯尔传》来源于《格萨尔王传》，后者是藏族人民的巨著。他主要讲的内容是：格斯尔是天神的儿子，他以自己的智慧和勇敢战胜了妖魔蟒古思，使百姓过上了幸福的生活。《格斯尔传》人物描写的生动形象、栩栩如生，体现出中国民族不屈不挠、艰苦奋斗的精神。《汗青格勒》也是讲述汗青格勒与邪恶斗争的故事。甘肃省蒙古族人民的英雄史诗是他们对生产生活环境的真实反映：游牧民族部落之间经常发生战争，人民艰难困苦的生活，这种文学反映了人民对理想生活的追求和向往。

民间故事也在甘肃省蒙古族人民中广泛流传，例如"俩兄弟的故事"《艾布里和哈布里》《聪明的媳妇》《智者永登》等。《艾布里和哈布里》以俩兄弟的矛盾为主线，邪恶的哥哥自私贪婪，伤害自己善良的弟弟，最终受到了惩罚。这个故事反映出了劳动人民受剥削的悲惨生活状况。《聪明的媳妇》通过生动夸张的手法，展现出劳动人民的智慧，对封建礼教的制度压迫的反抗有重要的积极意义。

---

① 甘肃省民族事务委员会、甘肃省民族研究所：《甘肃少数民族》，甘肃人民出版社1989年版，第263—264页。

三 撒拉族

撒拉族人民在生产劳动中形成了自己独具特色的民族文艺，撒拉族的口头文学拥有多样的类型。撒拉族的口头文学包括故事、传说、童话、寓言等。在历史发展的长河中，由于很多特殊原因，撒拉族人民创造的许多优秀作品逐渐失传。随着我国经济社会的不断发展，撒拉族民族文艺重新得到了新生，民族文艺之花重新盛开。

撒拉族口耳相传的文学典型作品有《阿姑尕拉吉》《公道县长》《砍柴娃》等。这些故事和传说，真实反映了旧社会时期撒拉族人民的悲惨遭遇，颂扬了他们勤劳勇敢、敢于反抗斗争的精神。这些作品不但反映出深刻的思想意义，而且具有很高的艺术价值，它们以严谨的结构，完整的情节，生动的的语言体现出撒拉族文学强大的生命力。许多文学作品还富含浪漫主义色彩，利用丰富的想象力、夸张的铺陈手法、浓厚的神话色彩，给予作品强大的艺术感染力。民间艺术家利用多种方法，赋予了撒拉族文学深远的意境和浓郁的民族特色，使撒拉族文学成为中华文化百花园中一道独特的风景。例如：[1]《阿腾其根·麻斯睦》神话，描述的是一位年轻的猎人麻斯睦与仙女古尼阿娜的爱情故事，他们勇敢地与九头魔怪莽斯罕尔殊死搏斗，最终取得了胜利。其歌颂了战胜邪恶以及追求幸福美好的撒拉族传统美德。《格塞日和阿依阿娜》《韩二个》《骆驼泉》等是民族英雄人物和民族起源等方面的民间传说。童话作品《巴斯巴家》讲的是一位贫穷的樵夫在一只善良的老虎的帮助下娶回了一位貌美的公主；《阿姑尕拉吉》讲的是青年长工与财主女儿之间的爱情被破坏后双双殉情的一个凄美的爱情故事。[2]

---

[1] 甘肃省民族事务委员会、甘肃省民族研究所：《甘肃少数民族》，甘肃人民出版社1989年版，第327—328页。

[2] 高小强、铁文英：《甘肃少数民族文化概论》，中央民族大学出版社2015年版，第151页。

四　东乡族

东乡族人民用自己的语言形成了丰富多彩的民间文学，其中既包括古老的英雄史诗、传说、故事，又有笑话、寓言；这些丰富多彩的口头文学，具有独特的艺术风格，从侧面反映了东乡族人民在历史各个阶段的生活状态、民族的心理状况，体现出东乡族人民和其他民族一样热爱生活、勤俭节约、艰苦奋斗的品格，是东乡族人民智慧的结晶。[①]

用东乡语吟诵的民间叙事长诗有很多，例如：《米拉尕黑》《诗司尼比》《葡萄蛾儿》等。《米拉尕黑》是有关东乡族历史的口述古籍资料之一，具有重要的研究价值与史料价值。《米拉尕黑》巧妙地利用东乡语加经堂语调唱赞，历经几个世纪以的来广泛流传，以其强大的文化生命力日久弥新。现存的汉文版本《米拉尕黑》是著名的东乡族学者马自祥先生经过多年的民间收集资料后整理翻译而成的。在清真寺或拱北之中的小经文碑与古籍中，可以找到关于《米拉尕黑》最早的文字记录，被称为"拜提"（波斯语：诗歌）。《米拉尕黑》这个名称的由来是因为诗歌主人公叫米拉尕黑。《米拉尕黑》分为九个章节，包含五百多行，是一首描写米拉尕黑曲折动人的故事并且加以歌颂英雄的赞歌，表现出了东乡族人民在自己长期的生产生活中创造的思想品格与民族心理。在东乡族人民发展的历史长河中，《米拉尕黑》犹如璀璨的明珠应运而生，其重要特点是浓郁的伊斯兰苏菲主义文学风格。其形象的情节结构体现出的价值观加以东乡语及经堂语调的吟诵方式，颂扬了独特的民族性格与精神。这种丰富而生动的形象体系更是包含了深厚的民族文化内涵。

在《米拉尕黑》中，人们把情感中的爱恨与悲喜，对世间万象

---

① 甘肃省民族事务委员会、甘肃省民族研究所：《甘肃少数民族》，甘肃人民出版社1989年版，第327—328页。

的歌颂与鞭挞，充分融入其中来表现出自己对这个世界的认识与反映，通过创造许多丰富的形象体系，它利用不同的艺术手法生动形象地描绘出东乡族人民特有的审美情趣与民族心理。

诗歌还塑造了一系列生动形象的人物模型，有米拉尕黑、玛芝路姑娘、无宦姆老人、强盗等。全诗的中心及主线是米拉尕黑，叙述了他心理活动过程及行踪。他在人们的心中不仅仅是一位英雄，更深层次的某种意义上，他还象征着宗教。

《米拉尕黑》不仅生动地描绘了人物形象，而且还创造了许多超现实与超自然的形象。如毒蛇、猛虎、大鹰、雪马、风月宝镜、明月、火焰等。自然形象以一种环境因素，同时也是一种人物性格思想的因素进行了渲染。比如通过险恶的云滩、猛虎、毒蛇等所体现出的恶来反衬米拉尕黑的真。而宗教观念，尤其是苏菲神秘主义是通过风月宝镜、明月、火焰等形象体现。诗中系列形象体系表达了对真善美追求的永恒主题，包含了深刻的文化内涵，体现了东乡族独特的民族精神与理想。

《米拉尕黑》经常使用经堂语调来唱诵，而听众往往跪坐静听。在大多情况下是德高望重的老人或教职人士作为唱诵者，唱诵时音节长短变化，节奏停缓有序，曲调婉转悠扬，时而激昂，时而低沉，而没有其他民族叙事诗的韵散交替，唱一段说一段的特点。汪玉良先生在他创作的长诗《米拉尕黑》附记中写道："我永远不能忘记，每当老人们以虔诚的心情述说和诵念的时候，他们总是充满着光荣或骄傲的感情。"[①]

东乡族人民创作的著名的民间长诗《米拉尕黑》，不仅是东乡族人民心中不朽的文学作品，它还是中华文化百花园中的一道亮丽的风景线。它表达了东乡族人民对永恒、对自由，对自己心中真理的向往之情。它是映射东乡族人民勤劳勇敢、自强不息的民族品格

---

① 汪玉良：《汪玉良诗选》，四川民族出版社1983年版，第243页。

最为真实简朴的"心灵史"。①

东乡族人民的传说是人们对历史的描述，它反映了东乡族人民的生活。"赤孜拉妩""称够湾""葡萄山"等传说，赞美了男女纯洁的爱情。在东乡族的民间文学中，滑稽故事和民间逸事也有很多：表现贫困的人民与地主、官僚作斗争的《背地的故事》《昂巴斯》《新媳妇驱鬼》等等；描写爱情的有《双双金鸟》《沙朗哥》《娇娇女》等；生动的童话故事有《可恶的地狗》《虚荣的喜鹊》《猫和狗的古今》。勤劳勇敢的东乡族人民在创造自己悠久历史的同时造就了优美的民间文学，它是我们中华文化宝库中闪亮的明珠。

东乡族还有奇妙的阿文书法，几百年来，一代又一代的东乡族人民创造出古老的艺术鲜花，成为回乡中一道美丽的风景线。阿拉伯的先祖创造出阿拉伯文字时又创造出了阿拉伯书法，在历史发展的长河中，一代又一代聪明的东乡族人民使阿拉伯书法日渐成熟，通过奇妙的点线搭配形成变化无穷的组合，成为一种美轮美奂的艺术，是中华文明百花园中的又一朵奇葩。阿拉伯书法具有丰富多彩的种类，主要有库法体、三一体、誊抄体、波斯体、公文体、行书体、王冠体、雷哈尼体等。各种书法都具有独特的艺术造型和别具特色的书写规则，同时受中国书法的影响，又形成多样的体型，例如毛笔体、榜书体、仿汉草体，以及中、阿书法融为一体的阿汉合书体，不光形体受到影响，从用笔，到书写，再带装帧，每一步都透露出中华文化的痕迹，并且随着时间的发展，阿文书法被更多人所了解，促进了中华文化的交流融合，为中华文化的发展做出自己的贡献。②

五 保安族

保安族的文学艺术，是中华文化的重要组成部分。保安族拥有

---

① 高小强、铁文英：《甘肃少数民族文化概论》，中央民族大学出版社2015年版，第107页。

② 马志勇：《甘肃东乡族史话》，甘肃文化出版社2009年版，第70—71页。

丰富多彩、种类繁多的民间文学。在 20 世纪 80 年代前,"花儿"在书面文学创作中占据主要地位,直到保安族东乡族撒拉族自治县成立,保安族的文学创作迎来了春天。[1]

现在的保安族文学已经发展得日渐庞大,其中包括诗歌、散文、小说等,保安族书面文学创作中,诗歌的数量是最多的,并且保安族诗歌充分吸收了"花儿"中的优秀元素,如《牛皮筏情思》《山庄锤声》《背水姑娘》等,他们的诗歌有的描写自然景色、有的描绘人生爱情,展现出保安族人民追求美好生活的积极态度。保安族的散文和小说始于改革开放,作品主要反映改革开放后的生活和民俗。现已整理发表的有:揭露封建地主阶级贪得无厌的阶级本性,描绘保安族人民与邪恶势力以及大自然斗争的神话故事《神马》,教育做事要缜密周到,不能毛毛糙糙,主观臆断,富有哲理性的民间传说《妥勒尕尕》;歌颂聪明机灵的保安族木匠和他漂亮而贤惠的妻子,智斗奸诈阴险的财主的故事《聪明的木匠》,以及《阿舅与外甥》、《库其过阿勾和自留阿勾》、《九个弟兄和两个弟兄》、《哈比的故事》等。最具有代表性的民间故事是《三邻舍》,它的主要内容是:从前有三个当家的各自都有特殊的本领,有一天魔王看不惯三兄弟和睦相处,便使出阴谋手段,使三邻舍先后死去,临死时告诉他们的子孙要和睦相处,最终成了三个民族:保安族、东乡族、土族。虽然这段故事源自于神话传说,但它从侧面反映出了保安族人民和其他民族人民自古以来就是和睦相处共同发展的,展现出我们中华民族多元融合体的一面。[2]

六 土族

土族同胞不仅拥有悠久的历史,而且在历史的长期发展中,形成了灿烂的民族文化。土族长期在草原上定居耕牧,形成了自己的

---

[1] 董克义:《甘肃保安族史话》,甘肃文化出版社 2009 年版,第 128—129 页。
[2] 董克义:《甘肃保安族史话》,甘肃文化出版社 2009 年版,第 128—129 页。

草原文化,并且在汉、藏民族中生存发展,大量吸收借鉴了汉、藏民族的文化,创造性地丰富和发展了本民族的传统文化,因此,展现在我们面前的土族文化犹如绚丽的花朵,在中华民族的百花园中五彩斑烂而又独具特色。土族是一个勤劳奋斗、乐于学习的民族,在历史发展的长河中,土族人民和汉、藏、回等兄弟民族进行广泛的文化交流,创造了具有独特韵味的风格和乡土气息的民间文学,成为中华文化百花园中一道亮丽的风景线。土族的民间文学以口头形式流传下来,土族有本民族自己的语言,其表达方式除用本民族语言之外,还用汉语和藏语。①

土族拥有种类繁多、形式独特的民间文学,其中包括神话、故事、童话、叙事诗、颂词等体裁。土族的神话较著名的有流传于积石山一带的传说《阳世的形成》和史诗《混沌周末歌》等,内容涉及天地的形成、人类的起源以及社会生活诸方面的内容。

神话传说生动形象,情节完整,手法多样,具有独特的想象力,鲜明的情感表达,是土族文学作品中的一颗闪亮的明珠。如《孔雀》《青蛙女婿》《登登玛秀》等,描述青年男女反对封建婚姻,追求幸福生活的美好愿望。民间故事《李晋王的故事》《单阳公主战狄青》等歌颂劳动人民的聪明、机智、勇敢的斗争精神和崇高美德,揭露统治阶级的反动、凶残和丑恶。童话故事《老阿奶和蟒古斯》的传说,讲述了这样一个故事:很久以前,有一位勤劳善良的老阿奶与她的三个聪明美丽的女儿一起生活。有一天,一个恶魔蟒古斯装扮成人的模样,吃掉了老阿奶的三个女儿,当他还想吃老阿奶的时候,老阿奶奋力反抗并得到了喜鹊、青蛙、鸡蛋、牛粪的共同帮助,消灭了蟒古斯,老阿奶得救了。故事揭露了黑暗势力的残暴、丑恶,并以动物拟人化的手法歌颂了劳动人民友好团结、互相帮助的崇高美德和勇敢斗争精神。

---

① 甘肃省民族事务委员会、甘肃省民族研究所:《甘肃少数民族》,甘肃人民出版社1989年版,第347—348页。

叙事诗在土族民间文学中占有重要地位。这是一种以优美格调的诗句用说唱形式叙述的故事。代表作品有：《拉仁布与祁门索》《祁家延西》《格萨里》《洛桑王子》等。其中最著名、流传最广的是《拉仁布与祁门索》，全诗长达 300 多行，通过一个爱情悲剧，控诉封建婚姻制度。这首诗叙述的内容是：善良、美丽的土族姑娘祁门索爱上了给他哥哥放牧的青年拉仁布，他们在放牧中相互爱慕，情深意厚。但祁门索的哥哥嫌贫爱富，百般阻挠他们的爱情，并下毒手杀害了拉仁布。当火葬拉仁布尸体时，三天三夜烧不着。悲痛欲绝的祁门索冲破监禁，不顾一切地奔到火化场，将自己心爱的头饰一件件投入火中，悲痛地哭诉道："你不着来我知道，盼我和你一起跳，五尺的身子舍给你，一块烧到天荒和地老。"随着哭声，她纵身跳入火中，随即二人化为灰烬。他们的骨灰被姑娘狠心的哥哥分开埋在了一条河的两岸。河岸两侧在三年后分别长出了棵合欢树，且枝叶跨河相交。祁门索的哥哥又恶毒地把树砍倒，把树放进灶里焚烧，火烟化为一道七色彩虹，从中飞出一对美丽的"翔尼娃"（鸳鸯），啄瞎了狠心哥哥的双眼，然后双宿双飞在他俩曾经放牧恋爱的山野间，唱着追求自由、幸福的歌。

《祁家延西》也是一首长达 200 多行的叙事诗，叙述了 80 岁高龄的土族英雄祁延西在国家危难关头，毅然统兵出征，最后英勇牺牲的经过，具有很强的感染力。

谚语是土族人民在长期的生产劳动和社会生活中积累起来的经验总结。如"靠着金山，不如靠双手"，"秤可以量轻重，话可以量人心"，"花美在外边，人美在内心"等。[①]

七 裕固族

裕固族作为甘肃省三个特有的少数民族之一，有着悠久的历史

[①] 高小强、铁文英：《甘肃少数民族文化概论》，中央民族大学出版社 2015 年版，第 168—169 页。

和独特的文化。因其族源有两个系统，一是源自宋元时期的甘州回鹘"黄头回纥"，一是源自蒙元时期镇戍于河西西端的蒙古军队，现在主要居住在肃南裕固族自治县。回鹘文在现在普遍被认为是主要流行于8—15世纪并且位于今天我国新疆吐鲁番盆地和中亚楚河流域的一种文字。在我国历史上的宋元时期，河西一带的流行语言是回鹘语，而裕固族祖先们回鹘人的佛教中心也位于敦煌、甘州。在这段时期以回鹘文进行了颇具规模的佛典翻译工作，并且也用此文字记录和创作了许多作品。回鹘文随着明清以后河西回鹘势力的衰退而逐渐被淡忘，因此以回鹘文写成的文献消失殆尽。直到甘肃敦煌的藏经洞于19世纪末20世纪初被发现，一部分回鹘文文献随之问世。这些出土的回鹘文献是裕固族珍贵的历史记忆和文化遗产，约占现有回鹘文献总量的1/3。出自敦煌千佛洞的回鹘文古代著作《金光明最胜王经》《大元肃州路也可达鲁花赤世袭之碑》《阿昆达磨顺正理论》等一系列节本残卷，绝大多数都流落海外，分别珍存于伦敦的大英图书馆、巴黎的国立图书馆、日本京都的有邻馆等地方，我国的敦煌文物研究院和甘肃省博物馆只珍藏很少几件残文。裕固族独具民族特色的民间文学及艺术形成于其民族的形成和发展过程中。这些艺术作品中展现了裕固族的社会生活、宗教信仰和思想感情等因素。

　　裕固族为主体留下的物质文化遗产，由于其民族特殊的迁徙历史和文化背景，因此并不是很多。但民歌、叙事诗、神话、传说、谚语、谜语、故事等民间文学内容非常丰富且题材多样。除此之外还有许多寓言、笑话、格言、俚语、谚语等。著名的叙事诗《黄黛琛》《尧熬尔来自西至哈至》《萨娜玛珂》，如《黄黛琛》以韵散结合、说唱结合、韵文体的歌词为主讲述了黄黛琛和苏尔丹悲壮的爱情故事。诸部叙事诗无论是究其艺术性还是思想性，水平皆高且地位重要，被视为裕固族民间文学中的精品。

　　主要的历史传说有创世传说和东迁传说。创世传说主要有《九尊卓玛》和《阿斯哈斯》，《九尊卓玛》讲述了天神九尊卓玛根据一本无字天书创造世间万物的故事；东迁的传说的版本很多且内容庞杂，如《东迁的传说》《阿木兰汗》《多尔吉汗》等，这些传说在文学方面具有很大的价值。

裕固族的民间故事多具有很高的艺术性，其结构严谨，情节跌宕起伏，淳朴真挚，引人入胜，有浓厚的神话色彩，代表作有《莫拉》《神箭手射雕》《珍珠鹿》《天鹅琴》等。其题材多为除暴安良、反抗压迫、反对分裂、同大自然恶劣环境斗争、机智人物故事、动物故事、颂扬民族团结等。

裕固族民歌内容丰富，种类多样。有牧歌、山歌、叙事歌、情歌、婚礼歌、劳动歌、摇篮歌、宗教歌等不同题材。多采用与特定的生产生活紧密相连的内容为歌词，歌曲多为参差错落的长短句式的旋律，韵律有尾韵、中韵、头韵三种形式，或单用，或兼用，形式多样，方式灵活。民歌的语言淳朴流畅，感情的流露真挚自然、豪放粗犷。

裕固族的谜语生动形象且富有生活情趣，反映出裕固族对事物细致入微的观察力，高度形象的概括力和优美生动的表达力。如"走时腿是骨头的，住下时腿是木头的——帐房"，"玛尼玛尼一根线，穿着一百零八个蛋——佛珠"等。

裕固族的格言哲理深邃，反映了这个民族严肃的生活态度和对生产、生活经验的总结，也是他们千百年来与大自然斗争的智慧经验的总结。如"持好心的人让你哭，持坏心的人让你笑"等。

裕固族祝词主要有人生祝词和生活祝词两大类。裕固族人民往往利用唱诵祝词的方式在某些特殊的人生时刻，或是某些必要的仪式场合，来赞美、祝福、祈祷。祝词的内容大多是描绘生活祥和富裕，人畜兴旺平安内容的。通过对生活、生产场景的生动描绘，为在场的诸位带来生活的希望和美的享受。[①]

[①] 高小强、铁文英：《甘肃少数民族文化概论》，中央民族大学出版社2015年版，第139—140页。

八　哈萨克族

哈萨克族人民在悠久的历史长河中形成了自己的草原文化，创造了丰富多彩、种类繁多的民间文学，丰富了中华文化文学艺术体系，哈萨克族的民间文学包含了生产生活的各个方面，不仅具有鲜明的民族特色，而且饱含了哈萨克族人民向往美好生活的深切感情。①

民间传说有《白天鹅的故事》《冬不拉的传说》《姑娘追的传说》《金鞭子与毒蛇的传说》等，哈萨克族的民间传说与其他兄弟民族一样，是在神话的基础上发展而来的，一类是以历史人物为原型，利用哈萨克族人民的聪明才智构造出来的，例如，哈萨克族的音乐之父霍尔赫特的故事、机智人物阿凡提的故事等。另一类则是关于自然环境的传说，包括冬不拉、一些天体的故事等。②

在哈萨克族人民生活的草原上流传着许多生动活泼的谜语、饱含哲理的谚语、意义深刻的谚语等，他们是哈萨克族与其他兄弟民族交流的产物，生动形象地表现了哈萨克族人民的生产生活方式和独特的民族文化，他们无一不体现出哈萨克族人民的聪明才智。哈萨克族谚语包罗万象、意义深刻，它的形式包括单句式和双句式两种形式，它简单精要地概括出哈萨克族人民在长期的生活发展中形成的知识经验，其中最能体现哈萨克族独特民族文化的是关于动物、山河、民俗等一系列自然景观和民族风俗的部分。例如：有人就有贼、有山就有狼；牧人的本领在马背上，猎人的能耐在枪法上。等等。③

在哈萨克族丰富的民间文学中，包含许多赞颂浪漫爱情的诗歌和描绘英雄伟业的史诗，且广为传诵。在美好浪漫的爱情诗中，有脍炙人口的长诗《阔孜少郎和巴艳美人》，它批判了旧社会罪恶的

---

① 谢国西、王锡萍：《甘肃哈萨克族史话》，甘肃文化出版社2009年版，第139—141页。
② 谢国西、王锡萍：《甘肃哈萨克族史话》，甘肃文化出版社2009年版，第143—144页。
③ 谢国西、王锡萍：《甘肃哈萨克族史话》，甘肃文化出版社2009年版，第143—144页。

封建宗法制度，颂扬了青年男女的纯洁美好爱情。这个故事被誉为"哈萨克族的《罗密欧与朱丽叶》"。长诗《萨丽哈与萨曼》，歌颂了一对反抗邪恶势力的青年恋人，在人群中广为传颂，深受哈萨克人们的喜爱。还有《布甘拜》《阿勒帕米斯》《英雄塔尔根》《阔布兰德》等很多作品，以历史人物为原型，歌颂了征服敌人的豪杰和草原上的传奇英雄，都流传甚广。并且这些民间文学一般都有比较固定的曲调，由阿肯（民间歌手）用冬布拉伴奏吟唱。旋律优美动听，情节生动感人，往往令听众潸然泪下。[1]

九　回族

回族的发展已经有几百年的历史了，随着社会的进步，回族人民形成了具有自己民族特色的文学艺术，丰富了中华文化的百花园。回族人民的优秀文学艺术内容丰富，体裁繁多，包括民间故事、叙事诗、特殊语、谚语、歇后语等。

回族人民有长辈给晚辈讲述故事的传统，这一传统在历史的发展中逐渐形成了民族风俗。据相关文献调查发现，已经搜集出来的民间故事已经达到一千多个，这些民间故事生动形象地表达出回族人民的生产生活方式，民族心理，经济、政治、文化情况，等等。《人祖阿丹》《阿丹与好娃》表现出回族人民关于人类起源的思考，展现出人祖与大自然斗争的景象。回族人民的民间传说与民间故事息息相关，民间传说反映了回族祖先们的生活状况，它包括与创教有关的神话，赞扬民族英雄以及圣贤人物的故事，还有描述回族人民地方生活、习俗习惯的传说。它们用生动形象的表达手法，成为脍炙人口且广为流传的民间文学。[2]

在回族人民丰富的文学作品中，叙事诗又是回族文化的一道亮丽的风景线，尤其是《马五哥与尕豆妹》，这首叙事诗是根据发生

---

[1] 甘肃省民族事务委员会、甘肃省民族研究所：《甘肃少数民族》，甘肃人民出版社1989年版，第315页。

[2] 马志勇、马士璐：《甘肃回族史话》甘肃文化出版社2009年版，第84—85页。

在甘肃河州回族中的一个真实事件改编的,并且在其他省份的回族人民群众中广为传颂。故事的大体情节是,有个回族姑娘尕豆妹与当长工的马五哥真心相爱。但恶霸马七五看上了尕豆妹,借口给10岁的儿子尕西木娶亲,将尕豆妹强娶过去,拆散了这对鸳鸯。一次,尕豆妹与马五哥在泉边相遇,双方相约,深夜在尕豆妹家相见。相见后,由于左说右道的话长了,女婿尕娃醒来了,张口要出声,马五哥手急掐了个紧。三掐两掐掐重了,把女婿尕娃掐死了。马七五告官并贿赂官府,马五哥与尕豆妹被押上了受审台。在正义与邪恶、国法与金钱的多次较量中,邪恶与金钱终于胜利了,两位无辜的情人被双双斩首在兰州华林山下。这段故事用生动形象的手法深刻批判了旧社会的黑暗,歌颂了青年男女的纯洁美好爱情。①

　　回族人民的特殊语、谚语、歇后语也相当丰富,生动形象地表现出回族人民的日常生活和习俗习惯。因为回族的历史发展原因,回族也是个融合的大民族,虽然汉语已经得到广泛使用,但在日常交往中,阿拉伯语和波斯语仍然有不少人使用,例如:乃麻子—礼拜;色俩目—平安、您好;口唤—同意、认可,等等,用特殊的语言表达了回族人民美好的生活状态。回族的民间谚语、歇后语同样是劳动人民的智慧结晶,它们密切贴合日常生活、生产习俗和经营方式,有的反映了民族心理特征,有的教人勤俭节约,例如:"回回两把刀,一把卖牛肉,一把卖切糕;靠金山银山,不如靠两个手;汉民有钱盖房,回民有钱养羊等。虽然很少,但是很耐人寻味,饶有情趣。②

---

① 马志勇、马士璐:《甘肃回族史话》甘肃文化出版社2009年版,第89—90页。
② 马志勇、马士璐:《甘肃回族史话》甘肃文化出版社2009年版,第91—95页。

第五章

甘肃民族的民居、饮食与服饰文化

第一节 错落有致：民居文化

甘肃藏族的民居种类主要有平房和帐房两大类。平方是结合中国西部汉族传统民居的特点和藏族碉房的特点，以院落为中心，走廊式的环形建设房屋，一般是正方形，且在角落设立厕所。平房民居的墙壁下厚上薄，外形下大上小，建筑平面相对简单。通常，它们是方形并且具有弯曲的平面。由于青藏高原的起伏，过度使用建筑材料将增加建设难度，因此，建筑物的总建筑面积很小。帐房的平面通常是正方形或矩形，高度约2米的框架由一根根木棍支撑，上面覆盖着黑色的牦牛毡毯，中间留宽15厘米，长1.5米的缝隙用于通风采光，四周用牛毛绳固定在地面上。在帐房内部周围用草泥或土坯垒成40—50厘米高的低墙，大麦、酥油袋和牛粪堆叠在顶部（做燃料）。帐房内部很简单，中间有一个火炉，炉子后方供有佛像，地上铺上羊皮供休息用。这种帐房制作简单，拆卸和组装灵活，便于运输，它是牧区人民用来适应草原移动生活方式的一种特殊建筑形式。甘南藏族自治州藏族人更多的建筑是两层建筑物。建筑物的上层是人居住，底层是农场牲畜。在卓尼和迭部林区，大规模房屋的天花板和板培都是木结构，即所谓的"外部木材，内部没有土壤"建筑。卓尼县恰盖和康多地区的人们住木质材料修建的搭板房。舟曲地区的建筑比较好，房子中间有一个火塘，它有一个大直径的铁三脚架。大锅放在架上可以用来做饭，还可以给房间加热。藏族地区的牧民主要是游牧民族，居住在帐篷里，有两种类型的帐篷，一种是牦牛毛毡制作的帐篷，它更宽敞，由牛毛编织成厚厚的盖子。中间高四周低，中央建筑是锅，用于消耗牛羊粪。另一个是布帐篷，面积很小，很适合夏天没有下雨时生活，在帐篷外面建造生活所需的锅灶。在夏季的高原草原上，在青山绿水的荒野中，支上一顶白色的帐篷，渺渺炊烟独具特色。夏河县还保留一些蒙古包，造型又高又圆，是圆柱形的空间，它温暖舒适，比帐篷的保暖性和舒适性更好一点，但是不易支撑，不方便随时拆卸。所以近年来，牧区的大多数居民区建造了新的砖木结构房屋，红色砖瓦和白色瓷砖墙壁，明亮的窗户，宽敞整洁的内部空间，孩子们可以在游牧季节保留帐房。藏族居住地选择在山区和水域。为了显示他们的"声望"，在帐房的顶部、水的上游、独立区域、在帐房的门外，竖立了一根铜顶"玛尼杆"，并用凤凰的图案作为旗帜表面用以展示，其他人可以伸展杆子上的"玛尼布"。藏族民居和其环境、生活习惯息息相关，为了适应佛教文化和高寒环境有了其独树一帜的现状。

土族民居文化特点突出，别具一格。农村一般以村落聚居，村庄大多在山脚下，依山傍水搭造房屋。各家都有庭院，院内有牲畜圈棚，院外有厕所、菜园和打谷场。房子是平顶的，上面可储放粮草。主客房朝南，大部分民居分为三间，中间有一扇门，从入口进去就是大厅，红色彩绘的面柜在客厅有着重要的作用，不仅可以储存粮食，还可以摆放生活日用品。打开左边和右边的门进入卧室，睡土炕，圭坑正中摆着桌子和火盆，通常为长者居住。主楼建筑精美，柱子和门窗上刻有当地的牛羊图案和丰富的花纹。庭院的墙很高，大门是在庭院墙壁上打开的，一般是双层木门。庭院很大，房子的墙壁与庭院的墙壁相同，潮湿的黄土用夹板夯筑而成，室内冬季温暖，夏季凉爽。在庭院中间，有植物和花卉，其中也会一些有香炉，还会设立一些旗杆，"玛尼旗杆"是土族信仰藏传佛教的象征。挂在杆子上的六字真言配素雅的青花布，以避免邪恶和灾难，并保护家庭的平安。每个庭院的中心还设有一个方形瓶桌，其下面埋着宝瓶。主屋里也会有一个香炉。在农历的第一个月的第一天早晨，在清理瓶桌后点燃柏树叶和乳香，香烟挥之不去。四面房屋通过宽平台连接，以防止雨水和日光。庭院的角落房间是厨房、仓库，牲畜围栏和草棚都很粗糙，但是很实用。庭院外的大部分地块是用来种植农作物的。

回族是中国比较特殊的民族。他们信仰起源于中东的伊斯兰教。因此，他们的房子有不同的风格。回族人不仅在居住区有自己的特色，而且在房屋的形状、结构、设施等方面也有自己的习俗。回族清真寺，它是汉族文化与伊斯兰文化的结合。首先，它采用汉族建筑的庭院布局原则，建成一个封闭的庭院，并具有清晰的轴对称关系。此外，回族穆斯林清真寺的屋顶组合也是一个成熟的艺术创作。由于一般礼拜堂的空间非常深，同时有必要解决采光和防雨的问题，回族的礼拜堂大多是组合式斜坡屋顶，其中许多达到五个屋顶相连接。此外，为了进一步强调屋顶的美感，清真寺在组合屋顶上方增加了一个高大的亭子。最后，回族清真寺的内檐使用了大量传统的汉族建筑装饰技术，结合了伊斯兰文化。中国传统的砖雕和木刻也广泛用于清真寺，有些雕塑几乎是珍贵的艺术品。人类社会发展水平越高，对生活条件的需求就越高。有一种说法是"回族人有钱建房，汉人有钱省钱"。说明回族人民在经济繁荣后首先改善生活条件。回族人建房，不看风水，只注意平坦地形的选择，日光好，水清洁方便。黄土高原上的回族人的房屋通常建在阳面斜坡或僻静的海湾。房子的形状有土木结构的平房、前后两坡砖瓦房、前坡砖房和一个二层楼建筑。在北部，有许多民用的砖木平房；在南部和一些多雨的地区，多为前坡砖瓦房和前后两坡砖瓦房。土木结构的平房和砖瓦房屋通常建立在地基、墙体建筑柱和墙上的垂直木柱上，回族通常称为土柱和后柱梁。梁上接檩顺檩搭椽再铺苇芭或席，然后铺上垫子，最后垫上麦秆深泥。在支撑梁的那一天，回族人讲究清阿訇在红纸上写一段《古兰经》，然后将它贴在大梁上被盖住且不易拆除，以示吉祥。回族的土坯式房屋一般可以与木框架紧密结合，逐渐成为框架式和土坯式的复合型，然后逐渐发展成从土坯型到砖型，即房屋由土坯草泥墙转变为砖和石灰石类型混凝土墙，屋顶从茅草屋顶变为瓦屋顶。房子一般喜欢朝向阳光。房子对单双数没有要求，根据经济条件建设即可，一些回族人和阿訇有十几个房间，甚至几十个房间。回族人民很在乎房间格局，建筑物越盖越大。甘肃和青海的一些回民房通常包括中间的两个房间，两侧的两个小耳房，左侧和右侧的厨房和仓库。甘肃的回族人也习惯于建造高房，大多数这些高层房屋都用于家庭中的老年人做礼拜用，以防止儿童和其他人打扰。回族家庭注重工艺和装饰，具有相当的民族特色。临夏、张家川等甘肃的回族，尤其是临夏回族人民的锄头、木筏、砖墙、门窗、前廊，都有木雕或砖雕元素。用巧妙的智慧雕刻牡丹、葡萄等花卉图案，抽象多样的几何形状，草状植物图案和吉祥图案，简洁大方，风格独特，在全国各地都享有盛名。回族人喜欢种花草，在院子里种植各种树木和花草。在许多地方，回族人也养成了盆栽花卉的传统习惯，在窗台和院子里，有各种盆栽植物。甘肃回族人特别喜欢养"海葫"（阿拉伯语），俗称指甲花，不仅能观赏和美化环境，年轻女性还可以用它来染指甲。回族的室内装饰也是独一无二的。在回族居民的西墙上，有阿文中堂和伊斯兰艺术特色的工艺镜和克尔白的挂图。图案主要是著名的清真寺或天房，花卉和植物等，方便观看传统的回族节日和伊斯兰宗教节日。由于受阿拉伯地区习俗的影响，回族人仍然喜欢熏香，一般家庭配有香和香炉。清洁室内卫生时，会烧几根香，使室内空气清新干爽。十一届三中全会后，回族人民生活水平提高，生活条件得到很大改善。许多人住在新房子里，也有了新建筑物的出现，包括寺院和家庭建筑。

撒拉人充分发挥他们的才智和智慧，开发林地，利用当地的天然林业和土壤资源,同时与周边的藏、汉、回、土和保安族相互学习,聚集了丰富的多样性的种族文化和围栏建筑风格。撒拉族围栏的设计是明清时期建筑风格中最具特色的。撒拉人的社会和经济生活已经发展,人口也在增加,建造房屋既有魄力、美观、经济又灵活,突出了风格特色和应用、安全的作用。撒拉山古民居围栏分布于明清时期的循化撒拉族自治县孟达、大庄、甘坪、塔扎波、木昌等村庄,以及甘肃省积石山县大河家官门村。由撒拉人建造的围栏建筑吸收了汉族、藏族和伊斯兰文化。它可以说是所有民族智慧的结晶,也是研究撒拉人政治、经济、文化、社会和历史的物质资料。同时,这独特的围栏建筑丰富了我国民居建筑特色,具有重要的建筑和艺术价值。

撒拉族民居院落主要为采用庄廓式的合院式民居,因墙面多用篱笆而得名"篱笆楼",具有封闭性和向心性的特点。完整的撒拉族民居院落主要由房屋、院墙、大门、庭院等几个部分组成。土庄廓以黄土夯实,围筑成封闭的高墙方院,这样不仅能够防御外敌入侵,而且能够抵御寒风,起到保暖的作用。墙基分为两个部分,下半部分以石头混合黄土、杂草砌成,上半部分的外层用杂木枝条编织的篱笆进行修饰。篱笆楼上下两部分使民居构成了二层格局,上层格局多用来居民休息,下层格局中的仓库、厨房、厕房、净房也都有固定的位置。外墙围合向内,不加粉饰,墙顶高出屋面,由每户院落外墙组成街巷,由街巷、院落、道路等构成村落。

每一户都拥有一个独立于其他居民的庄廓,大小约为一亩,形状基本都是正方形或者不规则的长方形。庄廓中轴线为南北方向,院内建房多采用中轴对称、左右对称的布局。雕刻是撒拉族民居装饰的最大特色,类型多为砖雕和木雕,雕刻艺术体现在其房屋的梁枋、雀替、门、窗篱等各个部位。主人的个人喜好和经济状况决定了庄廓院落内的格局。庄廓内格局主要有"口""凹""L"等几种类型,房屋建筑均用木架构承重,屋顶使用草泥抹面,房屋有廊檐,使房屋看起来和庭院相得益彰。

改革开放以来，随着群众生活水平的不断提高，许多撒拉族人修建了土木结构的楼房，甚至是砖木结构的新型楼房，民居建筑的形式也越来越向现代化发展。建筑风格也不再局限于传统的规范，比如在居民建筑中开始使用清真寺等神圣空间常用的建筑装饰图形。撒拉族现代房屋呈现出高大秀丽的形态，雕饰十分精美，独具特色。民居建筑屋顶的装饰，发展出了多种多样的形式，如悬山式、圈棚式、勾连式等。屋内的装修也丰富多彩，窗饰也有了很多的创新，构思巧妙。传统的撒拉族家庭大门多为单扇或者低矮的双扇，而现在每家每户都十分讲究大门的建筑样式，大门高大宽敞，威严肃穆，采用独座体、一间形、出榫头、过道式、平顶式、琉璃瓦顶等，形式多样，兼具适用性和观赏性。民居内庭院大多宽敞整洁，庭院内的道路采用毛石或花砖铺筑而成，庭院内还种植有各种各样的花卉和蔬果，清新雅致。撒拉族民居院落的周围均种植了各种树木，绿树成荫，既有古朴的文化风味，又有很强的现代感。

大多数东乡人居住在分散而偏远的大山深沟里，在抗击恶劣的自然环境的过程中形成了独特的建筑风格。在东乡族的建筑艺术中，木雕和砖雕技术被广泛使用。木雕主要表现在梁、飞椽、垫板、梁椽、采摘座，斗拱、隔扇、墀头和门窗。雕刻内容大多是抽象图案，如旋转，六格子，梅花，缬草等。木雕技术有阴线、浮雕、珐琅雕刻等，为建筑增添了奢华的艺术感。砖雕分为"捏"和"雕刻"。捏是指使用加工过的黏土泥，手工制作和模具制作花卉图案，然后进入窑烧砖。雕刻，指利用雕刻刀在蓝砖上制作各种浮雕图案和花朵。大多数砖雕用于墙壁的各个部位，因物设图，巧施雕镂，令人流连忘返。东乡族民居分散，与当地其他民居不同，风格各异。东乡族建筑主要包括住宅楼、清真寺楼和拱北楼。居民的建筑风格简单实用，没有很多风格，如窑洞、平房，砖房和土棚。窑洞有两种类型：水平住宅和上炕式住宅。前者更宽敞，后者的门窗结合在一起。庄院设有特色庭院，传统的庄院主要是平房。主要建筑材料是泥土，除了门窗和柱梁外，其余部分均由泥土构成，屋顶上覆盖着一层白土。砖房有两种类型："阳色瓦"和"阴阳瓦"。"阳色瓦"是指用瓷砖覆盖的屋顶，"阴阳瓷砖"是指在"阳色瓦"的间隙中的瓷砖分层。从结构上讲，有"单流水房"和"双流水房"。清真寺建筑是东乡族的宗教建筑，总体布局是"三合一"，即礼拜堂、小厅和大经堂三合一，礼拜堂位于中间，水堂和经堂两侧分开。在清真寺的大门上建造一座高耸的尖塔。大殿的建筑风格有三种：一种为阿拉伯式圆拱建筑，第二种是中国宫殿式建筑，第三种是中阿合壁式的建筑，在这三种类型建筑中中国宫殿式建筑占绝大多数。拱北建筑，一般建在深山空谷，偏僻寂静，人烟稀少之地，其主体或核心建筑为各教主、老人家的墓庐。墓庐都是在砖砌的长方型"拱子"上面再盖一座墓亭，建筑中多采用砖雕、木雕、彩绘等工艺。墓庐一般称为"八挂"，有圆形、四角形、五角形、六角形、八角形等形状。东乡人称庄院是家庭的住所，村子是一个庭院。大多数村庄都建在山上。房子外面有一个高墙，里面有空的空间，有的被四面覆盖，有的被三面覆盖，有的面向南，有的面向西。除了门、窗和横梁外，房屋的建筑由黏土制成。

保安族村落一般位于山坡、山根和沿河平原阳光充足的地区。在过去，大多数房屋都是低层平房。周围的房屋宽阔，墙壁很高，约四米，但是房屋之间的距离狭窄，屋顶甚至都连在一起了，这也是当时为了抵御敌人，大家相互帮助而形成的。现在保安族的房子都是独立的了，被称为"庄廓"，每个"庄廓"都由三五间房子组成，一般北面的房子称为上房，是家里长辈的住所。它位于庭院的中间，房子高大宽敞，三个房间相连，是"庄廓"的主体建筑。炉灶和起居室都建在大厅的两侧，有些炉灶与起居室相连。炉灶只在屋顶上有一个天窗，没有其他窗户。锅台由土坯或泥土制成，大约两尺高，靠近墙壁，还有烟囱排烟。起居室或客房是一般家庭的空余房间，它通常用于存储东西。当年轻客人来时，它被用来娱乐和住宿。牲畜圈舍建在庭院的东南角或西南角，圈舍内砌有食槽，结构相对简单。在东北角建造了一个门廊建筑，整个建筑的轮廓错落有致。在过去，房屋都是土木结构，即木框架和泥墙建成。后墙高于前檐，方便下雨的时候雨水流出去。屋顶可以用木板覆盖，或用树枝覆盖，或用芦苇覆盖，盖有半尺厚的草泥。如今，建造了许多新建筑，房屋高大，宽敞明亮，并配有新的门和玻璃窗。其中一些还在屋檐和地板上覆盖着青砖或水泥。我国保安族聚居的甘肃省积石山保安族东乡族撒拉族自治县大河家镇的大墩、甘河滩、梅坡被称为"保安三庄"。这里地处黄河上游，甘肃、青海两省三县交界的黄河岸边，是青藏高原向黄土高原过渡的地带，属于黄河河谷阶地，地势平缓向阳，气候温和，适合农牧业生产，曾是古丝绸之路上的重要通道。三个村庄的房屋围清真寺而建，并与回、东乡、撒拉等民族同村居住。传统的住房是土木结构的平顶房，一家一院，新建的民居都是砖瓦结构，吸收了当地其他民族的建筑文化，注重木雕、砖雕的装饰效果。

大多数哈萨克牧民在季节性变化的基础上进行放牧，过着游牧生活。在春季、夏季和秋季，哈萨克牧民住在一个可拆卸和携带的圆形毡房，冬天他们住在一个简单的毡房或冬季牧场的土房里。毡房由两部分组成，上部和下部。上部是圆顶形状，下部是圆柱形。毡房的下部由圆锥形骨架和直木杆组成。上部由红色柳条、柳枝和骆驼草制成。上部和下部组合以形成毡房的框架。毡房顶部有一个天窗和一个可移动的毛毡块，可以拉动通风或挡风玻璃。毡房周围有排水槽。哈萨克族的房间木门外面挂着毯子，在门的右侧放置饮用器具和食物，在门的左侧放置马匹和狩猎工具，将火放在房间的中央，并使用三脚架或圆形铁架来设置炊具用于煮茶和烹饪。毡房的地板上覆盖着毛毡或皮革，供人们坐。毡房传统上没有桌椅，人们坐在地上，男人盘腿，女人一条腿蹲着。毡房面向门的地方是上座。客人坐左侧，家庭成员在右侧。毡房的门上有许多图案。双门板被哈萨克人称为"斯克尔莱乌克"。中间是一个火炉，右上方是一张床，床的墙上是一个悬挂的毛毡有各种花鸟图案。毡房的前部靠近围墙，有桌垫，桌子上放盒子、床上用品和其他物品。毡房的外观看起来很普通，但内饰优雅而合理。毡房门向东打开，毡房的前半部分放满了物品和器具，下半部分是主人和客人活动的空间。在入口的左上方是儿子和儿媳的床。床上挂着缎子，上面放着衣服，盒子等。右上方是主人的床，衣服盒的中间覆盖着华丽的毛毡和地毯。床的下面食物和饮用器具放在右下方；牲畜设备和狩猎工具放置在左下方，铁炉放置在天窗的中心，有序地摆放。毡房中间有一个很大的空隙，一般来说，十几位客人并不拥挤。客人可以在毡房中享用美食和饮品，享受哈萨克人的传统习俗。经济条件好的家庭，毡房内的陈设比较华丽和讲究，他们在栅栏围墙上挂着镶花毛毯，地上铺着地毯和花毯。为迎娶新娘而搭的小型毡房，哈萨克语叫"奥塔吾"，里面除摆放家具外，还陈设新娘的嫁妆，五彩缤纷，十分讲究。毡房对于哈萨克人来说，不仅住宿，而且也是接待客人的地方。同时，人们还在里面从事手工生产，制作奶制品。春季，把毡房的盖子揭掉圈养羊羔，冬季，牧民在居住地盖木屋或土屋，用土坯、木头、石块砌成。外形为四方平顶，内砌有炉灶，房四周用土坯垒成矮墙，或是用树枝条编成篱笆，用以围圈牲畜。

裕固族主要传统住宅是土木结构的房屋和适合游牧生活的帐篷。帐篷过去主要是圆锥形，而现在大多是方形的。安装帐篷选择多是避风和向阳的地方，根据山体和水道的形状来确定朝向，多坐北朝南，向西或向东，但避门向北开。作为一个游牧民族，直到20世纪50年代，除了少数居住在河西走廊的裕固族人外，裕固族大多数人仍以帐篷为主要居住场所。裕固牧民居住的帐篷在外观上与藏族牧羊人的帐篷相似，具有易搬迁、耐使用的特点。大多数使用的材料是牦牛毛织物，其特点是坐在帐篷里，可以看到天空中的星星，在水边和下雨的时候，一般不会漏水，所以他们不怕雨雪。他们生活的牧区都有土木结构的房屋，这些房屋受到周围汉族文化的影响。从建筑材料的选择到结构风格，都与周边汉族地区基本相同，是由土、麦秸和杨树为原料建成。在房子的外面，建造了四面高约2米的墙，庭院门向南开。两个家庭通常相距一两千米甚至几十千米。因此，庭院的分布有一定的民族特色。例如，走廊大部分朝向东方，两侧有许多侧室。在院子的两边，还有牛栏（包括用于羊、牛圈的遮阳篷和围栏）和草箍（用于预留冬季饲料）。

传统的蒙古族住房蒙古包也被称为毡帐、帐幕、毛毡包等。蒙古语称"蒙古勒格尔"，这种由游牧民族创造的适应游牧生活的住房很容易拆除，很适合游牧民族的生活习惯，自从匈奴时代以来一直使用至今。蒙古包分为两种类型：固定和流动。半农半牧区以固定型建造，周围环绕着土坯墙，覆盖着西洋菁草。游牧区主要是流动型的，流动类型的被分为两类，一类是在车内建造并与汽车一起移动，另一类是直接放在草地上。汽车中包含的蒙古包非常有创意，大小不一，但尚未普及。草地上的蒙古包的结构是一个木框架，拱形，像一把伞，由三个圆形木环和四个弯曲的木梁组成。乌尼杆是连接陶脑和哈那的木棍。它很粗厚，插入陶脑的方口，下端用皮绳连接到哈那。哈那是一种由柳条皮绳制成的菱形网，具有弹性，哈那连接到圆形墙，蒙古包的大小与哈那的个数相关。普通的蒙古包有四个、五个或六个哈那，而大蒙古包有8个哈那，甚至有些大蒙古包有12个哈那。乌德是蒙古包的门，有框架和门槛。框架与哈那相同，门面向南或向东南。在夏季，蒙古包覆盖着单层毯子，春季和秋季覆盖着两层，冬季三层。覆盖陶脑的方形毛毡，蒙古语称为"额入合"。蒙古包是白色的圆形。陶脑和哈那是代表太阳和月亮，反映了蒙古族人倡导日、月、圆和白的审美习惯。室内家具有固定的位置，中心是炉子（火）。火是家庭繁荣的象征，西北方崇拜神灵。佛教僧侣的位置也与火有关，祖先祭坛放置西北。西南放置放牧和狩猎人员需要的器具，在北部放置桌子，在东部放置垂直橱柜，在东南侧放置厨房用具。蒙古包的门是开向南方，蒙古包内的正北面是老人和贵客坐的地方，西边是普通的客人的位置，东边一般是家人的位置和厨房的地方，东南边会设有灶台。大多数蒙古族人都有两个蒙古包，一个作为仓库和厨房，另一个住人。现在许多蒙古族人搬到砖房实现定居游牧的生活。一般在蒙古包的后面有一个光秃秃的木柱。人们非常重视这个柱子，通常不允许外人随意接近。中华人民共和国成立后，蒙古族定居者增加，蒙古包只保留在游牧地区。蒙古族人民一年四季都匆匆赶着山羊、绵羊、牦牛、马和骆驼，寻找新的牧场。蒙古包可以拆卸包装，由骆驼运到下一站，然后重新支起利用。现如今的蒙古包用它独特的民族特色吸引不同的人前来参观，俨然已经成为蒙古族人民的旅游资源。

第二节 余味无穷：饮食文化

糌粑，它是藏族的主食。原料是青稞或豌豆煮熟后研磨的面粉。它营养丰富、香气浓郁、耐饥饿、携带方便、易于储存。一般分为"乃糌"（青稞制作），"散细"（剥皮豌豆炒熟制成），"散玛"（豌豆制成），"白散"（青稞和豌豆混合制成）四种。酥油也是藏族的特色美食，酥油是从牦牛奶中提取的，将牛奶倒入专用搅拌桶或特殊陶器中，上下搅拌或左右搅拌数百次以分离油和水，漂浮在上面的淡黄色油脂就是酥油。然后将其包在皮袋中，家庭日常食用或出售。将酥油提取并将砖茶煮熟后，您可以制作一种煮制的酥油茶。牛肉和羊肉是藏族菜肴的重要原料。藏族食物中的牛肉主要是高原牦牛肉，而羊肉主要是绵羊肉。牛肉颜色鲜红，十分鲜嫩可口，而且脂肪含量低，蛋白质含量高。人们常说风干肉指的是风干的牛肉和羊肉，制作方法比较简单：当冬季温度低于零度时，将牛羊肉切成大块或切成细条，撒上盐，挂在阴凉处，让其冷冻干燥。虽然水分消失了，但依然可以保持鲜味。它可以在第二年的第二个月或第三个月直接进行食用。甘南藏族自治州是甘肃省藏族人的聚居地，由于地理和方言的差异，这里的藏族人被称为"安多"藏人。他们主要的产业是畜牧业和农业。卓尼县洮河沿岸的藏族主要只从事农业，以面条为主食，以土豆为主要副食品。每年都会在农历正月屠宰猪，并且会在农历新年吃掉一部分。剩下的肉被切成大块并挂在横梁上。客人来的时候，取一份肉，煮一下，做成臊子，和面条一起炒。在面食中，"藏包"和"巴勒"是最有特色的。副食品中有白菜、萝卜和自制泡菜。比较著名的地方风味食品有下列几种：藏包子、贴锅巴、蕨麻饭、虫草炖雪鸡、蘑菇炖羊肉、夏河蹄筋、火烧蕨麻猪等。藏族通常是一日三餐，忙碌时是四到五餐。在牧区，牛奶、肉类和糌粑是牧民的主要食物。面粉和米饭只是偶尔吃，蔬菜和水果甚至更少食用。牧民们最喜欢的食物是"手抓羊肉和手抓牛肉"，主要饮料是奶茶和砖茶，基本上一日三餐饭后喜欢喝酸奶。牧区很少生产酒精，只有少数人会用青稞酿造青稞酒，所以藏族饮用的酒主要是从其他地方购买的。与此相比，城市居民的饮食更加丰富。除了吃糌粑和酥油外，他们经常吃米饭，白面和蔬菜。尽管如此，甘肃省藏族的饮食的最大特点还是与肉类、牛奶和乳制品密不可分。无论是城市，农业区还是牧区，不可能没有肉类，没有牛奶或没有乳制品。此外，酥油茶、奶茶、甜茶和青稞酒等也是必不可少的。由于生活环境和文化背景的影响，甘肃藏族饮食的各个方面，如礼仪、习俗、禁忌等，都有各自的特点但也受西藏藏族的影响。例如，藏族自古以来就根据自己的不同身份和地位提供饮食礼仪。日常的茶也像一顿饭，喝茶时，不要太焦虑或太快。你不能一次喝完所有，必须先轻轻地吹掉茶上的油，然后喝几次，绝不能发出"吱吱"的声音。喝完茶后，在碗留一点茶，表示礼貌。同样，你吃饭时也不能咀嚼出声音。在递米饭、茶、酒，肉的时候你应该用双手握住。当你吃肉时，你不能把刀指向客人。家里的厨房一般没有破裂的碗、杯子、碟子或勺子。大多数藏人信仰佛教，所以饮食文化深受宗教影响。藏传佛教认为藏历每月8日，15日和30日为吉日。在吉日或重大宗教节日期间，许多人不吃肉，吃素食。在饮食禁忌症方面，不吃马、驴、狗肉等。有些地区很多人不吃鱼、鸡或鸡蛋。

　　土族人民的饮食习俗中保留了不少早期畜牧业时代流传下来的古老风俗，同时，在生产生活中，长期同汉、藏民族交错杂居，共生共存，因而饮食方面有了新的变化。土族是一个重礼节、好宾客的民族。欢迎五湖四海的客人，并且非常热情。土族人经常说："客人们来了，福就来了！"商代早期的土族祖先从事畜牧业为主要经济产业，饮食结构自然以肉类和奶酪为主。游牧经济转向农业经济后，土族人的饮食结构也出现变化。从肉类和奶酪转向农作食物和谷物类食物，这种深刻转变逐渐发生全面变化，但在风俗和习惯方面仍然保留着畜牧业的痕迹，这表现在奶茶、酥油、糌粑和羊肉还占据主要的饮食习惯。节日期间有更多类型的食物。春节主要是炸油馍馍。种类有盘馓、馓子和油果等。一般来说，也可以吃大块的肉和手抓羊肉。大多数晚餐都吃细长的面条。端午节食用油炸韭菜盒子，凉饭和凉粉为主要主食。中秋节一般由月饼和熬饭组成。千层月饼是一种直径约一尺的蒸月饼。它的颜色装饰是使用了姜黄粉、红酵母粉、香豆粉和其他彩色香料。把面捏成各式各样的花卉图案，蒸出来的月饼就像盛开的鲜花，色彩鲜艳，味道独特，十分不错。熬饭是一种混有洋蓟、萝卜、甜瓜、粉丝和肉的汤饭。特色小吃包括：煎饼、炒面、黑麦卷饼和炸面包子等。土族的饮料当首推酩馏酒。此酒在过去几乎家家都有酿造，主要原料是青稞。每天清晨喝一杯，可治老年慢性支气管炎。土族人没有喝白开水的习惯，黑砖茶熬成的酽茶是每日不离的饮料，调上牛奶、酥油乃为上乘。土族人也喝麦茶，做法是将小麦炒黄，粗粗粉碎，加上熟羊油添水熬成，加进姜粉、花椒粉和食盐等调味品。麦茶性热，宜于冷天饮用，特别适用于坐月子的妇女饮用，也适应于胃寒体弱者。

回族分布较广，食俗也不完全一致。甘肃和青海的回族人主要以小麦、玉米、大麦和马铃薯作为日常主食的原料。油香和馓子是回族人人都喜爱的特殊食物，对亲戚朋友来说这是节日和礼物必需品。民间特色菜包括酿皮子、拉面、面片、炒肉面、豆腐脑、牛头杂碎、碎肉拌面和臊子面条。大多数人一年四季都备有发酵面供随时使用。城市里生活的回人一年四季都习惯喝奶茶。肉类主要是吃牛羊肉，有的还吃骆驼肉，并且吃各种有鳞片的鱼，如北方产的黑鱼、鲢鱼、黄河鲤鱼等。鸽子被甘肃回族认为是圣鸟，可以饲养但不能轻易食用。如果患有重症患者，在征得伊玛目（宗教专业人士）的同意，才可以将其作为补药食用。回族人拥有熟练的烹饪技术，如油炸、煎、煨、炒、爆、烤等，不同风味的清真菜主要是用发菜、枸杞子、牛羊肉、牛羊蹄和鸡肉等主要原料。西北地区的回族人也喜食泡菜。回族人的饮料有很多种类，但是原则上不使用不洁净的水。在水源区域禁忌洗澡、洗衣服，并且不能在人们饮用水旁边倒污水。回族的典型食物有：清真万盛马糕点、羊筋菜、金凤扒鸡、翁子饭团和绿豆皮。生活在城市的回族通常一日三餐，大多数早餐在家里煮熟牛肉和羊肉，或炒酸菜、牛肉、羊肉、花生吃。饮食习惯更受居住地的影响。例如，在西北地区的农村地区，第一，主食不仅有米饭还有面条。面食是回族的传统主食，它的风格多样，香味和技术也是无与伦比的，展现了回族人民的智慧。据统计，在回族饮食中，超过60%的食物是面条，第二是甜食占据一定的位置。这与喜欢吃甜食的阿拉伯穆斯林有一定的关系。第三，菜肴中牛肉和羊肉的比例非常大。回族人特别喜欢吃牛羊肉，这与伊斯兰饮食有关。伊斯兰教主张吃肉类，如牛肉、羊肉、鸡肉、鸭肉和鱼肉，并禁止吃猪肉、狗肉、马肉和驴肉。回族最喜欢的传统饮料是茶，茶既是回族人的日常饮品，也是招待客人最珍贵的饮品。碗茶由三部分组成：托盘，茶碗和茶盖，因此被称为"三泡台"。在炎热的夏天，一碗茶将成为回族最好的解渴饮料。在寒冷的冬天，村里的回族人早上起床，坐在炉子周围，或者烤几片馍馍，或者吃一些饺子。回族还有吃"宴席"的风俗，一般是有红白事的时候举办，主人用"九碗三行"来招待客人。宴席的菜排列很有讲究，九碗菜排列成横竖三排的正方形；做法上也很有讲究，所有的菜都不用油炸，而是用蒸、煮、拌的烹饪方式。

撒拉人习惯于一日食三餐（当农场忙碌时，视情况而定），主食主要是面粉。通常做成花卷、包子、馒头、煎饼、面条、拉面、面片、散饭和搅团等。在一年一度的斋月期间，一天只吃两顿，通常是早上和晚上食用，但是食物比平时要更丰富。牛羊的头和蹄也是撒拉人普遍喜爱，撒拉人会把牛羊的头和蹄清理干净后用碱性水冲洗，然后放入锅中煮，其间还会加入一些小麦，最后用胡椒和盐进行调味。撒拉人吃饭时，家庭主妇会把盒子里的牛羊肉逐一取出，分发给大家，眼睛通常会让老人吃掉，这是撒拉人的习俗。在屠宰牛羊的当天，撒拉人还会用碱性水冲洗牛羊肠等，然后将牛羊的心脏揉成碎肉，拌入面粉和切碎的葱花等，小心地塞进牛、羊的大肠中密封，做成美味的牛羊肚子汤，热情的主人还会把它送给邻居家里品尝几碗。麦仁饭是葬礼期间做的一种食物。哀悼者先将小麦捣碎，然后将牛羊肉切成约三指大小的肉，一起放到大锅里煮，并加入食盐等调料。一切准备就绪后，会专门有人通知大家，村民们接到通知后，他们带着自己的碗筷来吃麦仁饭。吃完之后，每个人还会拿一块肉，带一碗麦仁饭回家。根据伊斯兰教义，撒拉人严禁饮酒，一般不在撒拉族宴会上准备葡萄酒。日常饮料除了喝奶茶外，也经常喝小麦茶和果叶茶。制作小麦茶时，将小麦颗粒烘烤并粉碎，并将盐和其他成分加入锅中煮熟食用。小麦茶的味道类似于咖啡，甜美可口。果叶茶是由干果和半焦的果树叶制成的，喝起来有一种独特的味道。

东乡人的日常饮食原料主要由小麦、大麦、玉米、豆类、小米、荞麦、胡麻和甜沙的"东乡土豆"组成。东乡县的土豆富含水分，淀粉含量高，是东乡人的主食。马铃薯也被制成点心、粉条和其他食物，非常受人们的欢迎。此外，东乡人还吃"栈羊"（东乡独有的一种清新可口的羊）肉、牛肉、鸡肉、鸡蛋、蔬菜和甜瓜。东乡人一日食三餐，食物和更多成分的组合是他们饮食的一个显著特征：炒青稞面与拌胡麻混合煮的稠汤；嫩麦穗需要研磨煮熟成"麦索"，加入食用油、辣椒、大蒜，再用青稞、豆子混合磨粉，用酸浆水和匀做成面疙瘩，将面粉混合成糊状，加入切成丁的土豆和"酸浆水"制成的"散饭"；稠面浆配着韭菜、胡萝卜、咸菜、葱花、辣椒、大蒜、酸浆制成"搅团"；牛羊肉煮的汤和各种食物做成了叫"罗波弱粥"。在日常饮食中,东乡人特别喜欢土豆制品,几乎离了土豆就没有食物。有时用火烘烤,有时和羊肉炒,有时与青稞、酸菜、大蒜混和煮者吃,是百吃不厌的。东乡人盘腿坐炕上吃饭,女人通常在厨房吃饭。当客人来到你的家,请务必让客人坐在首位,然后用茶、麦索、面饼和辣子炒土豆招待客人。鸡在东乡人的眼中地位也很高,待客或喜庆的日子,鸡必不可少。东乡人的肉制品,特别是手抓羊肉,非常有特色。煮熟的羊汤,加入一些肉和各种香料,非常美味。在每个节日,东乡人都要摆"古隆伊杰"筵,意思是"吃面制品"。主要食物是油炸馍、麻贴(花小包子油馍)、糯酥傲、仲卜拉(大约3公斤的白面薰馍)、拉拾哈(刀切面)、锟锅(果糖蛋奶馅发酵饼)、荞麦煎饼、芽尝、米面窝窝等。此外,还喜欢吃美味、肉质鲜美的粥,比如罗波弱粥。东乡人招待客人最隆重的仪式是"端全羊",把整只羊煮熟按不同部位切好依次上桌。东乡人招待客人时主要用油香、发子面肠、烹调羊肉,最后压轴的菜是鸡。东乡人还会给客人准备茶碗,在茶碗里放上茶、冰糖、杏干或红枣、葡萄干、杏干等,被称为"三泡台"。

保安族的主要食物也是面食。他们经常吃馒头、花卷、煎饼、包子、面条、面片、拽面、面条汤、浆水面、馓子、凉面、搅团、炒面和炸面筋等。土豆也是保安族的主食,主要做法是用盐水煮土豆,或者做成土豆泥,或者用土豆和洋葱、羊肉混在一起做成包子、煎饼等,味道鲜美。保安族更喜欢吃绿色玉米穗,也就是嫩玉米,偶尔也会用玉米面做饭。保安族人还喜欢吃雀舌面,即碎饭,是一种面制品,制作方法是先将面团擀成大片,然后折叠切成舌头大小再煮熟。此外,保安族主要在冬季食用炒面。保安族深受伊斯兰教义的影响,不允许吃猪、马、驴等肉。保安族纯肉类食品也有很多,如手抓羊肉、碗茶(煮熟的牛羊肉切块,放入胡萝卜、土豆、面条、用牛肉和羊肉汤煮)、各种汤类麦粒(谷物、蹄和内脏)混合菜肴、炸鸡、煮全鸭等。其中最有名的是羊羔肉,原材料是2龄的肥羊,整只洗净煮熟,然后根据肋条、背部、前后腿、髋、颈、尾部切割，每道菜都装在一个盘子里，配上调味料。保安族在接待客人时也有一些特殊的饮食习惯。来自远方的客人将会获得热情款待，主人先把客人带到座位上（也就是木墙的左侧）开始喝茶，然后再吃饭。午餐前，根据保安家庭的规定，老人或家庭主人必须背诵一段《古兰经》，这意味着上帝给了我们食物，之后可以开始食用。如果它是馍和饼等基本食物，主人必须掰开。然后，客人可以食用。否则，被认为是不懂规矩。通常，一餐中有三道菜：第一道是馒头或百吉饼，第二道是简单烹饪的羊肉或鸡肉，最后一道是精致口味细丝面条。如果是贵宾，店主还会用鸡尖以表示尊重。如果来访客人是男性，家庭中年轻和中年女性不能出现在男性客人面前。她们一般是在厨房忙着做饭或在厨房里休息，在客人离开后才露面。

哈萨克族的饮食习惯与其畜牧业经济发达关系密切。哈萨克族畜牧业的生产方式，让其饮食也充满了丰富的游牧生活的习惯特点，主要食物来自牲畜。牛奶和肉类是哈萨克日常生活的主要食物，其次是面食和蔬菜。肉类主要是绵羊肉、山羊肉、牛肉、马肉、骆驼肉，最常见的肉食是手抓肉、烤羊肉。野兽和野禽也是肉类补充品，烹饪方法主要包括烹煮，烟熏和烤。哈萨克族人信仰伊斯兰教，不吃猪肉，不吃非自然死亡的牲畜肉，禁食所有的动物血。芳香奶油茶是哈萨克族人的每日饮品，被称为"卡依依苏"。在一日三餐中，两餐以茶为基础，配以馕或炒面。只有晚饭会吃肉、面条、馕饼等。一般来说，最优选的牛奶、山羊奶会被用来制成特别的奶茶，奶茶对于一日三餐都是必不可少的，当然，奶茶中马奶和骆驼奶占比也很大的。乳制品包括黄油、牛奶、奶豆腐和松脆的奶酪。主食有那仁、拉条、面条、包子、馓子、油馃子、馕饼、抓饭、油性果子（包尔萨克），而最有特色的是那仁。马奶酒是哈萨克人招待客人的珍贵饮品，它对胃比较好，每个人都喜欢喝。用于长期保存的肉制品，以及哈萨克人喜爱的食物，在哈语中被称为"索谷木"。冬季的牛羊都很肥美，哈萨克人会在这个时候杀一些牛羊，还会熏烤马肠子。在游牧期间哈萨克族饮食习惯类似于藏族的习惯，这也是大草原人民的独特魅力。在长期的游牧生活中，他们喜欢加工乳制品，如酥油、奶皮、奶酪、奶酒和山羊奶酸奶。在饮食禁忌方面，哈萨克族与回族和维吾尔族基本相同。他们不允许使用他们的手背拨弄食物。当主人做饭时，客人最好不要随意移动餐具。茶不能只喝一半，主人给的肉必须高兴地接受，不吃的话主人是不开心的。在吃饭或喝茶时，不能踩到桌布上，不允许跨越桌布。不允许年轻人坐在餐桌上位，不允许将自己碗里的食物分发给其他人。

裕固族人属于游牧民族，每天吃三茶或两茶。主食是米和面，副食品是牛奶和肉。早茶是一杯茶，调入盐和奶，搅拌均匀、煮沸或者是将炒面放入碗中，加入楚里麻（西藏名为"曲拉"，意为牛奶渣）、奶酪皮和酥油，然后倒入沸腾的水，搅拌成糊状饮用。中午喝牛奶，然后有些人吃炒面，有些人则吃热面、烙煎饼。下午回去再喝奶茶。在夏季和秋季，裕固族喜喝一种名叫楚扎克米汤的饮料，用酸奶和米汤混合制成。下午会吃一碗含糖的楚扎克米汤，避免饥饿或口渴。晚上回来清理和收拾的时候，全家人一起做饭。一般来说晚饭会吃面条、面片、拉条子或锅盔。裕固族最喜欢吃的是手抓羊肉。如果再喝几杯青稞酒，他们会更心满意足。由于天气寒冷的影响，裕固人喜欢含酒精的饮品和抽香烟，以缓解疲乏和抵御寒冷。裕固族是一个好客的民族。如果家里有客人，主人会在早茶中加入煎蛋以表示尊重。主人邀请客人共进晚餐时，客人无须起来干活。每次有重大的活动，客人都会向主人送白色哈达，主人并举行宴会。宴会结束后，客人还会收到"羊背子"作为礼物带回来。羊背子是按照客人的身份，把羊分为12个相等的部分。后臀带尾部部分是头等前子，被发送给当地有声望的人或亲属；胸部是三类背子，会交给亲友；朋友和家人除了羊的小腿骨部分不能做背子，其余的是三等背，适合普通客人。

肃北蒙古族自治县位于酒泉西南，是甘肃蒙古族人的主要居住地，主要从事畜牧业，养殖骆驼、牛、马和羊。他们主要吃肉类（蒙古语称为"查干益德"，也就是红色食物）和乳制品（蒙古语称为"乌兰益特"，也就是白色食物）。蒙古族人主要喜欢吃牛羊肉、灌肠，喝茶、奶茶、马奶酒等。手抓肉是蒙古族的传统吃食，也是招待客人的首选。手抓肉的做法是将牛羊肉切块后直接放入清水锅中煮，其间不用加任何调料，煮熟捞出就可以直接手拿着食用，或者是用刀切片食用。灌肠也是蒙古族的传统吃食，有血肠和肉肠两种，主要是将牛羊的内脏和血液混合在一起制作成的。蒙古族的奶制品也有很多种，主要是奶皮、马奶酒、酸奶和黄油等。其中酸奶是蒙古族牧民制作的优质饮料，非常受欢迎。制作方法也很简单，将鲜牛奶放入锅中烧开，然后放凉发酵即可，或者是将鲜牛奶放在有阳光或者高温的地方让其发酵。酸奶的营养丰富，有助于消化。蒙古族的日常饮食是一日三餐，早上基本是酥油茶，中午是茶、炒面、饼子之类的，晚上吃的比较好，多是手抓肉、饺子之类的。过节时，主人也会炸油馃子给客人吃。[①]

第三节 七彩霓裳：服饰文化

甘南藏区的藏族女子的服装主要是圆领羊皮袄，长袍的下摆和脚踝相齐，腰间系彩色腰带，冬天戴狐狸毛皮帽子。卓尼妇女一般是梳三根辫子，头顶和两耳的辫子绑在一起，系上名叫"龙达"的软布条，末尾会装饰琥珀、碧玉、珊瑚、银盾和一排方形银花，中间有一条小珊瑚绳。珠宝的最高品质是金银、猫眼、绿松石、珊瑚、碧玉等。牧区的藏族女子流行碎辫子的发型，她们的头发被梳理成许多小细辫子，然后形成一个或两个大辫子，用红绿丝线在下端接上，再装饰上各种饰物，如银盾、贝壳、银元、珊瑚等，挂在

[①] 高小强、铁文英：《甘肃少数民族文化概论》，中央民族大学出版社2015年版，第199—202页。

后面。女子所戴的项链通常用珊瑚、绿松石、水晶、玛瑙等制成，并用1—4根绳子穿起来。家庭富裕的女子还会戴黄金首饰的项链，从数千元到几万元不等。随着天气的变化，藏族男子的服装全年都在变化。在春季和夏季，身体的上半部分通常先穿带有棉或白色珐琅的短腰衬衫，左侧较大，右侧较小。然后再穿束腰的楚巴，两个袖子在前面的腰部交叉，长袍的下半部分及膝，在腰部形成"囊袋"以运送物品，裤子很宽，脚穿短靴，头戴毡帽。秋冬季的衣服由羊皮或人造天鹅绒制成。楚巴也是羊毛或羊皮制作的，头戴带有耳罩的皮帽，穿着长筒皮鞋或皮拖鞋。藏族喇嘛身着紫色背心、长袍，外披一张是身高2.5倍的紫红色披单，名为"袈裟"，脚穿喇嘛靴。通常，他们去寺庙时不戴帽子，特殊活动时候才会戴帽子。

土族服饰独具特色，尤其是妇女的服饰具有浓厚的民族风格。甘肃省土族服饰在各聚居区之间不尽相同，各有特点。天祝、永登一带的土族妇女头戴织锦镶边、帽檐翻卷的"拉金锁"毡帽，身穿两袖饰有红、黄、棕、紫、蓝五色彩布的花袖衫，上套黑色、紫红色和镶边的蓝色坎肩，腰上系一条宽而长的彩带，彩带上绣着花、鸟、蜂、蝶和彩云图案，下穿镶白边的绯红色百褶裙，裤子的膝下部分套有黑色或蓝色的一节裤筒，叫作"帖弯"，脚上穿绣有彩云的花布鞋。老年妇女不穿花袖衫，不系彩带。未婚姑娘梳一条由两鬓间和头中间梳过来的三条发辫合辫的大辫子，扎以绯红色头绳，并系一枚海螺片。据说这一带土族妇女在以前并不戴毡帽，而戴各式各样的首饰，称为"扭达"，有吐浑扭达、加斯扭达，雪古郎扭达、捺仁扭达等，其中吐浑扭达被认为是最古老、最高贵的首饰。近代以后逐渐不戴这些首饰，而多戴织锦镶边的卷沿毡帽。解放以后，天祝、永登一带的土族服饰逐渐发生了变化，很多女子改穿藏袍、戴藏帽，也有的穿汉族服装，少数女子尤其是散居的土族女子只有在出嫁时象征性地穿戴本民族服饰。积石山一带的土族青年妇女头戴凤凰首饰，叫作"凤凰三点头"，耳朵上佩戴"索洛珠"大耳环，上身内穿绣花大兜背心，外穿镶边的绿色夹袄，肩部套绣花披肩，前腹部系绣花围肚，下身穿绿色、红色、黑色的百褶罗裙，前后开衩。一般青年妇女穿绿色罗裙，中年妇女穿红色罗裙，老年妇女则穿黑色罗裙。妇女脚穿翘首花鞋。解放后，受到汉族的影响，这一带的土族妇女已多不穿本民族服装，而改穿汉式服装。卓尼县勺哇土族妇女的服饰具有民族特点，她们的首饰叫作"凤头"，是将前额的发丝分为左右两股，发股合成辫子向后系于银质地的圆盘形的"章卡"上，"章卡"正面雕刻着花鸟图案，发股上用叫"勒谢"的一条绿色带子，从前向后，再交叉绕回将两头在前额打个结，在头顶部从前向后戴由九颗圆形铜片连接成的饰物，叫"谢豆"，铜片凸面上镶嵌有10个珍珠似的圆点组成的圆形图案，在头顶部平插横竖二根铜簪子，前面一头伸出于前额，称为凤首，头饰整个形状像极了一只凤凰。女子的耳饰叫作"阿周"，由一个银质耳环套一个下端为半圆形银泡的长把耳坠组成，常将耳坠向上挂于两鬓间，在颈部还佩戴饰有珊瑚的银质项链，叫"几合特合"。妇女服装是内穿衬衣，外套两侧开衩的长衫，称为"扎西"，长衫边缘镶有花纹或氆氇边，衣领高而宽，两头各有一个饰有花纹的长方形银饰物，叫"板钮"，上面缝有珊瑚领扣。长衫的袖子宽大，袖口里缝结红边，穿着时将红边翻出外面。一般着长衫时外面还套一件无袖长衫，叫"达吾"，前领从正中开，分为两片，系腰带时将两片前襟各向两边上衬在腰带下，只露出两个三角形襟角。"达吾"两个腋下都开口，用红色带子系结。妇女穿宽裤，裤口绣五寸长的红边，一般穿的鞋子是平底长腰，中间锁梁，鞋帮绣着花鸟蝴蝶的图案。土族男子服饰和女子服饰相比较为简单，但也各具特色。天祝一带的青壮年男子头戴织锦镶边的卷檐白毡帽，帽子的后檐向上卷起，前檐向前展开，称之为"鹰嘴啄食"。老年人多戴礼帽，冬天戴皮帽。皮帽多用羊羔皮制成，也有用狐狸皮、兔皮等制作的。过去，男子一般在春、夏、秋三季身穿小领、斜襟、袖口镶有黑边的长袍，里面穿绣花高领的白色短褂，外套绣有花兜的黑色或紫色坎肩，腰系绣花长带，下穿蓝色或黑色大裆裤，小腿扎"老虎下山"（上黑下白）的绑腿带，脚穿花云子布鞋。冬天多穿白板皮袄，其领口、大襟、下摆、袖口一般镶有4寸宽的边子，富有者多穿绸袍及有大襟的绸缎背心、马褂。现在，天祝一带土族男子已普遍穿戴汉式服装。积石山一带土族男子，过去多穿长袍，戴礼帽，现在也基本穿汉式服装。卓尼县勺哇土族男子脚穿平底白帮，黑线锁梁的叫"沙亥"的布鞋，穿藏袍，戴藏帽，与当地藏族服装相同，而现在也多穿汉式服装。

回族服饰讲究整齐、美观、简朴、舒适、干净卫生。回族从回帽到回服，从色彩的角度来看，通常是白色、灰色、蓝色、绿色、红色、黑色等颜色，大多数是纯色，还有很多伊斯兰风格的花边或图案，如月亮和星星，文字写阿拉伯语"真主伟大"，"清真言"等。回族服装的主要标志是头部，男人喜欢戴白色圆帽。圆帽有两种，一种是平顶，另一种是六角形。甚至有些人也在圆帽上绣上一些漂亮的图案。回族妇女经常戴头巾。头巾也是备受关注，年长的女性戴白色，显得白皙大方；中年妇女戴黑色，看起来庄重而优雅；未婚女性戴绿色，看起来清新美丽。许多已婚妇女也会戴圆帽，有白色或黑色两种圆帽，一种是白色漂白布，另一种是白色或黑色丝绒，经常编织成漂亮的几何图案。在服装方面，回族老人喜欢穿白色衬衫和黑色坎肩（当地人叫"马甲"）。年龄较大的回族女性冬季戴黑色或棕色头巾，夏季戴白色披肩，并养成绑裤腿的习惯。年轻女性在冬天戴红色、绿色或蓝色头巾，夏天戴红色、绿色和黄色薄纱布头巾。山区的回族女性喜欢穿绣花鞋，并有佩戴耳环的习惯。甘肃回族男子的传统服饰比较简单，男子喜戴无檐白色，或黑色、棕色"号帽"。上衣多为白色对襟短衣，套黑色坎肩。裤子常见青布敞口直筒裤或灯笼裤。白袜子，白底青面鞋。每逢伊斯兰教节日，中老年男子喜穿对襟长大衣。近几年，回族男子服饰无论在样式还是在色彩等方面有较大的变化，西装、牛仔服、夹克衫成为其日常普遍的衣物。近十年，回族妇女的服饰款式与汉族妇女服饰相差无几，牛仔裤、西服、蝙蝠衫以及裙子等在城市回族妇女中普遍流行，成为一种新时尚。

由白衬衫、黑坎肩、腰带、长裤子"洛提"或鞋、白色或黑色圆顶帽组成的服饰是撒拉族男子的传统服饰。腰带大多是红色和绿色，裤子大多是黑色和蓝色。在冬季，男士穿浅色羊皮或羊毛棕色衬衫，而富裕的人则在衣服外挂上布料或毛料面装饰。妇女一般是短上衣，外面穿黑色或紫色坎肩，穿长裤和绣花鞋。喜欢戴金、银戒指，玉、铜或银手镯，银耳环和其他珠宝。头巾年轻女性戴绿色，中年女性戴黑色，老年女性戴白色。撒拉人根据不同的时间和环境，不同的经济生活方式，甚至不同的气候特征，创造出独特的民族服饰。根据中亚游牧民族的特点，服饰通常是：男子夹戴卷沿、羔羊皮的帽子，脚蹬半腰的靴子，身穿"袷木加"（类似维吾尔族的"袷袢"），腰上系着红色的腰带布。女子的服饰和男子的服饰有点类似，区别在于头戴一条红绿色的丝巾。男人通常也穿一件衬衫或罩衫、长裤，腰带为绸带的是富人，有的人头戴黑色或白色六角帽。年长的人穿着长袍，做祈祷时裹着"达斯达尔"（头巾）。青年男人喜欢穿白色汗褂衣，腰带上有着丰富的刺绣，黑色短坎肩，黑白相应显得清新、干净优雅，结婚时身穿红衣。不过，现如今在汉族人民的影响下，撒拉族的服饰也有所改变，大家也越来越喜欢穿中式服装，甚至是西装了。

东乡人的服饰与回族相似，但其特点非常明显。男士们多戴一顶"号帽"，这是一种用黑色或白色布缝制的平顶软帽，穿白衬衫、黑色坎肩、蓝色长裤，有的男士穿蒙古族男士服装，宽大的外衣系粗织的羊毛腰带，持有刀具和香烟钱包。寒冷的季节便再穿上小皮袄，一般不褂面子。皮袄分为两种，短款类似于短褂，长款和大氅相似，几乎所有皮袄都是斜襟的，为了方便工作，系宽腰带。老人服饰多以黑色、灰色和白色为主，冬天穿着羊皮袄。东乡女性身着"美丽"的花裙和绣花高跟鞋，身着"假袖"上衣。年轻的妇女喜穿红色或绿色上衣，外衣宽大，长裤至脚面，外加一个坎肩。冬天穿棉质裤子是同样的风格。在寒冷的季节，女性袜子和鞋子的颜色也很有考究。东乡女子的袜子是用黑布制成的，鞋子主要是蓝色和黑色。年轻女子喜在鞋头绣花朵。女士的珠宝主要有银耳环、银手镯。东乡族人民与许多民族生活相似，他们的服饰会受到许多来源的影响。东乡族人仍然保留着许多古代游牧民族的传统生活方式，过去他们的服饰风格是用头巾藏发，帽子的风格是蒙古族帽子的类型。东乡男青少年喜欢系一种两边窄中间宽有口袋可以装钱的刺绣腰带饰品。这条腰带被称为"鞑子花腰带"或"鞑子花裤带"，这也是来源于蒙古族。现在女性通常戴盖长及腰部的盖头，头发前部隐藏，只露出脸部。盖头分为三种颜色：绿色，黑色和白色。年轻女子和新婚妇女戴着绿色的丝绸和绿色缎面的盖头，少妇和中年妇女头戴黑色盖头，老年妇女戴白色盖头。盖头的颜色也是区分东乡族妇女年龄和婚姻状况的重要标志。在早期，女性也喜欢穿黑色高跟鞋。木制高跟，鞋上覆盖着一块黑色的布料，称为木底子鞋。"仲白"也是东乡人喜欢穿的一种服饰，穿时一定要保持干净整洁，因为"仲白"是去清真寺做礼拜的着装。当老年人参加婚礼、丧礼或拜访亲戚朋友时，他们也喜欢穿"仲白"。东乡族中老年人去清真寺做礼拜的时候一般头上都缠着"台丝达日"，是一种由白、黄色的绸、纱制成的缠巾。

保安族人的服饰深受当地的回族、东乡族的影响，基本与其无根本差异。未婚女子多穿各色鲜艳的上衣，头戴细薄材质、质地柔软、颜色透亮的绿绸制的盖头；少妇以及中年妇女平时多戴常见的白色布帽，出门时则戴黑绸盖头；老年妇女多穿着颜色较深的服饰，头戴白色盖头。保安男性，喜戴白色或黑色的"号帽"，里边穿着白色衬衣，外面套青色坎肩，在重大喜庆节日时，他们戴礼帽，身着黑色翻领大衣襟的长袍，腰上系着彩色腰带，系保安腰刀，脚上穿着高筒牛皮靴，显得威武潇洒、美观大方，极富民族特色。有人说这种袍子很像"藏袍"，但却比"藏袍"稍短，装饰着不同尺寸和不同色彩的"加边"。腰带的长度一般都是围腰三圈还须外露一尺,大约是一丈二尺到一丈五尺长。在冬天穿着翻领的皮袄,多是棕褐色。外出参加活动和探望亲戚时大多会穿中山服或便服。女性通常穿紫色或深绿色的外套,外面套一件坎肩,蓝色或黑色的裤子,一件过膝盖的长袍,袖子和裤子上都有不同的加边绣花。在节日庆典上,保安女性喜欢穿色彩鲜艳的衣服,下半身穿着红色的裤子。保安腰刀是保安族人智慧的结晶,也是非物质文化遗产。它造型美观、线条明亮、装饰精美、工艺精湛。它不仅是生活用具,而且是一个优雅的装饰品,也是送朋友和家人礼物的首选。因此,它受到西北各族人民的欢迎,在阿拉伯国家也是小有名气。它非常锋利,刀片边缘不会卷起;将头发放在纸上并用口轻轻吹,头发就会立即断裂。然而,最引人注目的是腰刀的手柄。手柄镶嵌有各种类型的锦缎,图案华丽,很是奢华漂亮。[①]

哈萨克族长期居住在山区、戈壁和高寒山区,并有长期游牧的习惯。哈萨克服饰的特征与其游牧生活所在的较远的高山牧场息息相关。大多数哈萨克族服饰是捕获野生动物和牲畜的皮做成的,最常用的是狐狸毛、貂皮和羊皮。为方便骑马,哈萨克服装比较宽大,也喜欢系腰带。皮大衣主要有两种类型:带布面的叫"依什克",不带布面的叫"托恩"。此外,还有一种带有棉绒或骆驼毛的大衣叫"库朴"。不同的季节穿不同的服装,在冬季,御寒的衣服主要由几种动物皮组成。戴一顶叫"图马克"的帽子,这是一个带有长尾扇的四棱针顶帽。左侧和右侧有两个耳罩。帽子是由麂皮、水獭皮和羊羔皮制成的,但面子都是丝绸和各种颜色的绸缎,上部装饰有羽毛,非常受欢迎。另一种帽子是"焦图马克",里衬缝合狐狸毛或黑羊毛皮,面上仍然使用各种颜色的丝缎装饰。帽子制作过程简单,质地柔软,适合所有季节。鞋子穿短靴或过膝的长靴。在夏季,阿克塞地区的哈萨克牧民大多是光头,用三角围巾系头,被称为"吃特"。在夏天穿布衣,通常是在内里穿白布高领衬

---

① 杨文炯:《保安族服饰文化解读》,甘肃人民出版社2011年版,第94—98页。

衫，套上坎肩，外面再套上长大衣。无论冬天还是夏天，领子和袖口都镶有条纹，边缘和侧面装饰有图案和花纹刺绣。牧羊人也喜欢在松散的上衣上系腰带，腰带多为牛皮，还挂着精致的刀具。牧人穿的靴子也有很多款式：一种是长腰的皮靴，直到膝盖，毛毡穿在靴子里，毡上覆盖着非常漂亮的羊毛；一种是低跟靴子，靴子柔软轻盈，靴子采用柔软皮革制成。哈萨克妇女的帽子不仅反映了哈萨克人的服饰文化，而且人们可以根据帽子的特殊装饰来判断女孩是否已经结婚。因为哈萨克族未婚女孩的帽子会插上漂亮的猫头鹰羽毛。"塔合亚"是单身女性戴的帽子。帽子由丝绸布料和水貂皮制成，帽子顶部有红色珠子或玛瑙珠子。还有一种叫"标尔克"的帽子，下边缘很大，上边缘略小，形状是圆形的，帽子很硬，猫头鹰羽毛插在帽子的上部，象征着好运气和幸福。哈萨克人早就认识到猫头鹰是一种有益的鸟类，认为它们是勇气、决心和进步的象征，所以猫头鹰的羽毛已经成为哈萨克儿童帽子中特殊装饰和单身女孩的象征。女性服装由丝绸、羊绒和棉花制成。女孩和年轻女性喜欢穿花色连衣裙和坎肩，且服装的衣领、袖口、下摆处多绣各种各样的图案。随着社会的发展，哈萨克的穿衣风格也发生了变化，除了在重大节日穿民族服装外，通常他们也穿汉族服饰和西式服装。

  裕固族的男女都穿着高领大襟长袍。男士系红色和蓝色的腰带，腰带上挂腰刀、火镰、小佛像等；女性的高领长袍下摆开衩，衣领、袖口、门襟处有刺绣花边装饰，系红色、绿色和蓝色腰带，腰带上系彩色手帕。夏季和秋季男性戴白色毡帽或平顶礼帽，女性戴红色帽子或编织帽子。女性首饰戴耳环，玉手镯和玉石或银戒指。裕固族男人在他们年老时也戴玉手镯、银手镯和戒指。据说戴手镯手臂不会病痛。戒指通常是一个大银戒指，有银制珐琅的，还有正中镶珠子的，戴在无名指上。老年男性也喜欢戴棕色玻璃眼镜。裕固族服饰保留了一些古代祖先的服饰特征，吸收了其他民族服饰的一些特色，形成了裕固族的独特服饰。随着社会的发展，裕固族社会的经济结构发生了很大的变化，除了畜牧业、农业、林业等其他行业得到了发展。牧区的裕固族人仍然穿着长袍和皮靴，而在农业区和村庄，他们穿着制服，只在节日穿着传统服装。裕固族女性喜欢戴帽子，由白色羊毛擀制而成，前缘镶有两道黑边，边缘不宽，后边缘略微扭曲，前边缘平整，帽子边缘还有红色流苏，有些还装饰有各种图案，非常别致。单身女孩和已婚女性的帽子略有不同：单身女孩前额戴"格尧则依捏"，下面边缘用红色、黄色、白色和绿色的长布饰上珊瑚珠中成的许多穗，像球帘一样垂在前额。梳五条或七条小辫，背面有彩色天鹅绒线，系在背后的腰带里；已婚妇女的头发首先被梳成三个辫子，一个挂在背后，左右辫由耳后的放在胸前。头面分三条系在辫子上，由金属环连接起来，上面镶有银牌、珊瑚、玛瑙、彩色珠子、贝壳等饰物。

　　蒙古族服饰的起源可以追溯到史前时代，取决于游牧民族独特的审美意图和审美意识。成千上万的蒙古族同胞在甘肃省肃北蒙古族自治县的 62000 平方公里的土地上繁衍生息。蒙古族北部的居民住在高原的山区，气候寒冷，骑马的活动相对较多。因此，他们的衣服具有很强的防寒效果，易于穿着和携带。肃北的蒙古族人多穿大衣，这些大衣根据季节而有所不同。一般来说，有三种类型：皮袄、夹层长袍和长袍。冬天穿上长袍，将下摆放在膝盖上，露出右臂，戴上"四耳帽"，穿绒面革或绒面革狐皮，皮靴和羊毛绒。在左侧皮带上挂上一把刀，在右侧带有火，在身体前部挂着一瓶烟草，并在内侧挂着玉和玛瑙。男子的脖子上戴着银色或青铜色的护身符，耳朵上戴着银色或象牙色的耳环，手上戴着银色的戒指。蒙古族男士服装和女士服装主要都是长袍，制作原料是动物的皮毛，方便游牧生活，也适合当地的寒冷气候。绒面革和水貂皮制成的条纹服饰不仅反映了主人的身份和财富，还具有抵御寒冷的实际效果。宽松的裤子配上长袍，适合当地的日常生产活动，如骑马和射箭等。蒙古族的女性的长袍还经常用彩线和彩色布条进行装饰，还会系上腰带显示腰线，脚穿软筒靴，非常美丽。蒙古族有独特的审美理念和精湛的传统工艺载体，他们的长袍不仅注重时尚风格，而且也很实用；不仅具有漂亮的外观，还会注意装饰线条的色彩搭配，还会装饰传统图案等。为了表达蒙古族人民的自由、和谐和幸福，形成了装饰性和实用性艺术形式的完美结合。蒙古靴的设计也非常精良，靴子的刺绣或剪裁都非常漂亮。蒙古族妇女喜欢各种珠宝制成的珍贵材料，如玉石、珊瑚、玛瑙或琥珀，会把它们做成项链和戒指等佩戴在身上，也突出了蒙古族服饰的文化内涵：简约、典雅、高贵、美丽。

第 六 章

甘肃民族的婚姻制度与人生礼仪

第一节 琴瑟合鸣：婚俗文化

藏族婚俗分为两种，有新旧之分。旧婚俗子女结婚多是父母之命，听取父母的意见，子女本身没有太多的意见和为自己做主的权利。新婚俗相比过去有很大的变化，新婚俗不再由父母包办，而是子女自由恋爱。男女双方自由恋爱、告诉父母、办理手续、成婚。但是新婚俗也要遵循祖宗定下来的婚礼程序（包括求婚、订婚等）。受到汉族婚俗的影响，藏族婚姻也规定禁止近亲结婚，父系亲属绝对不能结婚，母系亲属也要在四代以后才可以结婚。甘南藏族的婚俗不同于其他地方，有很强烈的地域特色，形式多种多样，内容也丰富多彩。在迭部、舟曲附近，男女双方通过交流沟通、对唱情歌的方式相互了解，如果了解后彼此有好感，男方会先告知自己的父母。父母通过人际关系进行多方打听，如果觉得双方合适，便要去寺院算属相相合与否。属相算好相合，男方父母便会找上一位与女方家相好的老人或是女方的舅舅来做媒人，准备提亲。媒人带着男方父母或男方的其他直系亲属，拿上一壶（铜壶为佳）青稞酒，壶柄上系一条哈达或红线绳，在酒壶的盖檐上抹三点酥油，前往女方家提亲。女方家会请来村子里关系好的邻居和直系亲戚，提前做好准备。提亲的队伍进了女方家后，媒人会介绍男方家中的所有情况，并把带来的青稞酒放到女方家堂屋家神（佛龛）前的柜子上。女方为了表示慎重，一般不会立马答应提亲，等上三五天或者七天后再答复男方。女方家如果同意提亲，会把媒人带来的青稞酒喝完，然后在酒壶里装上青稞等食粮，送到男方家。如此，男方家也就明白女方家是同意了此门亲事。随后，男方家根据实际情况，挑选吉日订婚。订婚的这天，男方会拿上青稞酒、牛肉、羊肉、猪肉、油饼、花卷、馒头，准备一些新鲜的水果、糖茶等作为礼物，去往女方家。到女方家后，会挑选一位懂仪式的人将酒倒入小龙碗或酒杯里，依次敬佛或保护神，女方父母和其他客人，仪式完成后，男方父母按同样的仪式再做一次，然后男女双方父母和媒人开始商议结婚的吉日。订婚这天，一般会来50—80人，他们都是男女双方的直系亲属和关系好的近邻。卓尼藏族的婚俗，在娶亲那天清晨，新郎进行一番打扮，带领一行人拿着礼品、哈达，骑着骏马去往女方家。到达女方家门口，先向迎达（女方人）献上哈达，互相表示致意，之后媒人先行进门，然后女方家的姑娘们向新郎及娶亲一行人泼水，表示洗去污秽、吉祥如意。这时大家行动要迅速敏捷，否则就会被淋得透透的，成为大家嘲笑的对象。娶亲人一进门，女方家就会摆上酒席，招待娶亲人和到来的亲朋好友。开席后，女方歌手会先献上一曲《出路歌》，然后男女方歌手以《斯巴》曲对唱。如果男方歌手对答不上，男方人会被女方人用抬杠子（戏称骑马）戏谑惩罚。之后在《血知》的歌声中女方家会选定沙目（阿舅，指送亲人，凡送亲去的人都被尊称为阿舅），和新娘的兄弟们组成送亲的队伍。巴沙（新娘）上马后，女眷们会唱《打巴顾》（即哭嫁歌）。送亲队伍出发后，男女双方英俊壮实的小伙子们便开始赛马，你追我赶，互不相让。队伍抵达男方家门口后，迎亲队伍要为阿舅敬酒。新郎站立门头，阿尼（长者）主持婚礼，依次转"夏卖"（用炒面做的施食）、剪绳子（黑、白色毛绳各一条，黑的在新娘手中，白的在阿尼手中，黑绳要剪断和施食一起投入火中，表示去邪气；白的则挂在门上，表示新娘已是男方家人）、致祝酒词等传统婚礼仪式。阿舅和新娘被簇拥着进屋后，入坐上席，男方家请的盖都（帮忙者）先端茶、递烟，之后上菜。上菜期间，每上一道，盖都都要说几句吉利话。吃完饭后，伯巴会组织歌舞节目，一个接着一个，通宵达旦。当晚，新娘在伴娘的陪伴下直至天亮，不进洞房。第二天早饭过后，新郎的母亲会带新娘去村里认沙巴（即本家亲戚），认沙巴后要带新娘去转灶房，熟悉一下家庭环境，然后举行告别仪式，新娘回娘家住一段时间。新娘回家前要和新郎举行拜天地仪式，男方的长辈向新娘的额头上抹上三滴酥油，意为祝福新人白头到老，长命百岁，同时为沙目抬交拉（即哈达、钱物等纪念品）。新娘在娘家住一段时间后，选定吉日，由娘家人陪同或由婆家人接回婆家，自此，新郎新娘开始一起生活。

　　土族一般实行族内婚制，由于同汉、藏民族杂居和人口较少的关系，也往往同汉、藏民族通婚，尤其是现在这种情况更为普遍。土族的婚恋习俗大致要经过请媒、定亲、送礼、娶亲、送亲、嫁娶、谢宴等程序。当子女到婚嫁年龄，父母便开始给子女挑选对象。男方如果看上了某家女儿，就找媒人带一包茶叶或一瓶酒前去女方家说亲，女方家收下礼物，就是答应了这门亲事，没有收下就是拒绝这门亲事。卓尼土族有自己的习惯，如果女方同意这门亲事，则会在说亲的酒瓶内装上青稞或小麦，然后在瓶口拴上白羊毛，托媒人送回给男方。男方得知女方同意亲事后，会再次托媒人带上酒、礼饼、衣物和少许现金到女方家正式订婚，正式订婚后男女双方的关系就正式确定了。订婚后，媒人和男方家人携带聘礼到女方家商定结婚吉日。卓尼、积石山一带土族习惯让女子在出嫁前的一个月不出闺房，专心绣花做衣、学哭嫁歌。土族的婚礼，自始至终是在欢乐祥和的歌舞中进行的。婚礼一般为三天，女方家一天或一天一夜，男方家两天。女方家在姑娘出嫁的头一天举办盛宴，这天男方会让媒人把连着三条肋骨的猪前腿、羊肉、花卷等礼物送到女方家，土族人称"麻泽份子"。麻泽日当天午后到傍晚前，女方家把姑娘的全部嫁妆摆出来展示，同时，女子的舅父会郑重地、大声地对他的外甥女吟诵祝福词。摆完嫁妆到傍晚时分，两位"纳什金"（娶亲人）、媒人和新郎携带给新娘的厚礼到女方家村子，快到门口时，年轻的姑娘们堵在门口开始和纳什金对唱"纳什金妥诺歌"。娶亲人进门时，姑娘们从门楼上泼水。娶亲人进门坐定受到款待后，姑娘们围坐在一起，用戏虐的口气对男方送来的礼物进行一番评论和挑剔，土语把这叫作"纳什金斯果"。卓尼土族在"纳什金"进门后，就开始让新娘改发式，土语叫"苏忽拉"或"苏瓦日"，穿戴婆家送来的新衣服，第二天早晨鸡叫头遍时，新娘穿戴整齐，上马启程，启程时要举行上马仪式，天祝一带要在堂屋桌子依次摆放藏文经卷、佛灯、柏树枝、粮食、羊毛、奶子、茶叶、筷子等。主婚人依次把摆放好的东西拿起来在姑娘的头上绕一圈，与此同时口中还要吟诵祝福词。纳什金则在院子里唱歌跳舞，主婚人拿起什么东西，纳什金就唱什么内容的歌，直至仪式结束。卓尼土族的婚礼习俗则不太一样，出嫁的姑娘先向家神磕头，之后由伴娘搀扶着退出家门。新娘的父亲或是长老在新娘的前面诵经开路，新娘的母亲用擀面杖顶住锅台，防止灶神和女儿一起走掉，新娘的长兄从右侧将新娘抱上马，姑娘们拉住坐骑唱送亲歌，以此来表达对新娘的美好祝愿。积石山土族的新娘在上马前，先坐在堂屋中央盛有粮食的升斗上，唱祝福歌，唱毕，将一把红筷子从头顶向后抛去。上马时女子们拉住马缰唱歌，新娘在马背上唱哭嫁歌告别。新娘上马出发时，新娘的舅舅、兄弟、姐姐亲戚等人会组成一支二三十人的送亲队伍，土族人叫"红仁切"。当新娘和"红仁切"们快到男方家时，天祝一带男方在数里之外迎接敬酒，"红仁切"们向敬酒者回一尺红布，土族人叫"斯木托斯乎"。男方在门前置盛满麸皮的升斗上插系有哈达的箭，另放一碗牛奶、柏树枝、一桶清水、红枣等，土族人叫"西买日"或"西弥尔"。"红仁切"到门前用柏树枝向四方洒牛奶，围升斗边撒麸皮边载歌载舞，新郎新娘手扶一只用红布裹着的瓷瓶，踩着毡慢步进入庭院。积石山一带则是男方在数里之外唱歌迎接"红仁切"们，在门前设宴敬酒，由新娘的弟弟坐在陪嫁箱上向门内洒酒祝福，然后男女双方边抬陪嫁箱边唱问答歌，进入庭院。新娘进入男方家后举行拜天地仪式，并答谢男方家人和媒人。谢完媒人，就请送亲人入席喝象征喜庆吉祥的红枣茶并宴请亲戚朋友，欢送娘家人当日返回。结婚后的第三天，新娘要带新郎回娘家叩拜父母。这天，两位新人一般是早去晚回，一起行动，不过也有新郎先回，新娘在家住几天再回的。到此，婚礼结束。①

婚礼，是回族人一生中的一个很重要的礼仪，所以对于婚礼，回族不但特别重视，而且有一定的讲究，婚礼的形式也多种多样。回族的父母们总把给儿子办婚礼看作自己的"人生大事"，看作自己的责任。通婚的范围也很有讲究，同乳的兄弟姐妹是不能结婚的。一般实行严格的单向民族内婚，结婚流程包括提亲、定茶、插花、娶亲等。回族人所信奉的伊斯兰教是一个严格的一神教，所以婚姻婚礼方面的习俗也与伊斯兰教有着密切的关联。成年男女可以自行择偶是伊斯兰教法规定的，不过在农村，实际上还是父母做主比较多，也经常出现未成年先订婚的现象。立主亲："主亲"由男方宗族或至亲好友中老成者并与女方相识或往来者组成，从中进行说合。一旦女方同意，即可进行"纳聘"，聘金或是牛、羊、马、骡，或是金银、衣物、钗钏、食物等。按规定，回族自由民可以同时娶2—4名妻子。但实际上，多数还是一夫一妻制。结婚按照教义还要有同教公证人证明。举行婚礼时，要请阿訇主持仪式。婚礼一般选择在"主麻日"。回族的男性看上了哪家的姑娘后，就要去提亲，一般他要请上至少两位媒人，一位代表男方这边，一位代表女方这边。代表男方的媒人去女方家提亲，一般会带上茶、糖等四色礼，同时会将男方的具体情况进行阐述，一般包括男方姓名、男方家庭情况和男方信教情况等。这被回族称为"说色俩目"或"道喜"。通常都是在主麻日（也就是星期五）定茶，这天，男方

---

① 李钟霖、李敏：《土族婚姻嫁娶礼仪全程扫视》，《柴达木开发研究》2013年第1期。

家会提前准备花茶、绿茶、龙井、毛尖等高中档茶叶,也会准备一些红白糖、桂圆、核桃仁、花生米、葡萄干、芝麻、红枣等,把它们分别取上一斤包起来,并在包上放一长条红纸来表示喜庆。回族的插花(订亲)也有不同的叫法,有的地方叫"提盒子",有的地方叫"纳娉礼",意思是为姑娘插朵美丽的花。插花一般也是在主麻日,男方的父母、奶奶、嫂嫂、婶婶和男方由阿訇带着前往女方家,女方家会请阿訇或者长者迎客。在此期间,双方定好结婚的大致日期,便于做好准备。婚后三天或七天,新娘要回娘家,这时需要新郎准备好礼品并陪同新娘,同时岳父岳母也要盛情款待女婿女儿,新娘家的亲戚也要请新郎和新娘去吃饭。

　　伊斯兰教对撒拉族的婚礼习俗有很大的影响,整个婚礼流程分为四部分:说亲、送定茶、送聘礼、举行婚礼。撒拉族的婚姻也是父母做主,实行一夫一妻制。撒拉族人认为成全一门婚事,就是积了一座"米那勒"(宣礼塔)的功德,因此他们以做媒为荣,男女皆是如此。撒拉族的婚礼一般都在隆冬举行。婚礼举行前,男方要先送聘礼给女方,再挑选吉日举办婚礼。送聘礼时声势浩大,至少有二三十人,多了近百来人,均是男性,不过聘礼并不用很多。娶亲的时候,男方家会备上骡子前往女方家。到女方家后,新郎和来迎亲的人都不能进女方家门,而是在门外休息,女方家会用油香等茶食招待,后到叔伯家住宿。第二天,女方家会设宴席款待他们,不过还是在门外进行。开席前,阿訇在院子中高诵婚经"尼卡哈",新郎跪在门外地上,新娘跪坐在家中炕上。诵经完毕后,会将盘子里装满红枣、核桃、糖果等撒给门外的人,吃完席后新郎和迎亲队伍就回去了。到了新娘出嫁的这天,需要亲朋好友以及附近的男女老幼都赶来,一边观看长辈给新娘梳妆打扮,一边认真地听新娘哭着唱"撒赫斯"(哭嫁歌)。到了黄昏,梳妆打扮好的新娘会由两位至亲的长辈搀扶着,哭着,慢慢地退出大门,然后在自家的门前绕三圈,撒出一把粮食,象征自家五谷丰登,到婆家生根发芽,最后带上面纱,骑着新郎家来迎亲的骡马,在至亲中已婚的两名妇女和其他亲朋的陪伴下拥送于婆家。在村里等着的小伙子们早已摩拳擦掌，对"挤门"（阻挡新娘入门）做好准备。对于新娘来说，这是她人生中最重要的一天，要足不沾尘，所以长辈会把新娘抱入洞房，但对于新郎这边来说，认为这种行为有损于新郎身价，日后会难以调遣和支配新娘，需要让新娘下马，于是迎亲队伍和送亲队伍你来我挡，互不相让，乐不可支，以至于送亲人要带新娘回去。其实这些都用不着过于担心，长者批评了这些人后，他们给送亲者赔礼道歉，然后大家和好如初，继续带新娘上炕入席。新娘开始用餐前，至亲长辈先给新娘送上美好祝愿，然后用筷子轻轻揭开新娘的面纱，撒拉语中称作"巴西阿什"，男方家会破费收回这双筷子，因为它象征着幸福与吉祥。餐毕，就需要向新娘索要喜钱，新郎家的妯娌会端来一盆净水，然后用筷子或手搅动盆里的水，随后将铜板丢入水中，意为婆家清白如水，希望新娘安心扎根，结出硕果，撒拉语叫"盖吉尔桥依"。同时，青年人会给新郎的父亲、哥哥、阿舅脸上涂满锅灰，头上找一顶破草帽带上，在眼睛处挂个空心萝卜做成的镜子，用木棒抬起来，或骑着牦牛满地转圈，闹得如火如荼，收到满意的喜钱后才会结束。紧接着，会表演"骆驼戏"和"宴席曲"。第二天早上，娘家让大家观摩欣赏出自新娘之手的鞋袜、枕头等刺绣，这些都是新娘的嫁妆，新娘也要给新郎的至亲长辈们拜礼。同时，男方也拿出一部分钱财，对新娘家长及至亲们的深厚情谊进行表示，到此，婚礼才算圆满成功。

保安族的婚俗习惯和其他民族不太一样，他们主张早婚，一夫一妻。保安族的女子15岁就可以成婚，男子17岁可以成婚，他们认为"早生子女早得福"。保安族的婚姻以父母包办为主，媒人说合，婚礼流程和信仰伊斯兰教的民族相似，分为四个部分：媒人说亲、下聘礼、认亲、结婚。如今保安族的早婚现象有所改善，不过依旧由媒人说合，一般是男方请媒人说合。彩礼比较多，费用较大，比如手茶（干礼）一项，最少也要50—100元。婚礼举行的日子都选择"主麻日"（每周五）或三、六、九单日举行。婚礼是男方家最热闹的时间，村里的年轻人都会过来闹一闹宴席，增添节日的气氛。院子里面张灯结彩，年轻男子们会点上一堆火，烧上铜壶茯苓茶，参加婚礼的人边喝茶边说笑，快结束时，所有的小伙子互相搭着肩膀，一边跳舞一边唱着《宴席曲》，直到午夜结束。客人们离开时，主人会用红枣、核桃招待，互相恭喜几句，至此结婚的流程就结束了。第二天，男方家会宴请新娘的母亲、舅舅等，席后，男方的长辈会给新娘的母亲"抬钱"。临走前，双方长辈互相说一番客气话，表示两家正式成为亲戚。第三天，男方的姐姐、嫂嫂、婶婶等陪同两位新人"回门"（去女方家）。到女方家后，先"转客"，然后在女方家吃酒席。《宴席曲》，顾名思义，是保安族人民在婚礼宴席间唱的歌曲。此外，保安族的婚俗还有自己独特又有趣的礼仪。一个是在娶亲过程中的要"奴工木哈钱"（保安语，即买羊羔的钱），这个仪式主要是为了增添节日热闹的气氛，当娶亲人坐下后，女方家的年轻人就会拿着有锅灰的布去到娶亲人在的地方，向他们讨要"奴工木哈钱"，如果他们没有得到满意的结果，还会把娶亲人中的一个抬到院子里，脸上抹上锅灰进行戏弄，甚至还会把他高高抛向空中，好不热闹。如果恰巧新郎家也在附近，没有满意的他们甚至会去给新郎的亲人脸上也涂抹锅灰。另一个是保安族人结婚时，无论是男方家还是女方家大门口和屋子的门上都会贴上红色的对联，对联上的内容大都是对真主和神的赞美之词，也会有一些美好的诗词。

蒙古族的婚姻为一夫一妻制，有同姓不婚的习俗。过去婚姻多由父母包办，普遍会送彩礼和陪嫁妆。解放前，在一些地区依然存在兄终弟继、招婚入赘、名义夫妇、姐妹同嫁兄弟的风俗，王公、贵族、牧主、地主一夫多妻的习俗也依旧保留。蒙古族家庭成员包括夫妻和未婚子女，儿子成家立业后会另立蒙古包，并且驻扎的地方离父母的蒙古包也很近，还可以一同走"敖特尔"（游牧），然而几代人同处一室的大家庭也依旧出现在农区以及半农半牧区。对于财产继承这一方面，根据分家分出的是长子，留幼子继承"火灶"的习惯,旧时的贵族都实行长子继承制,而平民中大多数是由幼子继承。蒙古族的分布范围受它的地理环境影响,非常广阔,所以蒙古族的婚礼形式也存在些许差异,不过都是盛大隆重的。蒙古族的婚礼充满纷繁复杂的程序,大致包括说亲、相亲、订婚、下聘礼、许婚筵、迎亲、送嫁、举行婚礼。若有蒙古小伙子看上了哪家姑娘,在订婚之前,需要托媒人把白糖、茶叶、胶等物品(这些都象征和谐、甜蜜、旺盛)用一块白手巾包着去女方家说合,女方收下东西,就表示同意两人的婚事。同意之后,男方和他的父母带着哈达、奶酒、糖块之类的礼品去女方家向女方求婚,多次求婚才能订婚。订婚礼女方家收下后,男方还会给女方家送三次酒,这三次酒如果女方家都收下并且喝完了,这门婚事也算是定下了。[①] 临近婚礼,男方会再送一次礼,普遍都是煮一整只羊,外加酒、茶、哈达等。女方热诚款待送礼者,双方进行祝酒,并且口颂吉祥语句,对歌庆祝。蒙古族举行证婚宴,会在男方家举行。由主婚人、新郎等十二人组成,寓意十二属相齐全。在主婚人的主持中献过茶酒后新郎向新娘的母亲赠礼。迎娶都是在女方家举办,新郎先向女方客人敬酒、献哈达。新娘梳妆打扮后,在新郎的陪伴下向所有的客人问好。男方和女方的父母都会为两位新人献哈达、赠送礼物。婚后两位新人还会分食煮熟的羊心,表示同心共德。蒙古族的整个婚礼仪式都充斥着牧区独有的民风。

哈萨克族的婚姻是一夫一妻,旧时也出现过一夫多妻现象。哈萨克族相同氏族的人内部禁止通婚。旧时哈萨克族的婚姻是终身的,中途不能离婚,如今在时代和其他民族的影响下,结婚和离婚已经不受限制了,但还是很少有人会离婚。哈萨克族的婚礼流程中有很多游牧民族独有的特色,流程包括提亲、订婚、婚礼等,其中最为隆重的是婚礼。男女双方决定议亲后,男方会给女方家送彩

[①] 龚强:《黑龙江冰雪文化礼赞(五十三)——马背上的英雄民族蒙古族》,《黑龙江史志》2010年第14期。

礼，在女方家举行订婚仪式，女方父母会招待男方，并给他吃羊胸叉肉，表示认可两人的婚事。此后，男方可以自由前往女方家中。婚礼当天，新郎会在亲友的陪同下到女方家中迎接新娘，女方家人会设宴盛情地款待他们。新郎来时还会带上一头牲畜，叫"欧因开迭"（哈萨克语，意思是吃喝玩乐和感谢）。新郎的亲友会在新娘的毡房边唱《萨仁》和《加尔歌》，也会和女方的亲友对唱。[①] 新娘当天不会去新郎家，还会在自己家住两天左右。到了举行结婚典礼的这天，新娘在伴娘的陪伴下来到新郎父母的毡房里，举行"拜火"仪式，主持仪式的人会向新娘送上祝福。然后举行"揭面纱"仪式，这个仪式是由一位幽默、反应快、会唱的青年男子主持的，他会拿着扎有彩色布条的小木棍在新娘面前唱《别塔夏尔》，即"揭面纱"歌。"揭面纱"歌有固定的曲调，内容也很丰富。主要包括：对新娘的欢迎，对新娘美貌的夸赞，对新娘日常生活的告诫，对新娘未来生活的祝福等。唱完歌后，主持人用手中的小木棍轻轻地揭开新娘的面纱，客人纷纷过来看新娘，和新娘开玩笑，节日气氛更加浓郁。典礼这天晚上，男方家还会举办晚会，款待客人们。宴会上客人们载歌载舞，十分欢闹，人们还会弹起冬不拉，表达对新人的祝愿和对美好生活的期待。哈萨克族的家庭都是小家庭式的，一旦结婚男子就会获得一些财产，离开父母建立自己的毡房，开始自己另一个小家庭的生活。哈萨克族的男性在家中有很高的地位，是全家的决策者。

裕固族传统的婚姻习俗分为正式婚姻和非正式婚姻。如果是明媒正娶，称之为正式婚姻。勒系腰婚姻、帐房杆戴头婚姻、入赘女婿婚姻、童养媳婚姻、小女婿婚姻和养女婚姻均被为非正式婚姻。裕固民族严禁同一姓氏同一宗族之间的通婚，实行宗族外的婚姻制度。裕固民族每个宗族的名字，就是本宗族的姓氏。即使不是同一

[①] 阿利·阿布塔里普、汪玺、张德罡、师尚礼：《哈萨克族的草原游牧文化（Ⅳ）——哈萨克族的衣、食、住、行及婚丧等生活文化》，《草原与草坪》2013年第1期。

宗族，辈分不同人之间也是不能够结婚的，违反者不但要受到社会的压力，而且还有离开宗族的危险惩罚。过去，男女之间的婚姻一定要匹配，无论是财力还是权力。没有子女的家庭一般来说婚姻采用的是养个别人的女儿为后来的婚姻打基础，为了有后人继承家族财产，也是为了将来自己年迈后老有所依，这样的家庭通常会抱养小女孩儿，等女孩长大后，只能把女婿招进门，自己的养女不能随夫姓。裕固族的传统婚姻受当时社会的经济发展制约，存在很多落后的风俗和封建的思想。主要表现在包办买卖的婚姻上，即使婚姻是明媒正娶类型，虽然实际上是正式婚姻，但实际上就是父母指定的婚姻。男方要承担各种婚礼中的开支，这种模式下裕固族人中很少有人举行明媒正娶的婚礼。男生十五岁至十六岁时，如果看上别家的女儿，就需要聘请两个媒人送给女方家人酒和根据女方家人头数送哈达，男方给女方家长的哈达是二连哈达（系在一起的见方哈达"拜立克"）。女方如果认可婚事，会收下见面礼，男女双方的家长再互换哈达，这种操作意味着婚事可以继续。谈彩礼是一个漫长的过程，男方家人会去女方家多次谈判，直到双方都满意。当两家确定好最终的彩礼数以后，男女双方请的喇嘛要通过占卜的方式确定各种重大的良辰吉日，比如说：结婚的日子，上灶台生火的日子，什么时候从娘家出门，几点几分到新家，什么时候举行婚礼仪式，回门和放牧的日子等，算好后严格执行，不能有一丝丝的变化，寓意上天和佛祖的旨意不可违抗。新娘子过门的时候，要从门前燃烧的两堆火的中间走过去，寓意大吉大利。新郎必须或者有必要射中新娘的某一处衣服的装饰（挂在前胸的红珍珠、新娘背后的白色海贝、帽尖上的红缨穗），表示吉利。新娘嫁进新家的头一夜，婆家人会在厨房或者灶台准备好食材，第二天新娘独自为全家人做早饭。新娘还会在灶火中加入酥油让火烧的更旺，也是对灶神和天神的祈求。裕固族的这种婚姻习俗很像北方汉族或者其他北方少数民族的新媳妇厨房检验一样，但裕固民族又有不同的特色。举办完各种招待客人的礼仪后，新娘就要按照约定去山上放牧，也同时是与山神沟通这一家添了新人，并且开始放牧、照顾家了。

第二节　克恭克顺：人生礼仪文化

　　藏族是一个注重礼仪、热情好客的民族。远道而来的客人不会马上进门，而是主人在门前点上一堆火，将客人的物品熏好，然后让客人也跳过火堆才可进门，这样做主要是为了祛除邪气。藏族家里有人生病或者是有人在做月子的话，是不让客人来做客的。主人需要在屋外挂上红布或者是柏树枝，告知客人不能进入房间。客人到家中后，不能用有破碎的碗、碟等餐具招待客人，向客人献哈达时不能用损坏的和不干净的哈达，给长辈和老人端东西、敬酒时，要用双手。客人在的时候，主人也不能扫地或者打骂孩子，这都是对客人的不尊重。客人刚走，主人也不能扫地，有可能让客人带上不洁净的东西。藏族房子的柱子和杆不能用斧子去砍，也不能用绳子去捆，这都是对神灵的不尊重，会给家庭带来不好的事情。藏族家庭过年期间一定不能吵架，他们觉得如果过年吵架，这一年可能就是在争吵中度过。这一点和汉族等其他的民族一样，觉得过年那天如果做了不好的事情，这一年都可能经常有不好的事情。过年期间，藏族还不允许杀生，他们认为过年所有有生命力的生物都有权利感受到幸福和快乐。藏族是一个信奉佛教的民族，认为佛教圣地不应受到不洁事物的打扰，所以不准在寺庙里抽烟、杀生，经期的女子不能进入寺庙和佛堂，去佛教圣地不能吃蒜这种味道大的食物。藏族人民认为出门遇到背空篓和提空水桶的人都是不吉利的表现，反之则是好事。藏族人民还认为鹰代表好的寓意，是神鹰。如果初春见到了鹰，那一年里都会顺顺利利、好运连连，并且他们不允许打"古叉"，即鹰。在吃食方面，藏族人民不吃奇数蹄的家畜，很少吃鱼、虾等海鲜食品，也不捕食鸟类和山鸡。

　　撒拉族十分好客热情，非常讲究礼节，彼此见面之前，要互道"色兰"（阿拉伯语，和平、安宁的意思）问安。撒拉族信仰伊斯兰教，他们的重大节日来自于宗教节日，包括"尔德节""古尔邦节""圣纪节"。其中最重要的节日是"尔德节"，这个节日是在斋月的最后一天。由于伊斯兰教的教历九月份要封斋一个月，斋月期间每天的天明到日落都不能吃东西，所以这个节日最为隆重，处处都充满了节日的欢愉，还会准备丰富多样的食物。在别人家做客时，主人沏的茶，客人要双手接过，并将茶碗端在手上。吃馒头时，切忌狼吞虎咽。要将馒头掰成小块，撒拉族敬重"舅亲"，认为"铁出炉家，人出舅家"。撒拉族做礼拜时，禁止行人走过面前；禁止在水塘、水井边洗衣服；面对他人谈话时忌咳嗽、打哈欠、擦鼻涕；禁止在清真寺内及附近吐痰；禁止携带污浊之物进入清真寺；炸油香、煮麦仁饭的妇女必须要"乎斯里"（沐浴过），未经沐浴或在经期的妇女，不允许参与这项工作，也不允许到油锅附近去；撒拉族宰杀牛羊时，忌说"杀"，应说"宰"；撒拉族若有人去世应说"定了"，不可说"死了"；在寺内不得吸烟、唱歌、大声喧哗。

　　东乡族的节日主要有三个：开斋节、古尔邦节、圣纪节，这些节日都是由宗教节日演化成了民间节日，这点和撒拉族基本一样。每当到了这些节日，人们家家户户都会做各种食品进行庆祝，邻里之间还会相互赠送。伴随着时代的发展，社会的进步，文化的丰富，生活方式的转变，东乡族的观念也发生了变化。"家妇不见外男子"，这在以前被视为天经地义。解放后，贯彻男女平等，妇女的家庭地位有很大变化。东乡族人活泼开朗，热情好客，长者要出门迎接客人，然后请客人进屋上炕，之后献上他们的盖碗茶。并在茶中加冰糖、桂圆或烧枣，俗称三香茶。在东乡族人家里吃正餐，他们最喜欢用鸡招待，但是最隆重的待客方式是端全羊，即把整只羊的各个部位依次装盘上桌，样样俱全。主人陪客，并不和客人一起饮茶用餐，而是在一旁端饭倒茶，以示尊敬。女主人则一般不与客人会面。油香、鸡、手抓羊肉是待客的食品。东乡人吃鸡会把鸡分为十三块，鸡尾最贵重，最年长或最尊贵的人吃鸡尾。切忌用食物开玩笑；忌在人面前袒胸露臂；忌递烟敬酒。

若是贵宾，保安族家的主人还要用"鸡尖"招待，以示尊敬。若来客是男的，中青年妇女不能在男客面前随便露面，要一直在厨房里为客人忙碌做饭菜，休息也在厨房，客人走后才能出来。保安族人总是用最快的速度准备茶饭，款待客人，非常热情，同时也会拿出家中最好的食物给客人，这也是保安族极为重视客人的表现。保安族关于接待客人也有很多的规则和要求：第一是与客人交谈时，不能有左顾右盼、玩弄胡须、咳嗽、抠鼻、吐痰、伸懒腰、打哈欠等不尊重客人的行为；第二是当女主人在厨房炸"油香"、馓子等食品时，客人和家人都不能进入厨房；第三是妇女取河里的水时，必须逆流舀水，不能反手去舀；第四是禁止客人进入家里女人的房间；第五是外地回来的家人不能直接进入有小孩或病人的房间；第六是禁止族人跨过斧子、镰刀、绳子等生产工具；第七是禁止人们坐在门坎上，尤其是妇女；第八是出远门的人不能在途中遇见担空水桶的人，一旦遇到必须立刻返回家；第九是不能用"老头"称呼老人，是不礼貌的行为。[①]

蒙古族人都是热情好客的，待人诚恳也是蒙古族的传统美德，该民族的一种传统礼节是献哈达，对火的文化也很有讲究。蒙古民族最庄严隆重的祭祀活动是祭成吉思汗陵，简称祭成陵，通过这种仪式表达对英雄成吉思汗的敬仰，以此缅怀成吉思汗的丰功伟绩。哈达是蒙古族人常用的礼仪用品，无论是拜佛、祭祀、还是婚丧、拜年，甚至表达对长辈和贵宾的尊重和欢迎等都会使用它。哈达的制作也有一定的讲究，一般是采用丝绸制作，颜色多为白色、黄色和浅蓝色。哈达的长度也有要求，一般是五尺左右，宽度则根据情况有所不同。哈达上通常会绣上"云林""八宝"等民间花纹图案。给不同的人献哈达的要求也是不一样的：面对长辈献哈达时，

---

① 王宗国：《浅谈少数民族传统文化的德育价值与实践策略》，《教育革新》2019 年第 3 期。

要把哈达对折起来，折缝对着长者，然后弯腰略向前倾，双手将哈达举过头顶；面对平辈献哈达时，双手平举献给对方；面对小辈献哈达时，通常是将哈达搭到脖子上。蒙古族还有一种常用的见面礼，叫作敬鼻烟壶。鼻烟壶通常是用玉石、象牙、水晶、玛瑙、翡翠、琥珀或陶瓷等制作而成。敬鼻烟壶礼仪和献哈达礼仪一样，不同的人相见流程也不相同：如果是晚辈与长辈相见，晚辈要向长辈鞠躬，双手捧着鼻烟壶，献给长辈，长辈用左手接过鼻烟壶，闻过后还给晚辈。如果是同辈相见，只需要用右手相互交换鼻烟壶，彼此闻过后相互归还。蒙古族也有很多禁忌。蒙古族认为火神、灶神都是辟邪的圣物，所以他们崇拜火。进入蒙古包后，一定不能在火炉上烤脚，也不能烤湿靴子，不得跨过炉灶或脚蹬炉灶，不得在炉灶上磕烟袋、扔脏物。更不能用刀子挑火、将刀子插入火中，或直接用刀子从锅中取肉。出入蒙古包时，切记不能踩蹬门槛。蒙古族人因为住在草原上，比较干旱少水，所以他们都节约用水，时刻保持水的清洁，严禁在河中洗手、沐浴，更不能洗女人的脏衣物，往河里仍脏东西也是禁止的事情。蒙古族人还禁止摸头，禁止打别人家的狗，禁止外人去产妇的住处探望。此外，如果蒙古牧民家中有病情严重的人时，是不接待客人的，他们会在蒙古包左侧挂一根绳子，另外一端埋在东侧，向大家表示家里有重患者，无法接待客人。蒙古族的新年叫作白节，蒙古语是查干萨日。为什么蒙古族的过年就是白节呢？是因为古代蒙古人认为白色象征着纯洁、吉祥，也因此蒙古族人从很久以前就开始过白节了。在忽必烈时代，人们就非常重视过白节。在白节的前一天晚上，全家人都会聚集在一起，穿上华丽的衣服，烧香拜佛，然后相互祝拜，一晚上都不睡觉。白节那天一大早，家族的亲朋好友们就开始相互拜年，一直持续到正月十五或正月底才会结束。蒙古族古老的祭祀活动还有祭火，即祭火神、灶神。不同阶级的牧民祭火的时间也不相同：普通人在腊月二十三；贵族和台吉则在腊月二十四。一些特殊的地方秋季也要祭火，婚礼上亦祭火。蒙古族盛大的祭祀活动还有祭敖包，敖包的汉语意思是堆子、鼓包。敖包就是用石头堆成的锥形的实心塔，一般建在高山或丘陵上，顶上会插一根系着牲畜毛角和经文布条的长杆，四周会摆放一些烧柏香的垫石。敖包的旁边供有整羊、马奶酒、黄油和奶酪，并且插满树枝。蒙古族的祭"苏鲁锭"（蒙语"矛"的意思，战神的象征）活动是在阴历三月十七举行，也是一个隆重的仪式。祭"苏鲁锭"时，会放上整羊，马奶酒等供品。参加祭祀活动的人们也会分别带上自己的祭品，虔诚地祭拜苏鲁锭。

哈萨克族在宗教信仰的影响下，对自己特有的节日非常重视。哈萨克族特有的节日主要有纳吾热孜节、肉孜节、库尔班节等，其中肉孜节和库尔班节是伊斯兰教节日，前者在回族等穆斯林群众中称作"尔德节"或"开斋节"，后者称作"古尔邦节"或"宰牲节"。纳吾热孜节（纳吾热孜是波斯语，意为"春雨日"）在哈萨克族信仰伊斯兰教之前就存在了，时间是在每年的春分。过纳吾热孜节的时候，哈萨克族的人们都会在家做纳吾热孜饭（主食和肉混合而成），然后出门边唱纳吾热孜歌边串门吃纳吾热孜饭，并且会相互拜年，祝愿大家新的一年生活更加美好。当然，哈萨克族也有很多禁忌，可分为生产、饮食、尊老爱幼和宗教几个方面。在生产方面，切忌当面数主人家的牲畜；不可跨过拴牲畜用的绳子；更不能骑马插入羊群，要绕道而行；不得拔除幼草和毁林等；忌讳赞美牲畜，忌讳用脚踢打他人牲畜，忌讳客人追打猎犬和守门狗，这是对主人的不礼貌；忌讳客人在他们的毡房门口下马，尤其忌快马至毡房门口下马，如果在毡房门口下马，就意味着要报告丧事或其他不吉利的消息。在尊老爱幼方面，晚辈不得直呼长者的名字，不能当着老人的面喝酒；妇女不可从长辈面前走过，应当从身后绕行；同族的后辈儿媳，不可上公婆的床；未婚前也不可进公婆家的毡房，有事的时候，可托同辈的年轻人传话；女婿不能坐岳母的床；给家里的长辈或客人端茶饭等要用右手敬，忌用左手；小孩在客人和长者面前不能横冲直撞，不能说话不文明，大人交谈时，不能插嘴,特别是女孩子更不能插话;小孩子进屋时不慎摔倒,会被家人认为是好事,也是一切如意的象征;小孩多次伸出舌头,会被家人认为是远方亲人来音讯;小孩拍小手,将会有喜事临门。在宗教方面,做礼拜时,别人不得从前面通过,切忌踩地上铺的布;毡房的门不能向西开;睡觉时不能脚西头东等;主麻日(星期五)不能搬家;家里有人逝世时,要在吃饭前诵读古兰经。同时,哈萨克族还保留着与古老的萨满教有关的一些禁忌,如打架时不可朝天呼喊;不可踩火堆和墓地等。[①]

裕固族,也是一个注重礼节的民族。家中有客人拜访,光是座位就要先讲究一下,最重要的客人要坐在首位,然后根据辈分、长幼的顺序依次入座。如果是活佛和大头目来吃饭,就不仅是手抓肉,而是准备全羊,用以表示自己的尊敬。裕固族的晚辈如果骑马远远地看见了长辈,就会早早下马站立路旁,向长辈鞠躬问候,绝不可直呼长辈的名字。裕固族受宗教文化的影响,生活中的禁忌也有很多。他们在六月和腊月是不能动土的,相应的,这两个月也不会干农活,也不能随意地挖井掏泉。裕固族人们使用十二属相表示日期,每逢虎、狗、鼠、蛇日不许搬动帐篷。他们还认为单日不吉利,所以出门办事一定不会挑选单日。在烧香拜佛的日子不能买卖牲畜。裕固族人在草原上不能猎杀哈拉,也就是旱獭。裕固族人都很真诚,他们会将一只羊身上的肉分成十二等分,招待客人的时候,会根据客人的身份地位,以及与客人关系的亲密程度给客人上不同等级的肉,表达不同的情谊,而且吃饭时会先给客人上茶再给客人上酒,客人临走的时候,也会给客人再装上一些礼物。遇上了狩猎的季节,客人还可以体验到裕固族人的野餐。裕固族的丧葬仪式有三种,分别是火葬、土葬、天葬。裕固族人出生后过的第一个重大仪式就是剃头仪式,通过这个仪式表达了长辈们对孩子未来的

---

① 阿利·阿布塔里普、汪玺、张德罡、师尚礼:《哈萨克族的草原游牧文化(Ⅲ)——哈萨克族的文化艺术,人文礼仪及禁忌习俗》,《草原与草坪》2012年第6期。

美好祝愿。在过去，裕固族受生活条件的影响，婴儿的存活率不高，所以剃头仪式也是希望孩子可以健康成长，长命百岁。这个仪式也组成了裕固族人的人生观的一部分，研究这个仪式对研究裕固族的哲学思想也有很特别的意义。仪式是在孩子3周岁的时候进行，孩子的家人会事先请喇嘛算好吉日，孩子的父亲会把亲戚朋友、邻居都请过来参加孩子的剃头仪式。裕固族是母权社会，所以孩子的舅舅在剃头仪式上有很重要的位置，他要完成孩子的第一剪，并且为孩子送上重要的礼物，比如小牛、小羊等。其他的客人根据和孩子的亲疏关系以及客人的辈分依次给孩子剃头送礼，仪式上还要诵读祝福语，对孩子进行人生礼赞，然后会宰羊摆席，大家一起痛痛快快地吃上一顿。裕固族人家中会设神塞，敬奉"点格尔罕"，传说他穿着一身红衣，骑着一匹红色的骏马。[1] 直到现在，裕固族的普通人也不能穿红衣，骑红马进入帐篷，防止和神灵相冲。去别人家做客，如果带有枪支、鞭子、生肉的话，需要在帐篷外把这些物品交给主人，才能进入帐篷。进入帐篷后，还要根据辈分、长幼按顺序做好，长者和身份高的人坐在上位。吃饭时，主人从上席按顺序双手为客人分发饭碗、茶碗，女主人负责给客人盛饭，客人是不需要自己动手的，但也不能随意去拿茶壶和盛饭勺，更不能起身随意走动。裕固族的牧民养狗要一直养着，直到他死亡，然后挖坑把它葬掉，不能吃它的肉，也不能剥它的皮用。此外，一些尖嘴圆蹄的动物裕固族人也不食用，例如：鸡、雁、马、驴、骡等。不过，随着时代的发展和文化的进步，裕固人也会吃一些鸡肉和鱼肉了，鸡蛋他们也会吃，但是驴肉、马肉和骡肉还是不吃的。如果你猎到了野鸡送给裕固族人，那是不可能送出去的，他们不仅不会让你用他家的锅，甚至门都不会让你进。[2]

---

[1] 彭程：《肃南县裕固族历史文化长廊旅游规划设计研究》，硕士学位论文，西北农林科技大学，2011年，第17页。

[2] 邢海燕：《祁连山下的裕固族及其民间舞蹈》，《中国土族》2008年第3期。

第七章

民族传统艺术

第一节 河西走廊上的民族艺术

一 肃南裕固族的艺术

在我国的少数民族中,裕固族是我国人口较少的少数民族之一,也是甘肃省特有的一个少数民族。许多专家学者认为裕固族是回鹘的后裔,裕固族主要分布在甘肃祁连山北麓平川地区和河西走廊地区。据历史资料记载,裕固族属于古代游牧民族,畜牧业比较发达。游牧生活看似奔放自在,但却十分艰苦。后来,在政府有关部门的帮助扶持下,他们学习了先进的耕作技术,提高了生活质量,逐渐安定下来。裕固族人民虽然学习汉语、使用汉字,但他们的祖先先后使用了古回鹘语和藏语。在蒙、藏、汉文化的影响下,他们经过多年的发展变化,逐渐形成了自己独特的裕固族文化。[1]裕固族也从日常的劳作和平时的生活文化中孕育出了带有裕固族风味的民间歌舞。

(一)裕固族的舞蹈

裕固族具有代表性的舞蹈有天鹅琴舞、迎亲舞、摇奶舞、顶杆子舞、牛角鼓舞等。这些舞蹈大致可以分为:宗教习俗类舞蹈、民间舞蹈两类。民间舞蹈又包括:节庆娱乐类舞蹈及劳动生活类

---

[1] 邓小娟、周青:《裕固族民间舞蹈的风格特征与当代发展》,《西北民族大学学报》(哲学社会科学版),2012年第5期。

舞蹈。

宗教习俗类舞蹈：裕固族信仰藏传佛教，经常举行佛事活动。每逢大型佛事活动集会，人们就会到寺院听寺院的僧侣诵读佛经，烧香祭拜。此外，寺院的僧侣会为大家跳护法舞"查玛"，表演者手中会持法器，头戴牛马等动物形象的面具，跟随着音乐起舞，整个过程极具宗教祭祀的特点，意在表达僧人对世间万物的敬畏之心、敬仰之情。裕固族人还有另外一种重要的与宗教相关的民俗活动，就是祭鄂博。祁连山一带的裕固族每年的六月十五日都会祭鄂博，牧民用五谷煨桑，听僧人诵经。人们晚上也会在鄂博下点上篝火，举行篝火晚会。人们围着篝火载歌载舞，从锅庄舞跳到民族风，气氛欢快，节奏强烈，好不快活。

节庆娱乐类舞蹈：节庆娱乐类舞蹈一般是在裕固族人特殊节庆日举行的群舞，不同的民俗节日，表演的形式和表达的寓意都不相同。新年到来时，跳的舞蹈主要是表达对新年的祝贺、对来年的期盼；到了每年秋分，跳的舞蹈表达的是庆祝五谷丰登，希望人们健康幸福；赛马节来临的时候，除了赛马这项传统活动外，还会举办篝火晚会。表演形式主要是鼓乐击打、歌曲伴奏。[1] 青年男女在活动中互相表达爱慕之情，以结连理，繁衍后代。[2]

劳动生活类舞蹈：裕固族人民吃苦耐劳，长年过着游牧生活，因此裕固族的舞蹈受到生活方式的影响具有独特性。此类舞蹈结合本族文化，受裕固族迁徙的历史背景影响，动作多以劳动的动作为基础改编。"英那刀古拉"就是裕固族极具代表性的舞蹈之一，在族内广为流传。这种舞蹈多是女子的集体舞蹈，跳舞的场地没有严格限制，可以是草原、可以是毡房里，风格写实，表达了裕固族人民热爱劳动，勤俭朴实的品格。擀毡舞也是裕固族具有代表性的劳动舞之一，它的基础动作就是擀毡的流程，舞蹈除了反映本族人民

---

[1] 钟志峰：《裕固族民间舞蹈的风格特征与当代发展》，《黄河之声》2018年第12期。
[2] 李尔昌：《裕固族民族风情》，《乡镇论坛》1994年第6期。

的勤劳朴实外，也表达了人们对丰收的期盼和对未来风调雨顺的期望。裕固族还有很多表现劳动生产的舞蹈动作，比如割草、捻毛线等。裕固族的舞蹈内容和形式都直接或间接地反映了人们的劳动状况和日常生活情况，是裕固族人民勤劳朴实的生活写照。

天鹅琴舞：裕固族崇拜天鹅，认为它是纯洁高雅的象征，所以仿照天鹅的形象制造了民间乐器天鹅琴，琴弦是用马尾制成。整个琴看起来美观、大方，是裕固族人民独有的乐器。在早些年间，裕固族人一度失传了这独特的乐器，现如今已经恢复了制作天鹅琴的这门手艺，也有很多族人会弹奏。除了演奏天鹅琴，还衍生出天鹅琴舞。这是一种边弹边唱边跳的艺术形式，由男艺人弹奏，女艺人跳舞，整个舞蹈画面充分表现了人们追求纯洁美好的愿景。天鹅琴舞的表现风格也不尽相同，有些表达的是宁静与温暖；有些表达的是草原牧民的英姿飒爽；也有些是表达对爱情的追求，体现了裕固少女的清纯美好和裕固男子的柔情蜜意。[①]

迎亲舞：迎亲舞是裕固族人民婚娶嫁时的传统舞蹈，以表达婚姻幸福美满，阖家幸福安康之意。这种舞蹈是迎亲队伍在迎亲路上跳的，场面十分热闹。休息时，人们在草地上铺上毯子，摆上青稞酒和牛羊肉，在族里受到尊崇的长者说唱，剩下的人无论男女，无论老少都在一旁跳舞，人越多越热闹。迎亲舞向人们展示了裕固族人鲜明的性格特征，对裕固族建立喜庆的舞蹈文化也很有帮助。裕固族的舞蹈形态多样、形式多变，充分展示了裕固族人民开放、包容、创新的特性。[②]

摇奶舞：摇奶舞是裕固族人民经过长期积淀的精神风貌和生活状态的体现，在裕固族民间非常流行。舞蹈受风俗、宗教、文化的影响，风格形象生动，反映了人民的日常生活和活动习惯，展示了裕固族的风俗民情和深厚文化。裕固族是游牧民族，主食是奶食和

[①] 张文：《甘肃裕固族民间舞蹈文化研究》，硕士学位论文，西北民族大学，2017年，第41页。

[②] 张文：《浅谈裕固族传统民间舞蹈》，《中国民族博览》2017年第1期。

肉食，经常制作酥油（在羊肚子里灌满牛奶，扎口进行摇动）。摇奶舞就是以此为原型的形象转化，在劳动的基础动作上提炼出舞蹈的基础动作，经过现代元素的加入和创新，创作出了独具特色的摇奶舞，表现出裕固人民热爱劳动，能够吃苦耐劳的精神面貌。牧民闲暇时，经常在草地上表演摇奶舞。舞蹈多是由女人进行表演，她们双手抱住羊肚，伴随着摇动羊肚的节奏翩翩起舞，十分热闹开心。

顶杆子舞：勤劳勇敢的裕固族人民在长期的草原游牧生活中，创造了许多富有特色的体育运动，顶杆子就是其中较为传统的知名的一项。"顶杆子"，裕固族叫做"木尔格"。每当重大节日和喜庆的日子，裕固族人就会开展此项活动。裕固族的男女老少都非常喜欢这项活动，它虽然只是一个游戏，却体现了人们的智慧和团结的精神。顶杆子是两个男子将一根杆子顶在自己的肩上，演变为顶杆子舞后，还是由男子表演，两个人一组，杆子是由松木或者柏木做成，把杆子顶在肩上，相背而站，还会喊上口号：一二三四前进，五六七八后退，两人要做相反的动作，这是一种娱乐性的舞蹈。

牛角鼓舞：牛角鼓是木制材料做成的，是具有民族特色的一种打击乐器，具体由两部分组成——和牛角形状相似的鼓身和长柄的鼓槌。至于做成牛角形状的原因则与裕固族的所处环境有关，裕固族多是在草原雪山附近，陪伴他们的是牦牛和羊群，做成牛角形状表达了他们对生活环境的感恩。表演的时候，把鼓身举起，一边敲击，一边跳舞，故称为牛角鼓舞。牛角鼓舞体现了裕固族人民的风格，或委婉、或坚强，给人一种个性、力量的感觉，整场观看下来则给予了灵魂巨大的冲击，让人既愉悦又震撼。

（二）裕固族的民歌

民歌，裕固族语称"叶尔兰安"。音乐是裕固族人民亲密无间的伙伴，正如裕固人说："生活是歌，也是泪；歌是血，也是阳光。"在裕固族民间流传着这样一句俗话："当我忘记了故乡的时候，故乡的语言我不会忘记；当我忘记了故乡的语言，故乡的民歌我永远铭记。"这充分说明了民歌在他们的生产劳动和生活中是占有何等重要的地位。

裕固族人热爱唱歌,在他们还是孩童的时候就受到母亲的熏陶,长此以往聆听变成了哼唱。长者也会经常教他们唱民歌,尤其在和家人朋友聚会或者是重大节日的时候,裕固族人都会唱歌跳舞来庆祝。唱歌、跳舞是裕固族人民的一种生活方式,会歌唱和舞蹈的人也会受到特别的尊重。

裕固族在每年的四次寺院大会上都要点佛灯,同时要唱敬神、敬佛的歌,内容大都是求佛爷保佑草原吉祥、人畜两旺的意思。寺院里的各种乐器的使用,除了传经执法外,在平常的寺院大会上,也增添不少节日的气氛。但这些乐器只供寺院本身使用。

裕固族民歌可分为"叙事歌""情歌""劳动歌""宴席曲""小调"等,共有310多首。广为传唱的民歌,如《尧达曲格尔》《我只得到处含泪流浪》《裕固族姑娘就是我》《阿斯哈斯》等。歌曲内容和体裁多反映裕固族的迁徙、婚宴和女英雄的事迹以及背井离乡的乡愁。《萨娜玛珂》是裕固族著名叙事民歌,歌颂和缅怀了裕固族历史上的女英雄萨娜玛珂。据传,萨娜玛珂是一位部落首领的妻子,她足智多谋、武艺高强,在一场与外部落的战争中,她毅然参战,赢得了人们的信赖。然而,在凯旋归来的途中,她却身负重伤,香消玉殒。哀婉动人的歌曲表达了裕固族人民对民族英雄的无限追念之情。[①]

(三)裕固族传统手工艺

裕固族皮雕:皮雕是裕固族的一种传统工艺品。它是以皮革为基础的纯手工雕刻工艺。裕固族皮具雕塑艺术与他们的物质生活和精神生活密切相关,这是因为他们受到社会经济、草原文化和西方宗教信仰的影响。设计特点精巧别致、风格粗犷豪放、装饰华丽夺目,体现了裕固族游牧生活的特点。

[①] 陈金生:《西北少数民族文化》,甘肃文化出版社2010年版,第122页。

天然皮质不易变形，质地细腻，柔软耐用，皮具雕塑村落在选择用料时，多以天然皮质为原料，有时也会使用人造皮革。在雕刻时，多用旋转雕刻刀进行雕刻，还会辅以各种现代的技术进行个性化处理，例如不同的表情、色调、距离等。最后使用一系列的技术，如定型、染色、抛光和打蜡，使艺术作品成型。[1]

游牧民族能很好地发展皮革艺术，与他们的生活环境息息相关，即拥有大量的皮革。皮雕也是在草原上兴起的，是游牧民族的审美在生活中的体现。皮雕在蒙古、藏、回、裕固族中发展比较好。蒙古族在汝兰时代开始生产皮革，到了辽朝和蒙古汗国，已经能够制作皮衣、皮靴、皮包等。"皮包填胸"在这一时期很流行，蒙古族以天然皮质为原料，采用传统的皮革雕刻工艺制作皮包，皮包上装饰有美观的皮革裁剪图案，用于盛放东西。藏族皮具以线雕为主，主要用于装饰和美化皮革。回族的皮雕艺术是在皮革上雕刻一些与他们的信仰有关的图案，从而宣扬和美化教义，如教义中的清真寺、藤纹、抽象几何图案等。

皮革雕刻技术虽然在少数民族里流行，但是技术的传承和发展还是充满艰险。传承的主要手段是靠家族传承或者是师徒传承。学习的过程缓慢，需要耗费大量的时间和心血。皮革雕刻制品的数量也很少，难以推广和普及，导致这项具有浓郁少数民族特色的技术正在一点点消失。

终于，在2008年出现了转机，2008年肃南裕固族皮雕被列入第二批甘肃省非物质文化遗产名录。另外，2016年肃南县成立了裕固族皮雕艺术陈列馆。[2] 裕固族的皮革雕刻技术被人称为"软浮雕"，形象生动，线条柔美，颜色富有层次性，是裕固族人民生活与美感的结合，非常具有实用性和收藏性。

裕固族刺绣：在刺绣上，裕固族人用简洁的造型、艳丽的色彩

---

[1] 管瑞庭、张力斐：《裕固族皮雕艺术研究》，《大众文艺》2016年第15期。
[2] 管瑞庭、张力斐：《裕固族皮雕艺术研究》，《大众文艺》2016年第15期。

和独特的针法使其成为裕固族艺术的主要代表之一。勤劳淳朴的裕固族人民创造出既具有装饰情趣又具有浓郁民族特色的刺绣。裕固族刺绣模式有一个广泛的主题,包括太阳、月亮、山水、花草,在生产和生活中,变形的鸟类、昆虫、鹿、骆驼、老虎、鹰和狼,龙、凤凰、十二星座的神话和传说,以及简洁对称和层次丰富的几何图形。① 尤其擅长用花的部位和植物的茎叶巧妙地结合成鸟兽的眼、鼻、口;喜欢用自然图案反复交错,形成不同的复杂图案,组合使用。②

裕固族女孩从小就受到父母的熏陶和教育,她们学会了使用刺绣针。随着年龄的增长,她们逐渐学会了刺绣的程序,如外观、布局、线描、配色和边缘锁定。她们在日常交流中交流刺绣技巧,把自己的衣服打扮得色彩斑斓。裕固族刺绣品种繁多,有枕头、肚兜、针扎、刺绣件、披肩、刺绣帽、烟袋、针袋、袜子垫、挂件、刺绣、台裙、门帘、床罩等。刺绣的内容非常广泛。传统的花卉、植物、昆虫、鸟类、鱼类、山水、树木、吉祥人物、民间几何图案等包罗万象。技艺精湛的妇女还绣有"二十四孝图""百子图""吉祥如意"等文字。

这种传统的刺绣技术往往通过家庭传承和相互交流而延续下来。裕固族民间刺绣有的写实,有的浪漫,有的夸张。他们创造了大量的刺绣工艺品,富有装饰情趣和浓郁的地方风味,显示出坦率、简单、温暖和粗犷的特色。裕固族民间刺绣自古丝绸之路开通以来,历经数千年的创新。它将中国四大名绣与藏族、蒙古族、维吾尔族和古回族的民间刺绣相结合,并逐渐形成其独特的审美模式、色彩规范和功能形式,创造出既具有装饰性又具有浓郁民族特色的刺绣。这朵民间艺术之花表达了劳动人民的智慧和对美好幸福生活的向往,这也反映了他们高尚的情操、朴素的精神面貌和较高

---

① 安菁:《裕固族妇女服饰中的图案艺术》,《艺术探索》2007 年第 3 期。
② 冯丽娟:《裕固族刺绣的特点及其形成缘由》,《贵州大学学报》(艺术版) 2008 年第 3 期。

的艺术修养。用一根细细的绣花针和五彩缤纷的丝线，可以把自己的理想、希望和情感寄寓其中，使其更具庄重、朴素、华丽、明亮、和谐、典雅的风格特色。

裕固族的刺绣图案从不显示植物的根，他们只使用植物的茎、叶和花。裕固族是一个强大的民族，内乱和其他民族的入侵并没有使这个生存艰难的民族分裂，这种模式也寄托了裕固族无根的历史，表达了裕固族历史的悲剧和苦难。裕固族一般都用刺绣和镶边来装饰服装。刺绣的绣法和针法都有很多种，绣法主要包括平面绣、辫绣、锁绣、镶绣、结绣、缠绣、串珠绣、剪贴绣等；针法主要包括齐针法、参差针法、阶梯针法和散针法等。[1] 不同绣法和不同的针法相互组合，都会形成不同的刺绣风格。一件别出心裁的刺绣作品，往往是很多种不同的绣法和不同的针法一起完成的。除此之外，还可以配合贴花、花边等。裕固族女性的衣领设计就是这样风格的体现，多种绣法和针法设计了一个富有层次感的立体衣领，让人眼前一亮。裕固族男子也十分重视刺绣，如果男子戴的帽子上没有刺绣就是对他人的不尊。[2]

二 肃北蒙古族的艺术

（一）蒙古族的传统手工艺术

蒙古族马头琴制作技艺：蒙古族的民间乐器很多，最具特色的当属马头琴。它的名字来源于它的头部雕刻的马头，蒙古语是"莫林胡尔"，它的前身是蒙古族民间弦乐器"潮儿"。马头琴的使用传承历史久远，有着深厚的文化价值。过去的蒙古族人民，家家户户都会把马头琴供奉在佛像旁，意为驱恶辟邪。马头琴不仅在民族乐器中占有一席之地，而且在民族乐器的制作工艺中也独树一帜，有非常高的观赏价值和收藏价值。

---

[1] 王萍、陈文福：《论裕固族服饰刺绣的艺术表现》，《通化师范学院学报》2013 年 11 期。
[2] 刘郁采：《中国裕固族》，甘肃人民出版社 1998 年版，第 149—154 页。

马头琴从选材到制作，每一个过程都是艺术家们心血的结晶，所有的雕刻都是艺术家们手工进行的。马头琴属于弓和弦乐器，由共鸣箱、头、杆、轴、马、弦和弓组成。谐振箱为梯形，也可制成六角形或八角形。箱体框架主要由乌木、红木、桑木等硬木杂木制成。上下板均有带弦的谐振箱，木板上有一些小孔。盒子的正面和背面用马皮、牛皮或羊皮覆盖，并在木板上画上美丽的图案。大多数的琴杆是由一整段优质木材制成的。琴杆内弦的长度为140厘米，琴杆外弦的长度为180厘米。琴的琴头是方形和圆柱形的，微微向前弯曲，形似马头的样子。打开弦槽可以看见两侧横放着两根弦轴，中心是木桥状马。弓是用藤条或木头做成的，马尾绑在两端作为拉弓的绳子。马头的弦很特别，它们是由几十个长长的马尾草做成的。琴弦的两端用丝线系在琴上，马尾弦发出的声音既厚重又甜美，具有很高的辨识度。

蒙古族马上用具制作技艺：蒙古族常常被人们称为马背上的民族，是因为马无论在战时或他们的日常生活中都占有很重要的地位。肃北的蒙古族人民经过长期的生产生活积累，完善并发展了马上用具的制作工艺。

肃北蒙古族马上用具有马鞍、马笼头、马嚼子、马绊、马绺子等，但最重要和著名的当属马鞍。马鞍不仅在骑乘时极为重要，同时也是重要的装饰品。马鞍的前后有各种装饰，马鞍上的花朵都饰有边角图案。鞍花由银或铜制成，坐垫由刺绣制成，马鞍主要由优质木材和银、铜、铁等金属材料制成。动物皮毛被加工成鞍垫、鞍边、鞍花等配件和装饰品。马笼头和嚼帽是由皮革和羊毛织物制成，并加以装饰，不仅美观而且实用。现如今有很多马上工艺已经成为了非物质文化遗产，马上的工艺品也极具收藏价值。[①]

（二）肃北蒙古族的民歌

甘肃蒙古人的民歌，具有独特而鲜明的民族风格和高超的艺术

---

① 常洁琨：《甘肃少数民族非物质文化遗产的分类保护研究》，博士学位论文，兰州大学，2017年，第89—90页。

性，是草原上最生动、最丰富、最为群众喜闻乐见的艺术形式。歌词内容朴素大方、内在深沉、字字珠玑，带有强烈的抒情性，犹如醇厚的马奶酒，散发着草原生活的芬芳；曲调优美、节奏舒展，有着草原般宽阔的气息，蓝天般明净的色彩。① 类型大体可以分为以下几种：

牧歌：牧歌产生于蒙古族劳动人民的长期游牧生活。在内容上以充满感情的语言歌唱草原，歌颂牧马和牛羊，描绘放牧生产活动为主；在乐曲上音调高亢，节奏自由，气势宽阔，旋律起伏大，具有明显的抒情性。充分地抒发了蒙古人热爱草原、热爱生活的情感。

敬酒歌：敬酒歌是蒙古人在饮酒的场合下歌唱的、带有浓郁生活气息和风俗性的特殊民歌体裁。但是在情绪热烈的时候，大多数民歌都被用来在酒席上演唱。

赞歌：赞歌是蒙古人在公众集会、庆典活动等特定场合歌唱的民歌体裁。如《金色草原》就是一首关于甘肃蒙古人赖以生存的草原和雪山的赞歌，反映了甘肃蒙古人追求美好生活的意愿。

情歌：蒙古族中的情歌不仅数量较少，而且唱歌的地点还受到文化和习俗的限制，情歌只能在无人时或者只有青年人的聚会上才可唱。但是情歌在蒙古族民歌中艺术成就较高，具有感情热烈真挚、语言质朴优美的特点，歌中往往以比喻、双关、暗示、联想等手法抒情，有着强大的感染力量。如《望穿双眼》表达了在封建统治下蒙古族男女青年追求真挚爱情和自由婚姻的思想情感。

婚礼歌：婚礼歌是蒙古人在结婚仪式上演唱的民歌。这类民歌是由许多既互相独立、又有内在联系的歌曲组合而成的一个套曲。大体包括迎宾曲、敬酒歌、欢庆歌、送宾曲四部分，带有很强的生活风俗性和礼仪性。不同程序的歌有不同的语言特色和音乐特色，如迎宾曲质朴亲切，敬酒歌清润幽雅，欢庆歌热烈奔放，送宾曲缓

---

① 任文军：《甘肃蒙古族史话》，甘肃文化出版社2009年版，第83—87页。

慢悠长。

思乡曲：在甘肃蒙古人的民歌中，思乡曲占有较大的比重，这是同他们历史上长期处于流动和迁徙的生活状况相关联的。内容一般有两类：一类是远离家乡参加战争的男子所唱的思乡之歌；一类是远嫁他乡的青年女子所唱的思乡之歌。思乡曲具有较高的艺术性，词曲互称，曲调婉转优美，节奏舒展，表达情感细腻委婉，具有真挚感人的艺术特色。

此外还有谚语格言式的民歌，以寓教于乐的方式使人们受到启迪和教育。如《风景优美的高山》以谚语式的语言告诉人们，高山、大河、土地、草原，都是百姓的家园，而不是某人的私产。反映了劳动群众当家作主的愿望，具有强烈的民主意识和反抗意识。《驼不吃的柏叶》针针见血地直指封建统治者，深刻地揭露了他们的昏庸和残暴。《创建者的后代》以反复比喻的方式，说明创建者的后代只有自强自立，才能维护自己的地位。

（三）肃北蒙古族的舞蹈

蒙古族舞蹈是具有悠久历史的艺术。据史料记载，在古代蒙古人的生活里，舞蹈占有很重要的地位。一个部落推举出了新的领袖，要举行盛大集会，全部落一起跳集体舞蹈，在地面上踏出"没胁之蹊，没膝之尘"，这是何等壮观的场面！不同氏族的部落缔结联盟，也要举部跳热烈欢腾的集体舞蹈。出征举行隆重的誓师大会，要跳雄壮激烈的集体舞蹈；行军有乐伎随行，要跳独特的军中舞蹈；作战阵前高声歌唱，舞之蹈之，以壮军威；战争胜利，要举部跳充满胜利喜悦的庆贺之舞。在生产生活中，更是离不开舞蹈，反映生产活动的如狩猎舞蹈、放牧舞蹈；反映生活的如迎宾舞蹈、宴会舞蹈等。

安代舞："安代"为蒙古语译音，意为"抬头起身"。这是一种在节日、宴会和聚会的欢乐气氛中跳的集体舞蹈。传说从前有位蒙古族姑娘久病不愈，她坐着父亲赶的牛车外出求医，走到一个地方，车轴突然折断，不能前进。老人焦急万分，绕着车一边走着，一边唱着忧伤的歌曲。周围的人被老人感动，也一边唱着，一边跳起舞来。姑娘得到安慰，抬头起身，病马上就好了，老人和大伙儿越发高兴地跳起舞来。从此以后，每当碰到高兴的事情，人们便聚在一起跳起这种舞蹈来，并把这种舞蹈称为"安代舞"。

现在，安代舞已经成为人们欢庆节日或庆祝丰收的一种娱乐形式。安代舞的人数多少不拘，有时多达数百人，歌舞通宵达旦。人们或手持绸巾、手帕，或手提衣襟，围在一起，由一人领唱，众人相合。开始时伴随着缓慢的舞步，由祝颂者唱一段赞词，接着舞曲由缓渐急，曲调由低变高。领唱者有时见景生情，随唱随编。随着领唱者的节奏变化，众人的舞姿更加奔放，歌声也更加激荡动人。男女老幼喜笑颜开，将手中的彩巾不断地向下甩去，又向上扬起。舞蹈队形有时成圆圈，有时又排成直行。整个舞蹈动作简练有力，淳朴健康，节奏强烈，气氛热烈。

盅碗舞：盅碗舞又称顶碗舞，蒙古族的传统舞蹈之一。这是一种在欢庆节日里由女性表演的独舞，表演者头上顶碗，双手各拿着一对酒盅翩翩起舞，时而扭肩游臂，时而甩手击盅，使酒盅发出有节奏的响声。那头顶叠碗的技巧，柔如柳枝的双臂，急速抖动的双肩，富有韵律的身姿，表现出蒙古族少女勤劳朴实、美丽娴静、纯洁活泼的性格和欢快的心情。细腻含蓄的舞姿刻画出好客的蒙古族妇女在欢宴时忙碌的形象。这个深受蒙古族喜爱的舞蹈，经过文艺工作人员的整理编排，现在已经成为乌兰牧骑演出的保留节目。

筷子舞：筷子舞是蒙古族民间舞蹈的形式之一，因以筷子为道具而得名。原是一种在喜庆宴会上由男子表演的独舞。伴奏者在周围席地而坐，唱着喜庆歌曲。表演者在中间，手握一把筷子，忽上忽下用筷子快速敲击肩、手、腿等部位，并不时敲打地面，一会儿旋转，一会儿跪地，两肩和腰部随着相应扭动，舞蹈轻快、欢乐。现在已经发展为男女共同表演的形式，一般由四男四女集体表演，男子右手持筷一把，女子双手各持筷一把，基本动作大体保持原有形式，也是乌兰牧骑演出的保留节目之一。

响铃舞：响铃舞是一个艺术性较强的表演舞蹈。演员身着民族盛装，手腕、脚腕分别戴着清脆的响铃，随着演员旋转身体，抖动双肩、双腿，响铃发出有节奏的、悦耳的声音。舞蹈气氛欢快热烈，反映了蒙古族人民热爱新生活的愉快心情。甘肃省肃北蒙古族自治县乌兰牧骑编演的《快乐的响铃舞》，在1983年荣获国家文化部和国家民委颁发的舞蹈和音乐创作二等奖。此后这个舞蹈不但成为肃北乌兰牧骑的保留节目，后来还成为甘肃省民族歌舞团的演出节目，并被许多文艺表演团体吸收，广泛传播。

鹰舞：在蒙古人眼里，鹰是勇敢、凶猛、敏捷的象征。表演者平伸双臂，抖动手腕，曲膝碎步，惟妙惟肖地模仿着雄鹰的种种姿态，表现了雄鹰时而展翅飞翔，盘旋高空；时而敛翅回首，理喙羽毛；时而高居山岩，傲视苍野的情景。气势英武豪迈，仿佛雄鹰翱翔在蓝天绿草之间。肃北蒙古族自治县乌兰牧骑编演的舞蹈《草原雄鹰》，在1986年12月全国民族民间音乐舞蹈比赛中获创作二等奖。

三 阿克塞哈萨克族的艺术

(一) 哈萨克族的舞蹈

哈萨克族民间舞蹈艺术生动地表现着牧民的劳动和生活特点及情趣。"劳动舞"就是反映劳动场景的舞蹈，男女都参与其中，从剪羊毛开始，洗毛、弹毛都编排其中，人们一会儿排成一队，一会儿围成圈，队形时时变化，动作简练优美、生动逼真；"交日孕尤比"（狗熊舞）所表演的生活场景是狩猎；"阿克候比"（白天鹅舞）、"鹰舞"等是模仿飞禽走兽的舞蹈。在甘肃哈萨克族牧民中流传较为广泛、喜闻乐见的舞蹈，主要有"狗熊舞""哈拉交尔尕""沃尔铁开""劳动舞""萨勒古仁"等民间舞蹈。①

---

① 俗阿利·阿布塔里普、汪玺、张德罡、师尚礼：《哈萨克族的文化艺术，人文礼仪及禁忌习》，《草原与草坪》2012年第6期。

狗熊舞：狗熊舞是一种模拟狗熊举动的民间舞蹈，它是一个带有情节类似哑剧形式的舞蹈，不分场地，随时随地都可表演。关于这个舞蹈，还有一个传说故事：很久以前，有一个猎人经常到深山老林里狩猎。有一天，他打猎的时候碰到了一只狗熊，这只狗熊非常粗壮肥大，而且非常凶猛。猎人不敢近前，就躲藏起来观察它的一举一动。他看到这只狗熊与其他野兽不同的奔跑姿式和一些有趣的举止动作。猎人回来之后，便把他所见所闻告诉大家，并且模仿着狗熊的各种姿式和动作。在这当中，他又把传说中狗熊用爪子抓人，以及抓到人的可怕情景加了进去。此舞蹈便由此而产生了。

狗熊舞的表演者一般为男子。出场先做狗熊行走、爬动、冲扑等动作。又变换为狗熊呼啸着猛然扑上去，举掌打人抓人，样子凶猛残暴，表现出野兽的残忍、凶恶。这时，另一个表演者随着狗熊的扑击倒地，佯装死亡。这只"狗熊"就围绕着"死人"玩耍、跳跃，做出欣喜、高兴的表情和防范的动作，而后试探着接近"死人"，用耳朵听一听，用鼻子闻一闻，又绕"死人"转一圈，试探着用爪拨弄一下"死人"，直到认为猎人真死了，才欢快地叫喊起来，蹦跳起来，表示它胜利了。接下来转换另一组动作：狗熊把"死人"扶坐起来，围着"死人"，做试探性动作，最后狗熊把"死人"放在背上，蹦蹦跳跳，逗乐玩耍。就在跳跃玩乐的过程中，猎人悄悄举起枪射击，一声枪响，狗熊应声倒下。但只伤了狗熊的一条腿，狗熊抚着腿跳着，重复着前面的扑、跳、喊等动作。这时又是一声枪响，它彻底倒下去死了。这时，上来一位猎人剥下狗熊皮离去，舞蹈就此结束。

哈拉卓尔尕：流传于甘肃哈萨克族牧民中，一般在庆典节日中表演，大多由一男一女表演，不分场地。相传以前有一个哈萨克族牧人，在他所见到和所熟悉的各种马里，认准了一匹与众不同的黑骏马，它不但体格高大健美，而且性情恬静温顺，行走奔跑十分平稳，没有一点颠簸的感觉。这位哈萨克族牧人非常喜爱这匹黑骏马，于是，便创造出《哈拉卓尔尕》（黑走马）这个舞蹈，模仿骏马奔跑行走，节奏明快，热情奔放。

劳动舞：是一种反映牧人劳动和生活场面的，并经过艺术加工，以舞台为主表演的舞蹈。据说来源于前苏联哈萨克斯坦。它是艺术工作者创作而又在民间流传、加工、完善的产物，从开始到结束，表现了哈萨克族日常生活和放牧中的场面和过程，带有一定的情节。如放牧归来羊群收圈的情节，妇女们挤奶、剪羊毛、堆毛、弹毛、擀毡、捻毛线等情节。因此，这个舞蹈是哈萨克族牧民生活和劳动的真实写照。

沃尔铁开：沃尔铁开是一种借助道具表现出一系列动作的舞蹈。相传在以前，有一位哈萨克族牧人，在常年放牧过程中，发现他的羊群中有一头非常勇敢的头羊，无论刮风下雨、电闪雷鸣，无论野兽袭击，它总是勇敢地带领羊群，战胜险阻往前行走。牧人对这只勇敢的头羊产生厚爱，在不断观察、思考、摸索中，根据这只头羊的行走动作、神态和遇到险阻时的应变情景创作出舞曲，又编出了舞蹈，并在冬不拉演奏中表演，一般在庆典节日和其他热闹场合中表演。

民间舞蹈的表演：一般都不带妆不饰服，多在庆典节日、牧民集会、劳动场地上即兴表演，或一人或多人。表演者一曲终了，或在中间停顿时，可随意邀请在场任何一个人出场表演，凡受邀者，一般都要出场表演。气氛热烈时，观众鼓掌或打口哨，为之喝彩。解放以后，一些民间舞蹈经过艺术工作者的加工完善，逐步搬上舞台。

(二) 哈萨克族的工艺美术

哈萨克族的工艺美术具有非常浓厚的民族特色。日常用品和服饰，住所和生产工具上，均有民族风格的花纹与图案。男子做的木器、铁器、骨器、箱子和柜子上，均包着铁皮，铁皮上压制、镂刻着花纹图案，外面套着布料绣制的箱套，既美观又大方。木床的床栏、扶手等，也刻着各种图案花纹，镶嵌着好看的金属饰物。日常用的马鞍，包着铁皮，镶有银花、宝石，镶嵌成菱形、三角形、弧形图案。马蹬、马笼头也包着铁皮，上面镶刻着花纹图案，有的马鞍子，上还镶嵌着宝石。

妇女会制作各种毡制品和服饰，如用羊毛制作的花毡、地毡、垫毡、壁挂等，上面均有用各种布料剪制成的花样和民族图案。台布、罩面、窗帘、箱套、挂袋、挂帘、挂帐等，上面都刺绣着各种精美的花朵和图案，颜色鲜艳，线条粗犷，美观悦目。还有用各种毛线编织的用品，如毛袋、毛绳、毛带等。牧人使用的绳索是用各种颜色的毛线拧成的，花花绿绿十分艳丽。裹捆毡房的毛带子，均用黑、白、棕、红等毛线编织而成，上面的花纹图案有"人"字形、方块形、三角形等。毡房周围的草帘子，也被制作成各种不同的图案。妇女头上的各种装饰品，如头巾、帽子、三角巾等，更是色彩鲜艳、千姿百态。披巾上绣着各种颜色的花朵，缀着各种颜色的彩扣、彩条、彩边。中华人民共和国成立前，妇女的胸衣前，还缀着银元，或五块或六块，一示美观，二示富有。这些独特的风格和精美工艺技术，都表现了哈萨克族的爱美心理和审美观。

第二节　河湟谷地中的民族艺术

一　临夏地区回族、东乡族艺术

（一）临夏回族砖雕

去过临夏的人，最令人印象深刻的一定就是它的砖雕了。临夏的砖雕非常流行，是用最古老的建筑材料——青砖雕刻而成的。在临夏的街道处处可见，像是清真寺、拱北、公园，甚至是民居都有砖雕，不仅体现了当地特色还起到了美化城市的作用。临夏的砖雕已经有几千年的历史了，是中国传统文化和伊斯兰教文化以及回族民间艺术互相融合的结晶。

临夏地区曾出土过许多宋金时期的砖雕，所以通常认为临夏的砖雕是从北宋开始的。史学家们根据历史资料和出土文物，认为宋代是砖雕发展的一个鼎盛期。在北宋，墓室用砖雕装饰已经十分普遍。河南、山西、甘肃等地发现的北宋墓室都证明了这一点，墓室的三面墙壁都是砖雕，临夏发现的北宋墓室也是类似。这些地方出土的砖墓装饰的技术已经比较成熟，有很多已经接近现代工业技术制成的砖雕作品。

清末民初以后，由于交通业的迅速发展和民族文化的交流融合，临夏回族的砖雕艺人走出临夏，去向世界各地。出现的地点也不仅只有清真寺，在佛教、道教的寺庙上都会发现砖雕艺术，甚至有些民间建筑上也有砖雕艺术。这些砖雕不仅是回族砖雕艺人对砖雕艺术的传播，也是不同民族人民的交流，更是不同文化碰撞融合的结果。雕刻的内容深受中国传统文化的影响，北宋，这一时期雕刻的题材内容主要是花卉动物和人物情景。宋金砖雕中以花卉动物图为最多，主要有牡丹、荷花、飞龙、麒麟、祥鹿、奔马等，是中国民间传统祥瑞心理的表现。

（二）东乡族、回族花儿艺术

"花儿"属于民族民间歌曲的一种艺术体裁。它发源于甘肃、宁夏、青海的少数民族情歌。"花儿"的内容丰富多样，语言形象生动，形式活泼自由，曲调优美昂扬，无一不表现着浓郁的生活气息和乡土风情，流行于甘肃、宁夏和青海接壤地带。当地的回、汉、撒拉、土、东乡、保安、裕固、藏族同用汉语演唱。从唱词结构上，可分为河湟花儿和洮岷花儿。花儿不仅在劳动的时候被歌唱，还有一个专门为花儿举办的活动——"花儿会"。"花儿会"在农历的四、五、六月举行，男女老少围聚在一起，络绎不绝。而名称的由来是因在演唱过程中男方称女方为"花儿"。有时"花儿"也叫"少年"，这是因为演唱时女方这样称呼男方。演唱的内容没有固定内容，但以情歌为主，且一般都为即兴演唱。唱歌的形式可以是独唱，也可以对唱。这种形式特征满足了人们在乡间劳作生活的需要，既愉悦身心，又丰富生活，是民间文化的典型形式。"花儿"的基本特点是以生动、形象的比兴起句，文辞优美，格调严谨，长于抒情，结构以四六句为主，曲令有百十种之多。在2009

年时"花儿"被列为世界非物质文化遗产,无论是在甘肃省或是中国乃至世界都是盛开灿烂的文化瑰宝。

甘肃临夏孕育发展出了"花儿",同时也是河州"花儿"以及洮岷"花儿"的发源地。所以甘肃临夏对于花儿的传承发展而言至关重要。"花儿"在本土地区十分普及常见,无论孩童或老人都能唱上几句自己所中意的"花儿"。

"花儿"近些年越来越受到社会大众的关注。"花儿"在过去地位一直不高,"花儿"又称"野曲",是在山野和田间演唱的一种高腔山歌。到民国时期在国族主义氛围中,才进入大众视野。20世纪末人们厌倦高楼大厦的机械化生活,返璞归真的情结一度高涨。保护文化多样性被提到了前所未有的高度,保护与传承民族文化便成了要紧事务。通过共有的文化记忆来进一步增强民族认同,也是提高本国的"文化软实力"的重要途经。在非物质文化遗产热的背景下,人们纷纷开始重视文化强国,政府也开始重视保护和传承本地特有民族文化,民族文化得到了前所未有的关注和弘扬。

20世纪80年代,花儿的演唱形式已发展到花儿歌舞剧。随后在甘肃省及多方努力下,甘肃"花儿"于2009年入选为世界级非物质文化遗产,成为大众关注的对象。关于"花儿"的学术论文在数量和质量方面都十分可观。政府部门也在积极召开当地"花儿"的学术研讨会。这些都成为打造地方文化符号的重要举措。

文化本真性的问题总与文化的传承和保护相伴随行。越来越多的保护途径使得"花儿"与它的民间性和本土性貌合神离。脱域的"花儿"如何在"标准化"的体系下保持它的原本面貌,实现文化多样性,还需要我们不断思考实践。

(三)东乡族传统手工艺

东乡族擀毡艺术:东乡族擀毡艺术是东乡族传统的民间手工艺技艺,在2008年被国务院列入为国家级非物质文化遗产名录。北方人素来喜欢睡土炕,羊毛毡隔潮保暖,东乡族历来养羊,因而关于羊的材料在人们的生活中普遍常用。过去这个技艺东乡族的男人们人人精通，不难看出擀毡在东乡族中的流行程度。随着时代变迁、社会发展，现代科技不断地进步，这无疑是对传统手工业的巨大挑战。这门技艺的部分程序已逐渐机械化，生产出的产品也逐渐被其他同类制品所替代。而经济发展的冲击更多体现在传承方面。多数技艺人外出务工，传承群体人数急剧减少，而还留于此地的技艺人或年事已高或相继去世。肯花费多年时间学习这门技艺的年轻人更是少之又少，传承问题矛盾突出，技艺面临失传风险。近年来，为解决这一突出矛盾，在政府大力扶持下，北岭乡擀毡艺人马舍勒在龙泉集市建立擀毡工艺手工作坊，专门用于传承和发展东乡族擀毡工艺。擀毡传承人马舍勒，是北岭乡前进村村民，16岁便从父学艺，每逢农闲，他便走村串户从事这门手艺，增加收益。2004年，他结束了走街串巷的日子，在龙泉集市建立了擀毡手工作坊，专营毛毡加工。功夫不负苦心人，2008年，马舍勒被批准为国家级非物质文化遗产保护项目东乡族擀毡技艺的省级传承人。东乡的毡种较多，如春毛毡、秋毛毡、沙毡（山羊毛制的）和绵毡（绵羊毛制的）等，以棉毡和秋毛毡为佳品代表。毛毡的尺寸通常有四六毡（宽4尺、长6尺）、五七毡（宽5尺、长7尺）、单人毡、拜毡（伊斯兰教做礼拜时用的）；毛毡的颜色通常有白毡、红毡、花毡、瓦青毡（黑白羊毛混合制的）等。毛毡可以制成毡鞋、毡帽、毡鞯（垫马鞍的东西）等。虽然只是普通的羊毛，但因毡匠的技艺高超，东乡族的毛毡柔软、舒适、保暖、美观大方、经久耐用，名传西北各地。

东乡族钉匠工艺：东乡族钉匠工艺，也是被列入国家级的非物质文化遗产。东乡族钉匠工艺是东乡族特有的传统手工技艺，由东乡族先民"撒尔塔"人从中亚传入，至今已有700多年的历史。到民国期间，东乡族钉匠工艺进入鼎盛时期，尤其是锁南、龙泉、坪庄、春台一带地区的钉匠工艺最为有名。在东乡地区，专门补钉细瓷、眼镜、铁锅的手工艺人叫钉匠。其历史悠久，技艺精湛，用途极其广泛。钉匠多以挑担在集市上设点摆摊为业，有时走村串户，维持生计。钉匠又有焊补和钉补之分。焊补主要用于铁、铜器的修补；钉补主要用于细瓷和眼镜的修补，钉补后瓷器除有微小的裂痕外与正常无异。随着社会的发展和现代文明的冲击，钉补需求越来越少，只有少量的名瓷文物，贵重的眼镜等进行钉补，从事钉匠工艺的艺人不断减少，几近失传。

二　积石山保安族艺术

保安腰刀：保安腰刀是保安族独具特色的传统工艺品，与云南阿昌族的户撒刀、新疆的英吉沙小刀并称为"中国少数民族三大名刀"，享誉中外，闻名天下。2006年6月，保安族腰刀锻制技艺被列为第一批国家级非物质文化遗产名录。

保安腰刀关于匠人的由来有许多故事流传民间。相传在南宋时期，保安族祖先铁匠们在宋军驻守的城门外经营着一家铁匠铺。那是一个政治动荡的时代，战争常年不断。宋军认为在城门口打铁制品存在安全风险，想让铁匠们离去。铁匠们说："我们老实本分，只给百姓们打制日用品，谋生安家，从未给官家带来祸患，为何驱赶我们？"争吵升级发生斗殴。铁匠手臂力量巨大，混乱中一锤打瞎一宋兵军官的眼睛，便骑马仓皇逃跑，跑到蒙古军驻守的区域，蒙古军经过询问得知此人为铁匠便开门欢迎。蒙古军人都来自草原部族，擅长骑马射猎，但面对打磨器具却是一筹莫展，因此就让他们在城内开设铁匠铺。后因铁匠们手艺精湛被元朝编入军户，专门为军队打制骑兵用具和兵器。随元朝军队一路迁徙来到保安定居。

保安族的民族发展史在一定程度上可以说便是保安腰刀的发展史、悠久的保安腰刀打制史，为这个民族增添深厚的文化韵味。早在800多年前，保安人的先民们就为元军打制刀具，那些作战刀具应该是"保安腰刀"的雏形。在时代变化中，保安腰刀除了战争用具、防护自卫外还有了商品的属性——保安族使用腰刀交换牧民的牛羊和其他日常生活用品。之后的发展里，打制保安腰刀逐渐演化为保安族人民传统且重要的经济活动之一，也是保安族经济文化的命脉。改革开放之后，保安人民重点发展民族传统手工产品，集中能工巧匠，与时代科技相结合，开办刀具厂批量生产，在工艺上推陈出新，相继出现"什样锦""波日季"等多个品种，推动保安腰刀的传承与创新进入了一个全新时期。

保安腰刀技艺的传承大部分是在保安族内部进行的，多是族内的父子相传，传男不传女，传贤不传愚，其次是亲戚、邻里之间的传承，现代的社会传承方式很少，轻易不肯招外族人为徒。由此可见在技艺传承上有很强的排他性、保守性、封闭性。学徒拜师学艺后，需两三年的时间细心研学。学徒学有所成后，必须要得到师傅的首肯，方可开炉打刀单独经营。但是如果没有得到师傅的允许而私自开炉，师傅可上门将其炉子打碎，斥责其不尊师重道私自开炉的行为。

随着时代的发展，改革开放的日益深入，各民族间经济、文化交流不断频繁、密切，保安腰刀技艺的传统传承方式也有所开放，一些回、东乡、撒拉、汉等民族的群众，也从保安族工匠手里掌握了制刀技艺，加入了打制腰刀的行列。保安族人民用自己的勤奋和智慧、独特的冶铁技术和制作工艺创造了"保安腰刀"的辉煌。保安腰刀已远销青海、宁夏、新疆、四川、西藏、内蒙古、云南等省区及港澳地区，有的还远销日本、西欧、印度、沙特阿拉伯、尼泊尔。

保安族刺绣艺术：在古代，有"男耕女织"的美传，刺绣艺术随着时间流逝至今仍是广大妇女热衷的民间艺术，其中也包括保安族的妇女们，她们用亲力亲为所得的刺绣装饰服饰和屋内，丰富自己的生活和精神。有一首保安族"花儿"是这样唱的："青缎子鞋面（哈）斜裁上，什样锦花草（哈）绣上。阿哥（啦）坐的着地边上，好似像六月的会场。"在透露出保安族刺绣信息的同时，还表达了保安族青年男女间纯真浪漫的爱情。

保安族传统民间刺绣品种类繁多，有绣花鞋、鞋垫、绣花衣、帽子、咪哪（少女头饰）、荷包、桌裙、床裙等。全球化和地方性的矛盾加剧，对民间传统刺绣冲击巨大，这项技艺岌岌可危。在保安族内这项传统技艺主要是女承母艺、媳承婆艺。刺绣的技法有很多，具有代表性的有乱针绣、错针绣、挑花、网绣、簇绣等。刺绣材料也有很多，例如棉布、丝绸、五彩线等。刺绣的内容不绣人物，多为自然动植物。有些还根据图案的象征意义和自己的心愿，借物寄情、借花寓意，冠之吉祥、清雅的名称。

保安族民间刺绣种类不胜枚举，但最多的当属绣花枕头、绣花鞋、绣花荷包了。绣花枕头在民间生活中最为普遍，刺绣的图案也丰富多彩。绣花荷包也是保安族主要的刺绣产品之一，共有以下三种用途：（1）在端阳节时给儿童佩戴。意在祛病避邪，防止蛇虫叮咬。（2）居室内的装饰品。荷包做工考究、图案高雅、吊挂居室内，独具风情。（3）爱情信物。未出阁的姑娘们经常将自己精心刺绣的荷包送给自己的心上人。而收到荷包的小伙子也贴身收藏，异常珍视。荷包样式繁多但多为吉祥安康寓意。①

传统刺绣工艺在保安族服饰文化中占有重要地位，保安族男女的衣帽上几乎都有精美的刺绣。传统刺绣在男性服饰上体现为以下三点：（1）号帽。在符合伊斯兰教教规的情况下用刺绣作为装饰，刺绣阿拉伯字经文祈求平安福康；（2）"绑身子"（一种类似马甲的服装）。绣花、镶边；（3）腰带。大部分带有刺绣的腰带。

保安族民间刺绣品的选材、图案的选取、色彩的搭配等方面风格别致，是一种同时具备了实用性和观赏性的精美工艺品。

三　积石山撒拉族艺术

（一）撒拉族的歌曲

撒拉曲：是撒拉族用撒拉族语言演唱的长篇抒情体裁的民间歌曲。撒拉曲是由若干段意义完整的短诗组合而成，这些短诗紧紧围绕着主题，或叙述一个故事，或抒发某种感情，或塑造形象，多角

---

① 时佳：《保安族服饰研究》，硕士学位论文，北京服装学院，2012年，第43—44页。

度多层次地展开篇章。每首撒拉曲又都有一套固定的曲调,主题鲜明突出,展开部内容丰富,时刻围绕主题,表达了生活中喜怒哀乐等不同情感的交织。从内容上来说,撒拉曲大多数属于抒发男女心中恋情的"情歌"或"恋曲",这也反映了在封建旧社会里青年男女恋爱、婚姻不自由不自主,渴望冲破封建礼教的罗网,追求纯洁真挚的爱情和幸福生活的美好向往。从表现手法来看,大量运用民歌中的比兴手法,借物喻情,借物喻人,借物咏志。从格律上说,每首曲调的结构较自由,每组短诗的句式比较固定,其中四句、六句、八句居多。每句字数基本都为5字,有时还会添加衬词,节奏短促明快,旋律奔放激昂,尾词拖音悠扬旋长,朗朗上口,易于抒发歌唱者炽热深厚的情感。从语言上说,歌词优美,音乐感强,词汇丰富,比喻贴切形象,寓意深刻。

撒拉曲流传较广,影响较大,为广大群众所熟悉、喜爱的作品有《巴西古溜溜》《撒拉赛西巴尕》《阿里玛》等。《巴西古溜溜》是一首青年女子赞美自己心上人的情歌。《阿里玛》是一首广泛传咏、老少皆知的撒拉曲。"阿里玛"本是山里的一种小花,才出来的花儿是绿绿的,绽开了的花儿,是红红的,落去时的花儿是白白的。以花喻人,以"阿里玛"多彩的美丽花色来形容撒拉族及藏族、蒙古族、土族、汉族妇女,是这首撒拉曲的特色,它又以轻快的曲调,形象的语言,描绘各族妇女的衣着服饰,成为民俗学研究民族服饰的宝贵资料,并从一个侧面反映了撒拉族与附近兄弟民族杂居相处、和睦友爱的情意。

宴席曲:在撒拉族的婚嫁喜日里,每当满堂宾客,欢笑宴庆时,民间歌手们便自动站起身,唱曲助兴,所唱之曲,统称为宴席曲。其格调不一,歌唱者即兴编词,有一人唱的,也有一人唱众人和的,主次分明,形式自由,演唱者还伴以一些简单的舞蹈动作,更增添了吉日热闹欢乐的气氛。较为流行的曲子有《依秀儿玛秀儿》《吾热赫苏斯》等。值得一提的是,回族的宴席曲《方四娘》《马五哥》,汉族民歌《孟姜女》《蓝桥相会》等曲子也在撒拉族流传甚广。《依秀儿玛秀儿》是描写撒拉族服饰的曲调，格律自由、诙谐幽默、节奏轻快、生动活泼。其歌词共五段，每段首尾重叠，连环紧扣，在宴席曲中别具一格。

哭婚调：在撒拉语中称为"撒赫斯"的哭婚调，是当地民族民间音乐的一种小调，多描写新娘出嫁时抒发苦衷的一种悲歌，悲歌当哭，在旧社会里，撒拉族重男轻女，通行早婚，少女对此十分痛恨，但又无法摆脱命运的归宿，只好用含泪的小调来进行控诉封建旧社会的重男轻女思想。

劳动号子：撒拉族的劳动号子有多种，如《打场号子》《打墙号子》《伐木号子》《打瓦号子》等。其声调高吭激昂，勇武有力，抒发了人民群众热爱劳动、热爱生活的激情，在繁重的劳动过程中也藉以消除疲劳和振奋精神。其歌词比较简捷单一，节奏感强，如伐木号子："唉嘈啰吭哟！齐心者拉哟！唉嘈唛唉哟！小心者扛哟……"当人们在深山老林中伐木运材，忍受着饥饿、疲乏，冒着种种危险，呼喊着近乎原始又粗犷的号子，自有一股激荡人心之力。

撒拉族"花儿"："花儿"是撒拉族用汉语唱的一种自由式山歌，声调清脆动人，内容自由奔放，因受藏族民歌的影响，普遍带有颤音。其调门有《撒拉大令》《孟达令》《水红花令》等多种。歌词一般为四句、六句，也常有半阕为两句半称"折断腰"的。唱法有独唱、对唱、联唱等形式。在歌唱时大都在句中加用撒拉语作为衬词，使其更具民族特色。

口弦：撒拉族唯一的民族乐器是口弦，多为青年妇女使用。用铜或银制成，呈马蹄形，长不过一寸，重不到一钱，中间嵌一根又薄又细的簧片，尖端弯曲，含在嘴里用舌尖或手指尖弹拨，其音量虽小，但音质优美，悦耳动听。

（二）撒拉族的手工艺术

刺绣：刺绣是撒拉族妇女普遍喜爱的一门艺术，常用的技法有平绣和堆绣。过去，一到农闲时节，三五成群的妇女们聚在一起，进行绣花，相互切磋技艺。她们喜欢在枕头、袜底、袜后跟、女鞋尖、围兜、荷包上绣上各种图案，表达内心情感和对美好生活的向往。绣的图案有梅花、月季、菊花、马莲花等。还有的是寓意性的图案，如鸳鸯戏水、双蝶逗嬉、龙凤呈祥等，这些图案做工精致，纤巧玲珑，色彩鲜浓，采用夸张变形的手法，富有简洁拙朴的装饰性。每逢婚庆佳日，女方要摆出新娘的针线活，人们都以刺绣水平高低评论新娘的德和艺。小伙子们喜欢一个姑娘，就看她的刺绣手艺。熟能生巧的中老年刺绣艺人，尤为受到村子里男女老幼的青睐和崇敬。

对于民族文字失传的撒拉族来说，刺绣代替了文字，发挥出文字符号的功能，从而使失去文字的撒拉族在这刺绣艺术中找到了自己特殊的表情达意的符号和形式。

剪纸：剪纸艺术是中国传统的民族民间手工艺术之一，也是过去撒拉族地区最普遍的民间艺术之一。流传广泛的原因则是因为它不仅用具材料极为简单普遍，且适用范围也极为普遍，可以直接贴在窗户或门楣上，或用于婚嫁喜庆传统节令的美化装饰，或用作鞋、枕头等刺绣的底纹，或作为艺术欣赏品。因此剪纸成为撒拉族群众一种重要的民间美术形式。首先，从撒拉族悠长的民间剪纸历史可以看出，它是真正的劳动群众，尤其是撒拉族农村妇女的创作，正因为这样，剪纸艺术的题材内容，是与广大的撒拉族劳动群众，特别是农村生活密切相关的，如喜闻乐见的山水花鸟以及一些喜庆寓意的题材。以上题材生动鲜明地体现了撒拉族人民思想感情和审美情趣。其次，从制作技法可以看出，受制作材料和工具的限制，刻画形象只能通过镂空和物体的连接，表现的场面和复杂程度极其有限。因此剪纸艺术要想出彩，要依靠作者本人丰富多彩的想象力和鲜明集中的概括力，用夸张、变形等手法创造富有趣味性的艺术形象。造型简单明了、艺术构思巧妙灵活、色调鲜明，这就是撒拉族民间剪纸艺术特点。再次，以撒拉族民间剪纸的风格来看，天真浑厚中含玲珑剔透，粗犷豪放中见飘逸秀美。最后，从撒拉族民间剪纸的样式上来看,可分为窗花和鞋花。窗花是粘贴在窗户上的一种剪纸,鞋花是用作刺绣鞋面(或鞋垫)底样的一种剪纸。[①]

第三节 甘南草原上的民族艺术

一 甘南藏族的艺术

(一)甘南藏族的歌舞

甘南藏族舞蹈根据歌舞的不同发展历程,可以分为原生性舞蹈和舞台歌舞。根据歌舞表演的形式不同,可以分为民间歌舞与现代歌舞。根据歌舞表演的意义不同,可以分为仪式歌舞与娱乐歌舞,自娱自乐型歌舞和表演型歌舞。有时候歌舞的性质不是那么明确,有些民间歌舞既是仪式歌舞又是娱乐歌舞。伴奏乐器主要为长柄鼓、大鼓、大钹、大号、小号、唢呐、六弦琴、竹笛、鹰笛、四胡、牛角琴等。

(1)罗罗舞:罗罗舞为"多地"舞一种,流行于舟曲县藏族群众中。一般在春节等节庆时舞。没有乐器伴奏,但有传统舞曲,边唱边舞,不限人数。领舞姑娘手摇串铃作导引,跳舞的人群跟随串铃发出的不同节奏,变换队形和舞步。步法、身法多样,脚有蹭、踏、跐,膝有屈、蹲,身有拧、摆、扬,胯有送、摆,肩有端、送、晃,手有抬、晃、甩,眼有跟手、随肩。动作十分灵活多变。

(2)洛萨舞:汉语称新年舞,以祝福为主要内容,融诗、歌、舞为一体,众舞者相互牵手,挪步踏歌,肃穆典雅,以心起舞,以情踏歌,心、情、舞相交织,动作划一整齐,场面宏伟壮观,为群众喜闻乐见。

(3)莎目鼓舞:流行于卓尼洮砚、藏巴哇、柏林一带,又称巴郎鼓舞。巴郎即皮鼓之意,造型极像小巴郎鼓。直径约1尺,柄长

---

① 唐穗生:《简述中国民间美术〈剪纸〉艺术》,《美与时代》2003年第10期。

1.2 尺左右，鼓面材质为羊皮、马皮或牛皮等动物皮，两个用布制作的小圆球，用半尺长的细绳系在两边。舞者手持巴郎鼓边摇边舞，鼓声咚咚作响，浑厚而深沉。巴郎鼓手没有性别和年龄的限制，男女老少皆可做鼓手。但男女之间必须分开，不能一起跳，而且舞种也不同，这其中的动作、唱词及曲调都有明显区别。莎目鼓舞动作幅度较小，舞姿优雅、细腻婉转，其中虽有热烈奔放、气势磅礴的舞蹈，但没有幅度较大的动作。这充分显示了藏族人坚毅、内敛、朴实、善良的淳朴性格和内在品质。莎目鼓舞歌与舞相一致，歌词以敬神、祝祥为开端。

（4）锅庄舞：锅庄是流传在甘南、天祝、肃南草原藏区的一种热情、豪放、矫健的藏族古老歌舞。甘肃藏区称果卓，意为圆圈舞。锅庄产生于原始社会，那时部落的人白天出外狩猎，晚上聚集在一起，围着劳动果实引火聚餐，手舞足蹈，以示欢庆。比如《兔子果卓》就是反映远古时期人们捕猎欢庆的一种拟兽舞。再如《赛马舞》《打青稞舞》《狩鹿舞》《捻羊毛舞》等，都不同程度地反映了当时游牧部落的人们的生活。12 世纪时，锅庄舞蹈随着西藏的佛教、文化、艺术流传到甘青地区，与甘肃藏区的土风舞相渗透，融合后发展为现今的具有甘肃藏族特色的锅庄舞。

甘肃藏区的锅庄舞是一种无伴奏的舞蹈。其表演程式是：男一排女一排围成圆圈，男一段女一段对歌，且歌且舞、歌舞一体。女的动作小而含蓄，男的动作大而奔放。基本手势一般是伴着音乐节奏，步伐随意自然摆动，规范起来有"前后甩手"、"单手上下甩动"、"单手绕袖"以及"双手绕花"等动作。刚开始时平稳缓慢，舞姿矫键豪迈，曲调深情委婉；逐渐加快转为中板舞，舞姿粗犷奔放；结束时为快板舞，挥舞双袖，飞腾旋绕，热情奔放。根据各地风情不同，快舞慢舞，各有专曲。

（5）弦子舞：弦子舞是一种流畅、圆润、优美、抒情的歌舞。较之拟兽舞等，弦子舞产生较晚。一般认为，弦子舞发源于巴塘。巴塘弦子舞流传到甘肃藏区，是五世活佛嘉木样之时。1920 年农历九月二十二日，五世活佛嘉木样大师从西康理塘来拉卜楞寺坐床时，随同带来了一批家乡能歌善舞的亲属随从。后来，在这批人的引导下，康巴的各种歌舞很快流传到拉卜楞地区，熔当地民间舞于一炉，形成了独具特色的拉卜楞地区的弦子舞。跳弦子舞时，男女各一排，围成圆圈。也有男女交叉和纯女子舞蹈。舞姿依其曲调"袅纤腰以回翔，轻扬袖之翩翩"。女的上身微微前倾，双袖轻扬，蹉脚扭胯。有时男女连臂踏歌，时而聚集，时而散开，轻歌曼舞，潇洒自如。由于拉卜楞一带的地方风情，领舞的人虽不拉弦子，但也同样颇有风趣。

弦子舞的舞蹈动作以双膝关节的颤扭和摆扬彩袖为特征。神情温婉恬静、舞姿轻盈柔和。曲调比较丰富，内容多为赞颂家乡、歌唱生活等。

（6）池哥昼：池哥昼是流传在文县一带藏区的戴面具祭祀舞。相传很久以前从西藏传来。舞者头上各戴狮、虎、豹、龙、凤、雕、豕、牛、羊、熊、大鬼、小鬼等12种动物面具，当地藏语称"池哥昼"，汉语叫十二相祭祀舞。每年一跳，一般在正月十三祭奠山神时跳，从文县铁楼藏族乡麦贡山一带开始，然后从茹贡山、强区、枕头坝、草坡山、荔枝山，一山一峰、一村一寨地按次跳，一直跳到正月二十日为止。成为当地藏族群众最欢迎、最隆重的一种传统祭祀古舞。

据有关藏文经典中记载，"池哥昼"祭祀舞始于公元7世纪初，当时吐蕃赞普松赞干布为成功创造吐蕃文字和制定各种法律举行了一次规模盛大的庆典仪式。在这次庆典仪式上，首次上演了装扮狮、虎、豹、龙、凤、雕、豕、牛、羊、熊等十二种动物的面具舞。后来，这种以兽面具舞作为吐蕃本土的传统舞蹈在各地流传开来。随着时间的推移，逐渐演化成为民间祭祀山神、祈求神灵护佑的祭祀舞蹈。

（7）朵迪："朵迪"是一种藏族民间舞蹈，它流传于白龙江流域的甘南州舟曲县、迭部县藏族聚居区。舟曲县坐落于甘肃省南部,舟曲在藏语中是"龙江"之意,因白龙江穿县境而取名为舟曲县,这里也是我国唯一以"白龙江"而命名的县。舟曲位于青藏高原东部边缘地区,是南秦岭西翼与岷山山脉的交会地带,山峦叠嶂,群峰连绵,一江两河横贯舟曲县。海拔变化较大,在1173—4504米,形成谷地多级气候带,气候垂直变化十分明显。河谷宜居,有"藏乡江南"的称谓。这一独特的地理环境孕育发展了风格迥然的舟曲藏族民间歌舞"朵迪"。

朵迪在当地藏语中意为绕圈旋转的歌舞。在20世纪50年代时被命名为"挪挪"舞,意为挪步起舞,当地汉语方言变音为"罗罗"舞。朵迪表演主要以女性角色为主,在逢年过节或节庆丰收时是藏族群众集体娱乐的一种歌舞艺术。它不拘于环境与年龄限制,老少同乐,内容以祝福或歌颂为主,表演风格较为随性。"朵迪"的歌舞风格正如甘南藏族人民一样古朴自然。它不仅是当地居民千百年文化艺术的结晶,更是羌藏文化融合的结果。通过朵迪我们可以看到人们崇尚自然,追求平安和谐与幸福的美好愿景,也是舟曲藏族人民生活中必不可少的娱乐方式。[①]

(8)尕巴:"尕巴"是藏族人民的一种传统民间舞蹈形式,这种舞蹈与古羌人原始祭祀活动密切相关,舞蹈动作方面借鉴了吐蕃宗教法舞的样式。因此表现形式较为丰富,内容生动鲜明。表演时以男子为主导,女子则在一旁喝彩。表演及表现形式多样。歌唱内容多为情歌、神话故事等。"尕巴"舞的表演主题有敬山神、狗熊爬树,官兵出征演练等内容。

"尕巴"舞的主要功能是祈福祭神灵,待牛羊肥壮、五谷丰登时(一般在农历十月中旬至十一月下旬)大家共襄盛举举行欢庆活动。藏语称为"道吾"的庆丰收传统饮食节日也在这时举行。活动一般两到三天结束,不仅是欢庆更是为来年祈祷。正式举行前还有一场演练,演练期间耍尕巴的一行人挨户用饭,吃喝唱跳,十分热

---

① 谈爱芳:《舟曲藏族民间歌舞"朵迪"探析》,《音乐创作》2011年第1期。

闹。三天后进入三天的休息期。休息期过后尕巴舞才算正式开始。以墨汁涂面、着藏袍系彩带的男人们，手持器具，排一字长蛇，极具英雄气概。随后主事人一声令下，站前端的那人双手举旗引路。由一长者扮主帅，手执木棒和皮鞭，率领队伍挨家挨户道喜跳舞。每户主人备好烟酒茶饭，点燃香柏松枝，于滚滚桑烟上，撒糌粑、酥油之类，意为将家中积淤的晦气和凶兆借此化为灰烟。当全村最后一户也拜访过后，人们齐聚最初开始的场地欢聚热闹。白天摔跤赛跑好不热闹。夜晚点起篝火，对唱山歌直抒胸臆。①

（二）甘南藏戏艺术

藏戏是一个比较古老的剧种。走源于 8 世纪时的宗教艺术，近代以来，藏戏更加得到了繁荣发展。

藏戏从公元 7 世纪开始到公元 18 世纪，在藏族文化的发源中心卫藏地区经历了近千年的孕育、萌生、发展的历史过程。又从西藏传到康地、青海、甘肃各地。其艺术影响远播到甘、青、川、滇等地，以及布丹、锡金、尼泊尔等邻邦。通过几个世纪的实践，藏戏已繁衍、分蘖、滋生出了多种戏剧种。如产生于 19 世纪的安多藏戏"南木特"，就是在西藏戏的影响下，分蘖、滋生出的具有地方风格的剧种。

"南木特"藏戏最早是在拉卜楞寺二世嘉木样吉美旺波的亲自授意倡导下，由贡唐丹贝仲美仿效西藏藏剧的表演形式，将藏族传记文学名著《米拉日巴道歌》中猎人受教化的一段故事改编成剧，当时称《鹿舞剧》，藏语称"哈羌姆"，于每年藏历七月八日的"柔扎"节上定期演出。这就是"南木特"藏戏的雏型。20 世纪初，五世嘉木样丹贝坚木参赴藏学习深造，常利用暇余，观赏藏戏，对西藏藏戏产生了浓厚的兴趣。回籍以后，就把排演藏戏作为一件大事交给了本寺"学富五明、见多识广"的琅仓活佛。琅仓活

---

① 杨忠德：《藏族舞蹈的一枝奇葩——迭部尕巴舞》，《科教导刊》（中旬刊）2010 年第 11 期。

佛按嘉木样的安排，创编了藏族历史剧目《松赞干布》。其唱腔音乐多以当地民歌、说唱调为主，表演多采用民间歌舞和寺院跳神舞蹈形式。剧中还根据不同民族的特点，借鉴了一些其他民族戏剧中程式化了的动作。在表演艺术上，不仅采用人的动作神态，而且模拟飞禽走兽的动作形态。还根据剧情的发展和人物个性的需要，把生活形态提炼美化、变形到特殊的戏剧表演形态，并加以夸张，起到渲染气氛、突出人物个性、增强艺术感染的作用。民国初年，天祝天堂寺也开始排练藏戏《米拉日巴》《智美更登》等剧目，在赛马会演出。20世纪50年代初，拉卜楞红教寺院排了《智美更登》，在兰州上演，受到好评。

"南木特"藏戏从产生迄今，已有一个世纪，但已形成自己鲜明的特色，成为独具一格的戏剧流派，在整个甘肃藏区，乃至安多地区广泛流传，不但在寺院僧侣中排演，而且群众自己也进行排演，成为草原游牧部落群众乐意接受和深受欢迎的一个剧种。藏戏是藏族文化艺术形态中占重要位置的一门融歌、舞、说唱、音乐、文字于一体的综合性艺术。从藏戏的剧本、舞美、唱腔、面具、音乐、服装等方面的艺术构成来看，它是在当地民间舞蹈、民歌、说唱、佛教音乐的基础上，吸收了一些酬神醮鬼的宗教跳神仪式，并结合创编加工的历史故事和佛经故事而逐步形成的。其唱腔与藏族民歌"谐钦"腔调相似，其花腔顿音"振古"与"酒歌"曲调接近。在其形成过程中，又经过无数艺人、戏剧工作者的加工、改编、完善，成为既符合戏剧理论要求，又具有自己民族特色的剧种。

按藏族戏剧学理论的常规要求，每出藏剧，一般分为"顿""雄""扎西"三个部分。"顿"就是剧前道白，向诸神祈祷，向观众敬礼。"雄"就是正戏。"扎西"就是最后剧终时的祝福。据传，"顿"和"扎西"最早是一种跳神仪轨，后来被吸纳到藏戏之中了。

藏戏的舞蹈也有定型的动作和规定的节拍，舞蹈——一般定型为下列九种姿态，简称九姿：（1）娇媚姿；（2）英豪姿；（3）丑陋姿；（4）勇武姿；（5）滑稽姿；（6）怖畏姿；（7）怜悯姿；（8）希冀姿；（9）和霭姿。舞蹈节拍，又分下列六种：（1）"顿达"，一般出场时用，节拍由慢渐快，舞步跳跃变化；（2）"切冷"，前行动作的节拍，先右后左，转半圈曲线行进；（3）"恰白"，敬礼时的节拍；（4）"德车"，静场时轻轻击鼓的节拍，异常缓慢；（5）"格切"，表现长途跋涉样式，作四周环行；（6）"波钦"，是一种上身平伏，下身平跃转圈，表现高难动作的角旋舞。上述这些戏剧藏戏的乐器既简单，又富有表现力，多为佛教寺院举行跳神法会时所用的佛殿音乐乐器。一鼓一钹、一弦一琴，加上一架长号，一把锁呐，就能使一台戏既连贯又完美地演下去。舞蹈动作的表演、唱腔节奏的变化，每个场次的转换、间歇时空的过渡均由乐器指挥。根据戏剧配器，一张鼓有多种击法，鼓钹要配合打击，锁呐长号间奏插吹，以渲染戏剧的气氛和增强演出效果。

（三）藏族传统手工艺术

藏族唐卡在2006年时被认证为中国首批国家级非物质文化遗产。"唐卡"也被称为"唐嘎"，是藏语的音译，意为卷轴画。这是一门在公元7世纪发展而来的艺术形式，也是藏族绘画领域的杰出代表。甘肃省甘南藏族自治州拥有藏传佛教格鲁教派六大寺之一的拉卜楞寺。深厚的藏族文化以及浓厚的宗教氛围孕育出了极具特色的唐卡艺术。甘南藏族唐卡画幅大小不一，种类繁多（绘制唐卡、印刷唐卡和织物唐卡），题材广泛。宗教内容、人物风景、动物花卉都是常见选题。用料和制作过程也极为讲究。制作过程分为备料、绘制、装衬和开光等。用料一般为纯天然的矿物或植物颜料，如金粉、银粉、朱砂等。

不难看出甘南藏族唐卡同时具有观赏性和实用性。极具文化、历史和艺术价值。

（四）藏族壁画艺术

甘肃藏区藏传佛教寺院的经堂、佛殿的四壁，几乎都绘有壁画。壁画取材广泛，表现内容丰富，除一般的佛、菩萨、护法、佛传、佛本生等外，还有历史故事、宗教人物、建筑装饰、民俗风情等。

佛像是寺院殿堂供奉的主尊，也是壁画中出现最多的题材。壁画里的佛像主要是释迦牟尼像（藏语称觉如主巴）。据不同的教义内容，壁画中常见的佛像有燃灯佛、药师佛、毗卢遮那佛、不空成就佛、不动佛、无量寿佛等佛尊形象。佛像组合有一定讲究，如三世佛，即过去佛、现在佛、未来佛这三佛，便画燃灯（过去佛）、释迦牟尼（现在佛）、贤巴（未来佛、西藏称强巴）三个佛像。这些佛像在手势造型、所执法物上不尽相同。如贤巴佛的额顶有一宝塔的标志，药师佛的手中持有药钵，无量寿佛的手中持有无量寿瓶，等等。

藏传佛教还有八大菩萨。菩萨画像主要是文殊菩萨、观音菩萨、金刚手菩萨，称为三部主。其中观音和文殊呈现为女身，慈眉善目，宁静端庄，左持青莲花，右持金刚宝剑；金刚手菩萨手执金刚法器，瞠目张口，须眉如火。在有些场地的壁画中，以莲花、宝剑、金刚三种物象代表这三个人物。[①]

度母（藏语称为卓玛）为菩萨的法身，形象呈女身，神态外貌动人。度母变化多样，共20余种。其中白度母、绿度母、蓝度母、红度母出现的频率较高。罗汉画像的造型、衣饰，与内地寺院罗汉相同，只是藏传佛教为十六罗汉，而汉传佛教是十八罗汉。

四大天王是护法之神，常见于绘制在寺院山门和佛殿门廊或墙壁之上。他们披铠挂甲，着护腕战靴，显得高大挺拔，威严尊贵。四大天王分别是：东者护土天王、西者丑目天王、南者圣生天王、北者毗沙门天王。北天王不仅是护法，也是财神、菩萨。

密宗各类护法神画像不胜枚举，如曲杰（法王）、多吉吉切

[①] 张骏、刘原、王志敬：《西藏人民的瑰宝——简论西藏壁画》，《西藏研究》1984年第4期。

(怖畏金刚)、贡布(依怙神)、华旦拉姆(吉祥天母)、达珍(马头明王)等。这些神像几乎都极具威严感,令人望而生畏。或张牙舞爪、或面目狰狞,或多头数臂具有恐怖感。

壁画中的释迦牟尼业绩图,其中包含《佛本生》和《佛传》两部分内容。"本生"主要讲述了佛陀释迦牟尼前生的故事。花草树木的描绘,多用于点缀或补空。补景小品画中也有反映牧民生活的,如牧牛羊的、挤牛奶的、打酥油的等。

雕塑主要为佛像,和绘画的布局是一样的,寺院上有释迦牟尼殿(主供释迦佛)、选巴殿(主供选巴)、赞康(护法殿)、宗喀巴殿(主供宗喀巴)、三世佛殿(主供过去、现在、未来佛)等。这些殿中塑有主供佛像,有的两边塑有站立的十六罗汉。

对于甘肃藏族妇女而言,刺绣也是手工制作的一项重要技艺,是展示个人娴熟技巧与美丽心灵的生活艺术。刺绣工艺大多用于装饰衣领、袖口、头帕、鞋子、烟袋等,使整体服饰、饰品独具特色、鲜活亮丽。通常,刺绣图案的内容包括自然风景、生产生活及民俗风情等多种元素,以柔美的黄、红、蓝、白、黑五彩线条构织质朴大方的图案纹样。常见图案有莲花、牡丹、芍药等花草缠枝纹以及动物形象、云纹等。

二 土族的艺术

(一) 土族民间音乐

土族的音乐与这个民族一样源远流长,是我国西部音乐的重要组成部分。流传在当年吐谷浑西迁后长期生活过的甘肃兰州阿干镇一带的《阿干之歌》,诉说了慕容廆因自己的暴躁导致兄弟失和,兄长远徙而追悔不已的心情和对手足的思念。歌云:"阿干西,我心悲,阿干欲归马不归,为我谓马何太苦?我阿干谓阿干西,阿干身苦寒,辞我土棘往白兰。我见落日不见阿干,嗟嗟,人生能有几阿干?"这是土族先民留下的最早的歌,歌的内容充满悔恨不已和时光荏苒的情调,是一支感人肺腑、泪眼连连、催人泪下、充满兄弟深情及浓郁人情味的思恋歌曲。吐谷浑作为一个王国存在了三百多年，肯定有其丰富完美的宫廷音乐，但因历史的原因未能流传下来。后来随着吐谷浑王国的消亡，土族的正式形成，具有独特土族风格的民间音乐也逐步形成。

土族叙事长歌是将各种故事以长诗的格律加以不同的婉转曲调形成的民间音乐，每首诗的曲调大都是固定的，一般没有衬词。曲调风格独立性强，大多为两个乐句的上下句关系。如：叙事长诗《拉仁布与拉仁索》是一首歌唱男女青年爱情悲剧的长歌，上下句对称，结构简洁，旋律平稳，曲调悠远，整篇的唱词就在此曲调上反复演唱。它的音域只在一个八度区内，但唱得悠扬婉转，如诉如歌，毫无重复枯燥烦腻的感觉，相反，每当唱到苦楚处时，往往歌者和听者都会潸然泪下。

叙事长歌《祁家延西》讲述了一名土族的英雄祁延西领兵征战，抗击入侵之敌，为国捐躯的英勇故事。歌词有三百余行完整地叙述了一场战争的始末。曲调节奏整齐，旋律威武庄严铿锵有力，曲式也是上下两句为一乐章。

寓言式叙事长歌《布柔有》通过一对牛母子的对话（包括和灵魂的对话），叙述了在自然界生存的凶险和不得任性妄为的道理，曲调悠长凄婉，如泣如诉。

土族《格萨尔》是一部鸿篇巨著，脱胎于藏族《格萨尔》，经过一代又一代艺人的再创作，成为独具特色的土族文化瑰宝。土族《格萨尔》的演唱，是以藏语唱其韵文部分，以土语进行解释和补充。其故事叙述仍是上下两句为一个乐章，但因故事情节的发展，叙述到敬酒婚姻、丧葬等场景时，则加入相应的歌词和曲调。因此，土族《格萨尔》的曲调是很丰富的，并且不乏抑扬顿挫的长篇祝词、赞词。

土族婚礼歌是在婚姻嫁娶中演唱舞蹈歌曲。婚礼歌是由若干有内在联系的歌曲组成。土族婚礼除了用土语演唱外，还有少部分用汉语和藏语。这是长期以来土族和汉、藏各族人民杂错相居、共同的宗教信仰和相互通婚等原因，促成的民族间文化的交流和融合的结果。土族婚礼是本民族风俗习惯的集中真实反映，婚礼中的每首歌曲和仪式中的民俗活动有着密切的关系，特别是一些唱词本身就是反映民俗风情内容的，音乐则是这些活动喜怒哀乐，内心百态的直接反映。也可以说，民间活动中的音乐是伴随民俗活动而存在、发展的，也就是我们常说的"艺术来源于生活"。反过来，婚礼中的丰富多彩的民俗活动给民间音乐的存在和发展提供了广阔的艺术空间和发展广度。由此可见，研究一个民族的音乐文化，首先要了解该民族的民情风俗特点和宗教信仰等文化。土族婚礼歌中的宗教色彩很浓，这同土族全民信教有很深远的关系。土族人多数信仰藏传佛教格鲁派（黄教），其婚礼仪式中某些场合有宗教内容。

"纳什锦"（娶亲人）是土族婚礼中最关键的也是最活跃的人物，作为一部歌剧一样的一场土族婚礼，"纳什锦"自始至终发挥着重要作用。"纳什锦"不但通晓婚礼中的全部礼仪，而且通晓礼仪中所需要的全部歌舞。土族婚礼的第一幕就是从迎接"纳什锦"开始的，当"纳什锦"和"瓦日哇"（媒人）偕同新郎带着娶亲所需的礼物婚衣等到女方家门前时，阿姑们唱起欢快的《纳什锦妥偌》迎接他们。然后阿姑们退回大门内，关起门来，以《唐德格玛》的曲调与"纳什锦"对歌，"纳什锦"对上了歌才允许进门。坐到炕上开始吃席的时候，阿姑们又用歌声对"纳什锦"和"瓦日哇"带来的礼物和婚衣等进行挑剔、嘲讽，甚至对"纳什锦"本人的外貌、坐相吃相等进行戏谑、挖苦，这一仪式土语称为"纳什锦斯果"。这时候的歌曲、曲调活泼、通俗流畅、歌词诙谐幽默。

赞歌和问答歌是土族民歌的重要组成部分。赞歌与问答歌从创造以来往往在一个场合演唱，所以二者之间共同点甚多。只有在体裁和内容不同时，在语调和情绪方面有一定差异。两者之间的区别是根据曲调中的衬词衬句来确定内容，曲调结合自由，没有严格限制。如赞歌和问答歌在同一场合演唱，赞歌在先。无论场合，主宾间或宾客间都要互致赞美之歌，而后慢慢转入问答对歌。赞歌的曲调婉转柔美，风格却朴实深沉，很好地体现了土族的民族品格。唱词比喻形象，词句优雅，用不同手法颂扬人们的崇高品质、聪慧才能等。①

问答歌是以对歌的形式演唱的，是知识性很强的歌种之一，是土族人民聪明智慧的结晶。问答歌曲调委婉而豪迈，问中有答，答中有问，相互设问，对手之间不构成简单的甲问乙答形式，几乎没有拖腔，这也是土族歌曲的一个特征。由于问答歌的内容涉及题材广泛，因此大部分歌手都是擅长某个领域，能即兴问答的歌手并不多见。《幸木斯力》《恰然》等问答歌是唱天地形成、人类产生、万物生长。除此之外还有风土人情、宗教信仰、神话传说等内容。唱词同赞歌一样大多为中国五声调式的羽调式，多以主音为开始音，因而调式音阶稳定性较强。问答歌的代表曲目为《唐德格玛》。这首曲目以不同调式音阶展现，不同地区唱法不同，目前已知3—4种不同唱法。但它们的曲式、结构相同，风格、主题类似。②

歌起源于劳动，这是已有的定论，土族也不例外，尤其是配合劳动的歌曲更加充分说明了这一点。土族劳动歌是土族人民与各族人民在长期的共同劳动中产生的，是产生年代最早的歌种之一。这个歌种旋律性不强，但和劳动节奏韵律吻合，气氛活跃，声调高亢，形式通常为合唱与领唱相结合。代表作有《打夯号子》《打墙号子》等。多为土汉语混用或汉语演唱。

土族除能歌善舞外，相传以前很多人还能吹一手漂亮的铜箫。箫一般是铜制的，也并不是逢节必吹，而是在春雷响过，草木发芽，万物复苏的时候，一些妇女便在温暖的春风中吹起悠扬动听的铜箫，曲调中表达了人们对生命的热爱和对世间万物的依恋。传说这时的箫声能帮助草木复生，冬眠的动物尽快苏醒，各种动物趁着春天的美好时光繁行后代，使之兴旺。

---

① 宋巨瑶：《土族民间音乐及其特征》，《青海民族学院学报》2007年第4期。
② 马占山：《土族的风情习俗与音乐文化》，《中央音乐学院学报》1996年第1期。

（二）土族民间舞蹈艺术

土族人能歌善舞，这是天性。舞蹈的种类主要有安昭舞、巴郎舞、宗教舞等，这些舞蹈虽表演的形式不同，但都分别代表了不同地区土族民俗和宗教文化，也是一种历史文化的表现。

安昭舞是土族人世代相传的一种集体歌舞形式。每逢吉庆和亲朋聚会，都少不了跳安昭舞。这种舞蹈就甘肃省的地域而言，主要流传于以天祝县为中心的土族地区。关于安昭舞的来历，民间有这样一个传说：永登县水磨沟一带有个叫王蟒的青年，因喝了毒龙的奶水变为妖怪，盘踞在山洞中专吃过路人。官府张榜悬赏捉拿王蟒，有个土族鲁氏太太以盛装的土族阿姑的歌舞麻痹王蟒，用土族的酪馏子酒灌醉王蟒，高呼"安昭"将王蟒杀死。"安昭"就是土语"阿拉角"（杀）的转音，麻痹王蟒所跳的舞就是现在的安昭舞。安昭舞不仅是一种娱乐形式，它与土族人民的风土人情、宗教信仰有着密切的联系。安昭舞曲的歌词涉及广泛，从赞颂祝福到庆贺新年、祈求幸福吉祥、祈祝五谷丰登、六畜兴旺及天文地理的问答等，几乎无所不包。舞蹈的形式是大家拉一个圆圈，其中一二人领舞（领舞人同时也是领唱人），大家跟随边舞边唱，和领舞人一唱一和，气氛欢快热烈。动作为弯腰到90度，双臂在前摆动数次，后直身起跳，举臂转一圈在摆臂和转身中移步前行，如此不断重复。在庭院中可直接围绕煨桑炉或花园、转槽跳舞，地方不宽时，也可列成横排或竖排，排数不拘，在原地进行舞蹈。

巴郎舞（也称尕日），是流传在卓尼县勺哇土族中的一种舞蹈。时间是在正月初八前后，由一个村庄或邻近几个村庄组成一个巴郎舞队，先从本村开始，然后应邀到各村进行表演，直到正月十五结束。巴郎舞队一到村口，男女老幼即在村口煨起桑，走出村来敬酒迎接。巴郎舞队排开队形手摇巴郎鼓，扭动腰身，一步一摇鼓，三步一转圈，在铜锣的指挥下载歌载舞，大幅度跳跃着行进。进村前，先唱开头吉样曲段，到场上后唱四句开场迎神曲，接着尽情地又扭又跳，巴郎鼓摇得震天响，灯笼要成一条龙。演员们忽聚忽散，打着尖锐的口哨，并且绕着火堆向场地的左方向跑三圈，再转换队形朝右方向跑三圈，如此反复多次，才恢复原队形，以"站在场中往上看，天上昼夜有什么？"为开头转入唱正曲。唱时动作幅度减小，腰身在原地徐徐扭动，巴郎鼓轻响，红灯笼轻摇。这时，巴郎舞队分列两排，如果女队员多则男女分列，两队间相互问答，或一人问一人答，或一人问众人答，也可众问众答。问："太阳是空中的什么？月亮是空中的什么？繁星是空中的什么？"答："太阳是空中的秤杆，月亮是空中的烧饼，繁星是摊晒在空中的籽种。"每段唱完后，便摇鼓摆灯，变换队形，且舞且歌，绕场旋转，反复唱过门曲衬词"代昌代昌兰给交"。约需两小时方能唱完正曲，才算告一段落。临别出门前，演员们唱答谢歌，感谢主人家的热情接待，并即景赞颂主人家的院落、房子、板墙、热炕、门窗及各种家具摆设。村庄的乡亲们则手捧青稞酒敬酒送行。

土族地区的宗教舞蹈包括原始本教及其传承者法拉师公子等职业宗教人员的跳神，这也是舞蹈起源的一支。他们跳神时手之舞之，足之蹈之，敲响法器，摇响身上佩戴的响器，伴之口中喃喃的祝词，以期神鬼附体，禳灾解难。人们只能怀着敬畏的心情观看聆听。

其后比较大型的宗教舞蹈便是佛教寺院的跳神。每年的正月十五法会上，天堂寺等寺院都要跳神，舞蹈者身穿彩衣，头戴各种禽兽神魔的面具，在鼓、钹、大喇叭、骨笛等各种乐器的伴奏下翩翩起舞，表现佛法无边、抑恶扬善的主题。这种舞蹈气势恢宏、庄严肃穆、节奏舒缓而稳健。舞者多为藏、土各族僧人。它既是佛教法会的一项宗教活动，又有很大的观赏价值。每临法会跳神，观者如云。

换帽子舞是流行在卓尼勺哇一带的一种土族舞蹈。一般在喜庆节日或酒会上在室内表演，边舞边唱，每唱完一段歌词后，互相换帽子。舞蹈动作诙谐风趣。歌词内容大多是祝福性的，格式上伸缩也很大，每首四段，每段六句、七句、八句不等。演唱时根据词的句数任意反复中间曲调乐句。换帽子舞曲的旋律进行也很有特色，几乎每个乐句中间都有停顿拍，旋律常作下四度小跳，情绪幽默活泼。

（三）土族民间工艺

土族女子擅长刺绣，男女青年色彩鲜艳的衣饰中，最显著的是刺绣。在胸前绣五瓣梅、太极图，兜兜上绣牡丹、荷花，达博带子上绣"富贵不断头"，枕头上绣喜鹊探梅等，袜溜跟上绣石榴菊花等鞋面上绣彩色云子、莲花梅花、拐子花、长青藤等，就连烟袋、钱包上也绣着各种花鸟图案。

刺绣中因用针用线的方法不同而名称也各异。扎：用纸剪的花样粘在或用线钉在所绣的布料上，搭配好各色丝线，用长针脚一针挨一针错落有致地绣出叫扎花。用这种针法绣出的花，鲜艳华丽、形象逼真立体感强。盘：用两根线，一根穿在针上，一根在面子上叫盘线，针从背面扎上来，用手拿盘线在针上绕一至二圈，抽出针再扎下去，用穿在针上的线把盘线固定住。这种针法多用来绣云子、檀子、拐子等图案或为刺绣物镶边。两条线可以是同一色的，也可以是不同颜色的。"盘"出来的图案雍容大方、庄重典雅。绮：用极小极密的针脚绣成单线条，多用棉线，黑、蓝、白色等单色的线均可，绣成各种单线条的花卉鸟兽，也做各种几何图案或云子、拐子、长青藤等。这种针法多用来做孩子鞋帮、袜底、鞋垫、袜溜跟、领边、袖边等。绮法除连续不断的针法外，还有跳三针、五针、七针、九针等针法，感觉活泼明快、简洁。剁：剁花兴起于20世纪60年代后期，用针尖有眼的空心针穿线连续扎刺，使线头呈环获留于料面，彩线搭配，针脚紧密。一般剁好后用剪刀掠齐线头，成栽绒状。色彩过渡自然，富有立体感。多用于做鞋垫枕套、被子床单及电视机、收录机、缝纫机的罩套等。剁花一般都面料大，有发挥空间，因而图案丰富，画面较为复杂完整，最常见的有"松鹤鹿""鱼戏莲""孔雀戏牡丹""狮子滚绣球""红双喜"等。

历史上土族地区的雕塑主要是为寺院造佛像。甘肃土族地区的藏传佛教寺院中的佛像中泥塑和木雕的多为附近僧俗工匠所造，这些工匠中不少是土族人，他们雕塑的佛像护法等形象生动，造诣很高。此外，土族地区的砖雕也很精致，民间称为"花砖"。砖雕有两种做法，一种叫"捏活"，一种叫"刻活"。"捏活"是在制作砖坯的时候或用手雕塑，或用雕好的模具脱出然后入窑烧制。这种多为屋脊上或门楼上用的，除装饰外有着镇邪保平安的用意。"刻活"是对烧成的砖进行雕刻，分镂空和浮雕两种，图案有仙桃、石榴、腊梅、佛手、松鹤、鹿及"福""寿"等字样。

第三篇

面向未来的民族文化

第八章

产业化：民族文化的传承、保护与开发

第一节 甘肃民族文化产业的兴起与发展

一 文化产业概念的由来

文化产业从根本上来说是一个从国外引进来的概念。最早使用这个概念的是德国法兰克福学派的重要代表人物之一瓦尔特·本雅明，他在《机械复制时代的艺术》中提到了"文化产业"一词，但是当时并没有引起人们的注意。1947年，法兰克福学派的霍克海默、阿多诺编撰了《启蒙的辩证法》一书，并在其中第一次提到了"文化工业"。他们对于文化工业的理解是："只是现代资本主义国家操控民众意识形态的一种形式，在当今商业力量的操纵下丧失了一定的艺术价值"，[①] 因此他们对文化工业持有强烈的批判态度，他们的观点受到了西方各国学者的广泛认同。由于"工业"和"产业"在英文中都可以被翻译为一个词"industry"，所以在人们意识中是霍克海默和阿多诺最早提出"文化产业"的概念。

在法兰克福学派提出"文化产业"和"文化工业"后，西方对文化产业的研究逐渐分化成了两个方向，分别从理论层面和实践

---

① 潘文龙：《我国文化产业发展中的突出问题及解决对策》，硕士学位论文，青岛大学，2015年，第2页。

层面来研究。注重理论层面的国家或学者十分看重对文化产业的生产原则和生产机制的研究，而注重实践层面的国家或学者则侧重对文化产业的生产实践的研究。

　　文化产业的重要性日益凸显，许多西方国家已经将文化产业的发展问题上升到了战略性层面，他们希望能够通过推行一系列法律法规和政策，使文化产业成为支柱性产业。虽然文化产业在世界上引起人们的普遍关注并且各个国家对其展开理论研究和实践已有半个多世纪的历史。但至今关于文化产业也没有一个权威、标准的定义，即没有形成统一的称谓，因此不同国家对文化产业概念的界定产生了分歧。文化产业有时候也被称为"文化工业""大众文化""通俗文化""媒体文化""内容产业""版权产业"等。1999年作为世界文化产业发展极其重要的一年，许多国家纷纷对文化产业进行了各自的界定。比如美国，美国没有文化产业的提法，他们是从文化产品具有知识产权来界定文化产业的，他们把文化产业状况称为"版权产业"。美国会从知识经济的角度把一些文化相关产业如通信、新闻出版、电影、音像录制、在线服务等划入"信息产业"范畴，以此来制定"北美行业分类系统"。芬兰将文化产业定义为"基于意义内容的生产活动"，也就是所谓的"内容产业"。然而日本政府认为除了传统的演出、展览、新闻出版外，还有休闲娱乐、广播影视、体育、旅游，但凡与文化相关联或者沾边的产业都属于文化产业，由此可以看出，日本更强调内容的精神属性，他们对文化产业概念的界定比较广泛。英国认为文化产业源于个人创造力、技能与天赋的活动。在英国，与文化相关的产业被称为创意产业，并且政府还特意设立了"创意工业专责小组"。而在法国，虽然"文化产业"一词很少被提及，但是法国政府却十分重视国家文化的发展，并将国内的文化产业基本模式规定为"文化发展模式"，在这种模式中，文化被视为社会发展的核心推动力。在法国文化产业体系中，政府的扶持力度十分大，国家特意设立了国家文化部来更好地协助文化产业的发展。①

现在对于文化产业的概念界定有很多种，其中英国对"文化产业"一词的定义是"基于文化意义内容的生产活动，并包括一切具有现代文化内容标识的产品和贸易活动"。而目前被最广泛接受的一种解释是由联合国提出的"按照工业标准生产、再生产、储存以及分配文化产品和服务的一系列活动"。

在我国，无论是学术界，还是政府部门，正式地使用"文化产业"这个概念至今都不过20年时间，也就是说，我国学者在20世纪90年代才逐渐开始对文化产业进行探讨研究。从政府层面来说，"文化产业"是由我国文化部门的第三产业领域首次提出的。"文化产业"概念是在2000年中央发布的《中共中央关于制定国民经济和社会发展第十个五年计划的建议》中正式被提出的，自此这一概念便被广泛引用。② 到了2002年，共产党的十六大对公益性的文化产业和经营性的文化产业进行了严格的划分后，引起了国内的许多学者对文化产业的研究，并由此极大地推动了我国文化产业的飞速发展。但学者们深受当时国外理论的影响，对文化产业的界定五花八门，没有一个统一的说法，但是综合来说基本上使用了文化产业和文化创意产业两种提法。2004年，为了国内的文化产业更好地发展，国务院和有关部门根据我国现阶段的文化产业情况，并结合国家方针政策和战略规划，发布了《文化及相关产业分类》。其中，"文化产业"定义为：为社会公众提供文化、娱乐产品和服务的活动，以及与这些活动有关联的活动的集合。并且在文件中，将文化产业按照核心层、外围层及相关层进行了分类：文化产业核心层：以新闻出版、广播影视、文化艺术为主的行业；文化产业外围层：以网络、旅游、休闲娱乐、经纪代理、广告会展等为主的新兴文化

---

① 张宇博：《甘肃省甘南藏族自治州文化产业发展研究》，硕士学位论文，西北民族大学，2014年，第16页。

② 唐玉萍：《西部民族旅游地文化产业与旅游业互动发展研究》，硕士学位论文，云南师范大学，2007年，第21页。

服务业；文化产业相关层：以文化用品、设备及相关文化产品生产和销售为主的行业。① 至此，我国从国家层面上对文化产业有了一个相对统一的界定。

二　中国文化产业发展状况

20世纪90年代以来我国文化产业迅速崛起，并且迅速成为各大省份乃至全国的重要产业之一。各省都把发展文化产业作为重大战略来抓，文化产业已从新的经济增长点逐渐培育成为新的支柱产业，文化产业受到了极高的重视。随着人民生活水平的日益提高，各民族人民对精神文化生活的要求越来越高，只有大力发展文化产业，积极贯彻落实文化产业相关政策措施，促进文化产业高质量发展，才能弥补我国人民精神文化生活方面的匮乏。在大力发展文化产业的同时，不能只重数量不重质量，只有优良的的文化产品才能满足人民的需求，腐朽、落后、消极的文化产品只会进一步蚕食人民对美好精神生活的向往。在社会主义的框架下，大力发展文化产业是贯彻"引进来，走出去"政策的有效举措，更是我国增强文化软实力的重要着力点以及满足人民精神生活需求的有效途径。

（一）文化软实力和影响力不断提升

改革开放40多年来，文化产业欣欣向荣，迅速发展。改革开放为我国文化产业的发展提供了良好的环境氛围，文化产业的发展为改革开放提供了源源不断的活力和动力。自从党的十五届五中全会第一次将文化产业纳入国家的发展计划当中，我国文化产业迅速发展，持续升温。党的十七大又将文化产业纳入国家的战略当中，并且提出了"推动社会主义文化大发展大繁荣"的政策。之后，党的十九大又提出了"坚定文化自信，推动社会主义文化繁荣兴盛"。现在的中华文化已经突破了保守风格，开始走向世界，形成一种文

---

① 周薇：《我国体育文化创意产业发展问题研究》，硕士学位论文，沈阳体育学院，2010年，第23页。

化交流、文化贸易和文化投资并举的新格局,在世界文化格局中的影响力越来越大,推动着中国的富强和中华民族的伟大复兴。

(二)全民掀起文化大浪潮

当今时代,知识的地位举足轻重,谁拥有了知识,谁就掌握了主动权。并且随着文化产业逐渐成为 21 世纪的朝阳产业,越来越多的国家和企业都对文化产业进行了大量投资,甚至许多政府将文化产业作为支柱性产业之一,以此来带动国家或地区经济的发展。可以说,全民掀起了文化大浪潮。可以预见,未来十年或者二十年,中国文化产业将朝着规范化、成熟化、国际化的方向不断发展,从而进入一个前所未有的迅猛化发展的黄金时期。

三 甘肃少数民族文化产业的兴起

(一)甘肃省少数民族概况

少数民族地区指当地居民以少数民族为主的地区。我国的西北地区分布着数量众多的少数民族,是我国少数民族主要聚居地之一。甘肃地处西北中心区域,所以从古至今都是多民族共同聚居、共同建设、共同开拓的地域。甘肃省内的少数民族共有 55 个,各民族之间文化相互交融、相互影响、相互借鉴,形成了极具特色的民族建筑形式和村落布局。甘肃省的甘南、临夏、天水等地是少数民族分布最多的地区。甘肃省少数民族的多元化造就了内容丰富、形式多样的文化资源。各少数民族在漫长的历史长河中创造了多姿多彩的非物质文化遗产。既包括像语言、音乐、舞蹈、诗歌等无形的民族文化资源,也有像服饰、饮食、工艺品等有形的民族文化资源。所有的这些资源都是甘肃省文化产业发展的重要基石和条件。[1]

(二)甘肃省少数民族文化产业

甘肃省旅游资源丰富,并且大多数文化都有悠久的历史。众所

---

[1] 孙杏花、解亚萍、陆怀平:《甘肃少数民族地区文化产业的发展战略——以甘南、临夏为例》,《漯河职业技术学院学报》2016 年第 4 期。

周知，甘肃有着秦陇先民文化，丝绸之路文化以及回族、藏族、蒙古族、东乡族、保安族、裕固族、撒拉族等多种少数民族文化以及闻名世界的敦煌文化等。在国家提出"西部大开发"的口号下，越来越多的西北当地文化被外界知晓，并吸引着国内外众多旅游者前来游玩体验。正如甘肃这条狭长的"如意"一般，各民族的文化在甘肃齐放异彩，形成了中华民族文化宝库中的一条"如意"。服饰、饮食、工艺品、节庆、建筑、诗词等民族文化在甘肃谱写出一篇篇华美的篇章。这里主要介绍甘南藏族自治州文化产业和临夏回族自治州文化产业的发展状况。

1. 甘南藏族自治州文化产业的发展历程

甘南州地域辽阔，历史悠久，自然风光绚丽多彩，宗教文化古朴神秘，民俗风情浓郁独特。拥有世界上最大的绿色峡谷群，亚洲最大的天然草原，中国最美的湿地；拥有青山环抱绿水萦绕的冶力关、阿卜楞等两个国家4A级景区，腊子口国家3A级景区，米拉日巴佛阁、当周草原、桑科草原、大峪沟、天下黄河第一弯、则岔石林、郎木寺等7个国家2A景区；拥有5个国家级森林公园和5个省级森林公园；拥有拉卜楞寺、俄界会议旧址、八角古城3个国家重点文物保护单位；拥有尕海—则岔国家级自然保护区和阿夏省级大熊猫自然保护区。2000年，甘南被中国社会科学院西部发展研究中心评为"西部最具魅力的旅游景区"。2005年，甘南被美国最具权威的旅游杂志《视野》《探险》评为"让生命感受自由"的世界50个户外天堂，被《中国国家地理》《时尚旅游》评为"人一生要去的50个地方"之一。

甘南建州以来，特别是改革开放以来，随着社会主义市场经济体制的不断完善，经济的不断发展，对外开放水平的不断加大，甘肃甘南藏族自治州的文化产业发展经历了从无到有、从小到大、从不认识到认识、从被动到主动、从政府到企业、从盲目到理性的一系列历史性变化，大体上和经济的发展保持一致性，大致经历了三个阶段：第一阶段，改革开放初期实行联产承包责任制，发展农牧业，激活甘南州经济活力；第二个阶段，改革开放十年后的甘南州开始立足本地资源优势，大力发展畜牧产品和农牧经济，使国民经济以较快的速度增长；第三阶段甘南州以产业结构调整为契机，利用西部大开发的政策倾斜，大力进行基础设施建设，加大招商引资力度，大力发展文化产业，加快经济建设。自 2017 年以来，甘南将现代农牧业和文化旅游业作为支柱性产业，并重点处理开发工作和保护工作之间的关系，促进传统产业不断转型升级。南州创排了《香巴拉之约》《金顶梵音——拉卜楞》等一批精品剧目，成功举办藏地传奇自行车赛、夏河高原半程马拉松赛、卓尼自驾狂欢节、临潭洮州民俗文化节、玛曲格萨尔赛马大会、迭部则巴邀请赛、碌曲锅庄舞大赛、舟曲楹联文化节等一系列节庆赛事活动。尕秀藏寨文化生态旅游区、扎尕那、阿万仓晋升为 4A 级景区。同时，甘南州获得 2019 年亚洲旅游红珊瑚奖以及"2020 中国最佳民宿度假目的地"称号，成功打造颇具影响力的"九色甘南香巴拉"旅游品牌。2020 年，甘南州接待游客 1671 万人次，综合收入 83 亿元，比上年度分别增长 16% 和 12%。

2. 临夏回族自治州文化产业

临夏州位于黄河上游，东临定西市，西倚青海省，南靠甘南藏族自治州，北濒兰州市，是甘肃西南重要的商品集散地和汉藏贸易枢纽。临夏州古称河州，是古老黄河文化早期的发祥地和传播地之一，在漫长的历史进程中，留下了宝贵的文化遗产和丰富的名胜古迹。州内出土的陶器、金代砖雕、石器、骨器、铜器等品种多、数量大、造型美、制作精，是我国古代文物之瑰宝。临夏州全州有回族、汉族、保安族、撒拉族、东乡族、土族、藏族等 31 个民族，自古便是多民族聚居地，并且东乡族、保安族是临夏独有的两个民族，并且在这些族群中，伊斯兰教是分布最广、信教人数最多、影响最大的宗教，全州信仰伊斯兰教的少数民族占人口的一半以上，州内伊斯兰教、佛教、道教、基督教、天主教五大宗教俱全，形成了多民族融合，民族风情多元的聚集地。

（三）甘肃少数民族文化产业的发展

近些年来，在西部大开发政策的号召下，甘肃省稳步发展文化产业，积极推进文化开发工作，并加强重视文化保护工作。但是由于甘肃省文化产业起步较晚，相对于国内发达省份，其文化产业发展还相对落后。

1. 甘肃少数民族文化产业发展现状分析

少数民族文化产业在甘肃形成了一道独特的色彩，随着文化产业被国家提到了战略支柱型产业，多个民族州县已经开始认识到文化产业的重要性。甘肃的少数民族聚集地民众开始依据当地独特的少数民族文化资源，积极发展民族文化产业，现有的甘肃民族地区的文化产业主要包括工艺美术业、歌舞演艺业、影视动漫业、休闲旅游业、传媒出版业、节庆会展业等，这些文化行业的发展都将地域和民族特征很好地展现出来，例如，临夏每年都举办"花儿"艺术节，藏族的赛马节、采花节和正月大法会，哈萨克族的叼羊盛会、"姑娘追"，蒙古族的那达慕大会，回族的尔德节、古尔邦节和花儿会等。除了这些原始的产业，甘肃也对少数民族文化产业实施了创新，进行了创意化的发展，如临夏的木雕、石雕工艺将手工雕刻和3D打印技术相结合。

一是少数民族特色手工业。由于甘肃省分布着众多的少数民族，所以民族文化资源特别丰富，特色手工艺品就是民族文化的一个典型代表。甘肃省的民族特色手工艺品像唐卡、服饰、砖雕、刺绣、木雕等都极具民族文化特色，是吸引外地游客的重要因素之一。[1] 这些民族手工艺品不仅促进了当地少数民族文化的传播，还在很大程度上刺激了当地经济的发展。

二是文化旅游业。在西部大开发的政策号召下，中东部的人才、资金和技术开始向西部涌入，西部地区成为越来越多人选择的

---

[1] 张英：《甘肃民族地区文化产业政策工具选择研究》，硕士学位论文，兰州大学，2017年，第11页。

旅游目的地。由于国家政策的倾斜，加之甘肃对文化旅游业的投入力度，甘肃民族地区的旅游业得到了一定程度的发展，甘肃省各个少数民族聚居地以民族文化、民族风情和民族建筑为核心，大力建设民族文化风情走廊，并开展各种民俗艺术活动，促进当地民族旅游事业的发展。

旅游产业是由农业、牧业、园林业、手工业、会展业、体育业、制造业、餐饮业等涉及吃、住、行、游、购、娱多要素组合的多条产业链组成的产业集群。甘肃民族地区旅游业因其优越的地理条件、独特的旅游资源，发展势头迅猛。甘肃民族地区的旅游状况可以从临夏和甘南的旅游状况中看出。从《甘肃发展年鉴》中数据可知，甘南藏族自治州 2017 年全年共接待国内外游客 1105.6 万人次，比上年增长 10.2%，实现旅游收入 51.50 亿元，增长 12.3%。新建改建旅游厕所 102 个，建成观景台 22 处，新增农、牧家乐 141 家，新增床位 1245 张。全州现有农、牧家乐 1112 户，其中星级 110 户，能团体住宿 493 户。全年受理 12301 平台转办投诉 12 件，办结率 100%，快速处理各类旅游投诉 40 起，游客满意度达 95%。临夏回族自治州比较重视旅游业的发展，2018 年十一国庆期间，全省共接待游客 1770 万人次，比上年同期增长 23.6%，实现旅游总收入 119.5 亿元，比上年同期增长 30.5%。[①] 2019 年，临夏州统筹推进文化旅游、传统制造、商贸物流等产业，炳灵寺世界文化遗产旅游区通过国家 5A 级评审，和政法台山和万兽谷获批 4A 级旅游景区，创建黄河三峡省级旅游度假区，举办"三区三州"旅游大环线推介、全国滑翔伞锦标赛、河州牡丹文化月、花儿临夏马拉松、冰雪体育旅游节等活动，接待游客 2711.5 万人次、综合收入 133.2 亿元，比上年度分别增长 28.9% 和 37.9%。

三是新型文化产业。随着信息技术的发展，为了满足游客不同

---

① 国家统计局甘南调查队：《甘南藏族自治州 2017 年国民经济和社会发展统计公报》，2018 年。

层次的需求，跟紧时代的步伐，滋生了一批新型文化业态，甘肃少数民族地区新型文化业态虽然仍处于萌芽时期，但也开始准备向初步发展时期过渡。甘肃一些经济和社会发展水平较高的州、县开始倾力打造数字图书馆，移动掌上图书馆等。甘肃两个少数民族比较多的州率先开始向新型文化产业转型，如，临夏国家级民族民俗文化产业园区也已加快了向新型文化产业转型的步伐，甘南州致力于从传统的"藏家乐""农家乐"到更高级的民宿业的升级，积极打造博览园、创意园、民族艺术节等文化产业新形式。

2. 甘肃少数民族文化产业发展所面临的问题

甘肃省少数民族地区虽然地域辽阔，文化资源丰富，但文化产业发展相对滞后。总的来说甘肃少数民族的文化产业属于正在成长型的，非成熟的产业集群，主要还存在以下几个比较突出的问题。

第一，思想观念落后，缺乏品牌意识。随着知识经济的到来，文化产业已经日益成为一个民族或国家不可缺少的重要支撑产业，文化逐渐转化为强有力的生产力。由于历史和传统思想的影响，我国农产品、工商产品等与文化因素严重脱离，从而导致了许多地区的文化产业与其他产业极其不协调，甚至相互冲突抵触。文化企业中的各个部门只对上级负责，没有兼顾各方的意识和思想，并且文化企业对人才也缺乏相应的激励机制，人们的积极性难以被调动。时至今日，甘肃省的文化战略目光还不够长远，依旧延续着老套的计划经济制度，没有充分利用市场的积极作用。甘肃早已具备丰富独特的民族文化条件，却碍于制度、体系、战略思维的阻碍，未能形成具有影响力的优质品牌，严重浪费了文化资源。

第二，产品同质化现象严重，缺乏特色。就文化产品而言，现如今的甘肃文化产业发展程度较低，并没有形成规模化的产业集群，不言而喻，文化产品的影响力还远未达到预期的水平。并且许多甘肃文化产业的生产模式十分相似，这就导致了文化产品同质化现象十分严重。其中，最典型的一个文化产品例子就是报纸期刊，甘肃省各类报纸期刊内容、形式大同小异，没有形成自己的报道风格和主体形象，并且只有极少数的报纸期刊富有浓厚的甘肃本地文化特色。至于文化服务方面，总体服务水平不高且服务类产品无特色的问题比较突出，全省的文化产业园区尤其是中小城市的文化产业园区发展很不平衡，产品所占比例明显高于服务所占比例。至于科技水平方面，甘肃省企业中的知识密集型和技术密集型所占比例较小，所以在制造技术和装备技术方面还需要投入更多的资金和人才。[1]

第三，文化产业所需的高端人才流失。文化产业发展的根本是人才，没有人才，文化产业就失去的发展的动力和产业的竞争力。只有具备经营头脑、经济思维、战略思维、文化素养的人才才能将文化产业所开发的文化资源转化为经济效益、社会效益。目前甘肃省的人才引进和人才保障方面存在诸多问题，例如，大量从事文化相关领域的人缺乏战略思维、创造能力和营销管理技巧，这种现象会极大地影响甘肃省文化产业的发展方向，可能会导致"只叫好，不卖座"的文化产品销售现象。而类似于"在岗不在编"、政治待遇、工龄偏低导致经验和素养偏低等问题更是进一步缩窄了引进人才的通道。如果这些问题不能得到很好的解决，将会严重制约甘肃省文化产业体系、制度的建成，严重阻碍文化产业的发展。

总的来说，甘肃少数民族存在地区经济发展比较滞后，教育水平低，群众思想观念落后，缺乏对文化资源的保护意识，同时提供的产品同质化现象严重，缺乏当地特色以及文化产业集团管理中高端人才的流失等问题。

（四）甘肃少数民族地区发展文化产业的途径

1. 提高知名度，树立品牌效应

甘肃少数民族地区有着悠久的历史，个性鲜明的多民族风俗，丰富多彩的文化资源，但是由于知名度不够高仍然不被大众所熟知，缺乏吸引力，只能吸引部分周边群众，群体小而集中。如果将

---

[1] 符晓波：《甘肃文化产业集群发展的几点思考》，《甘肃理论学刊》2010年第6期。

文化创造力、科技推动力和经济运作力相结合，辅以市场运作的方式，一定能够满足人们精神文化的需求，开发出少数民族特色文化品牌，创造出巨大的文化效益和经济效益。对此，首先，甘肃少数民族地区应立足本地区的特色农产品和手工艺品的开发，将当地的特色资源融合进去。其次，应以三个特有的少数民族文化和"花儿"为主线，创造具有当地特色的文化品牌，树立品牌效应，积极占领市场。最后，通过多种营销渠道进行线上线下宣传，将打造好的文化品牌宣传出去，以此提升少数民族文化品牌的知名度。

2. 建立"民俗文化艺人人才库"，培养民族文化人才

目前制约甘肃少数民族地区文化产业发展的因素之一是民族文化人才流失，而且缺乏一支专业的对少数民族文化产业进行研究、开发、管理、组织、运营的大规模高素质人才队伍，因此，通过组织教育、培训等手段提升人才素质来满足当前复合型人才的需要是文化产业发展的当务之急。首先在政府层面，政府要加大对专业性人才培养的经费投入，鼓励传统文化的传承与创新，可以通过建立"民俗文化艺人人才库"，培养具有理论与实践能力的少数民族文化传承人；其次在课程教育方面，在少数民族地区的初中学校和大专本科院校设置民族传统文化课程，系统对民族文化专业人才进行培训和管理，如在课堂进行唐卡、木雕等手工艺的展示，让民族文化走进课堂；最后在文化产业发展的实践中鼓励高等院校和相关科研机构逐步培养少数民族文化旅游资源开发、设计，经营管理和服务以及研究的专业性高端人才。[①]

3. 健全文化产业管理体制，完善政策和法律保障体系

一方面，文化产业管理体制直接影响着政府管理职能的有效发挥。对此，对于甘肃少数民族地区政府而言，需加快推动机构改革，进一步厘清各文化职能部门的责任，实现管理资源的有效整合。同时在推动文化产业领域的职能整合过程中应考虑在成立省

---

① 陈少峰:《区域文化战略与文化产业模式创新》,《特区实践与理论》2006年第3期。

"民族地区文化产业发展改革委员会",要逐步弱化微观管理,强化宏观调控,增强转制企业的活力和市场竞争力,实现文化产业所有制的多元化,也就是既要有多种经济成分,又要有多种形式的产业结构,并按照市场机制的运作方式进行管理水平的现代化,真正使少数民族地区的文化产业发展跟上经济发展的步骤。[1] 另一方面甘肃民族地区政府应改变一直以来重视大企业的发展、忽视小微文化企业发展的倾向,立足现阶段的发展现状,由于甘肃少数民族地区众多的小微文化企业有着巨大的发展潜力,而大企业则由于内部问题严重而停滞不前,所以甘肃民族地区政府应加强对小微企业的扶持,从而更好地促进小微企业的发展。对一些大型企业的弊端进行整改。此外,文化产业的发展、文化产业政策的贯彻和落实、文化市场秩序的维护、文化知识产权的保护都需要健全的法律体系和法律法规加以保障。

第二节 甘肃民族文化与旅游产业

任何民族、任何国家都要把文化建设置于十分重要的地位。我国自古以来就是一个多民族的国家,反映在文化上,也呈现出多元一体的格局。甘肃的少数民族文化是我国多民族文化的重要组成部分。在甘肃这块神奇的土地上,甘肃各少数民族在生存开发、繁衍生息的同时,也开拓性地创造了本族群、本民族、本地区绚丽多姿的文化,这其中既包括反映在物质上的有形文化,也包括反映在精神上、心理上的无形文化。他们集中地传承、记忆、保存着各个民族自古以来一代代先民所创造的民族知识和特有的民族智慧。各民族文化互相碰撞、交流、影响、吸纳,在这个过程中逐步形成了中华民族文化的整体认知。[2] 许多内外部因素如民族、气候、地形等,

---

[1] 赵玲:《西部少数民族地区文化产业发展对策中的多元化问题》,《学术探索》2001年S1期。

[2] 高小强、铁文英:《甘肃少数民族文化概论》,中央民族大学出版社2015年版,第121页。

都直接或间接地影响着甘肃文化的多元性、民族性、兼容性、区域性等特点的形成。由于特殊的交通区位，甘肃省自古以来就是中西部文化交融的地带，所演化而来的各种文化及生活方式一同构筑出了甘肃省百花齐放的民族文化格局。此外，甘肃处于古丝绸之路的重要地段，也是中西方文明相互学习借鉴的重要通道，由此而形成了独特的多民族区域文化，它既有丰富浩瀚的物质财富，也包括鼓舞人心的精神财富。

一　甘肃少数民族文化

裕固族、保安族、东乡族是甘肃省特有的三个少数民族，主要聚居于甘肃西部、西南部边缘地区，在地理空间上位于青藏高原向蒙古高原、黄土高原过渡地带，在文化上形成了喇嘛教文化与穆斯林文化、萨满文化的融合形态。[1]

（一）保安族文化

保安族是甘肃省特有民族之一，"保安"一词是由数百年前保安族所居住的"保安城"得来的。在2010年，也就是第六次全国人口普查统计中，统计的全国保安族人口数为20074人。中华人民共和国成立后，于1952年在保安族聚居的大河家和刘集两个地区成立了保安族自治乡，1956年改为民族乡，1981年正式成立了积石山保安族东乡族撒拉族自治县。

由于长期同汉族、回族交往，保安语在语音和语法上也受到汉语的影响，保安语中吸收的汉语借词约占常用保安语的40%以上，保安人基本上都通晓汉语，保安民族文化中融合了中亚伊斯兰文化、西域突厥文化、蒙古高原文化、中原汉文化以及青藏高原的藏文化，在长期的历史发展中形成了自己独特的文化形态和模式。

保安民歌中最具特色的是"花儿"。保安族的"花儿"以表现保安族青年男女追求自由幸福的纯真爱情和反对封建包办婚姻制度

---

[1] 袁行霈、陈玉进主编：《中国地域文化通览·甘肃卷》，中华书局2012年版，第235页。

的内容居多,艺术性较高,流行最广。在保安族花儿中,最有本民族特色的曲调是"保安令"诸种,主要有"大眼睛令""拔青禾令""哎西干散令""六六二三令"等。另外,保安地区还传唱"河州大令"、"河州二令"、"河州三令"以及"水红花令"、"三起三落令"及"土族令"、"尕娃手令"、"撒拉令"等。保安花儿的突出特色主要体现在衬词和音调两个方面。其一,保安花儿主词是通俗而口语化的河州汉语方言,衬词、衬句却使用了本民族语和撒拉语、藏语等其他民族的语言词汇;其二,保安花儿主调音域宽广而调门高吭嘹亮,粗犷奔放,并带有颤音,由低转高,婉转动听,有一定蒙古族和藏族民歌的风格。

(二) 东乡族文化

东乡族是甘肃省三个特有少数民族之一。东乡族之族名,以其居住地河州东乡而得名。河州即今临夏,明代初年在此地设置河州卫所,管辖范围包括今天临夏回族自治州全境及邻近的夏河、临潭、青海循化、贵德等地。按照当时的行政区划,河州卫分为东、南、西、北四乡。南乡即现今的和政、康乐两县;西乡即现在临夏县以西地区;北乡即现在的永靖县;东乡即现在的东乡族自治县。[①]

东乡族主要居住地东乡族自治县,这里地处西北黄土高原和青藏高原的过渡地带,境内大部分是干旱山区,山峦起伏,山坡陡峭,沟壑纵横,切割较深,平地极少,土质松散,水土流失严重。山坡陡度一般在30—70度,最高海拔2664米,最低海拔1736米,年均气温5—9摄氏度,东乡族人饲养骡、驴、马、牛、羊等牲畜,以牧羊为多。农作物以春小麦为主,其次为洋芋、玉米等。除农作物外,沿洮河、大夏河地区,还盛产瓜果,并以枣、苹果、西瓜、桃、杏、葡萄、软儿梨等享有盛名。

"花儿"是东乡族群众喜欢的歌舞形式之一,花儿的音乐高吭悠长,多以抒发压抑、忧伤的情感见长,节拍跌宕起伏,适于野外

---

① 杨圣敏、丁宏:《中国民族志》,中央民族大学出版社2003年版,第214—217页。

放歌，一般通称野曲。东乡族民歌丰富多彩，它是东乡族人民在生产劳动、社会斗争的过程中，集体创作的一种口头韵文。和其他伊斯兰教民族一样，东乡族不注重华丽装饰和渲染，所以并不擅长工艺和乐舞。受其古代文化和周边民族影响，东乡族民间工艺主要反映在服饰、建筑和器用制作，以及一些传统劳动技艺方面，如服饰刺绣、建筑雕刻、家用铜器制作、织褐子、擀毡等。擀毡是东乡族的传统工艺，是一种古老的工艺，已有几千年的历史。民间音乐文化主要是以四弦子、咪咪和什鸦等吹奏乐和弦乐为主。舞蹈则有哲兹白等宗教舞蹈和哈利舞等喜庆舞蹈。[①]

  东乡族的人生礼仪中，主要的是出生礼、成人礼，婚礼和葬礼。其中，出生礼中，主要仪式是请阿訇念经和取经名，这在穆斯林中很普及；成人礼中，主要仪式是割礼，现已不流行。因此，东乡族人生礼仪文化中最值得注意的是婚礼和丧礼。东乡族婚俗已形成一套社会惯例，基本程序包括说亲、订亲、娶亲、送亲、婚礼、回门等，与其他伊斯兰教民族大同小异，甚至同汉民族的基本程序也有一些相似之处。但东乡族也有一些传统婚姻习俗具有自身独特性。如，子女七八岁时就被父母做主订婚，十四五岁大都结婚成家，送聘礼时要举行"告毕"仪式，表示祝贺之意，男女双方定亲以后，每年的斋月里，男方说亲的儿子会遵照父母之意，拿着活鸡、茶叶等礼物给岳父母去开斋并借机"偷看"未婚妻，未婚妻也可藏身房内，从门缝和窗孔里偷看。

  （三）裕固族文化

  裕固族是我国人口较少而历史悠久的民族之一。主要聚居于甘肃省肃南裕固族自治县和酒泉县黄泥堡裕固族乡。以肃南裕固族自治县首府红湾寺为中心的裕固族聚居区，由互不连结的三大块区域组成，东部的皇城区为一块，中部的马蹄区、康乐区、大河区、祁丰区为一块，北部的明花区为一块。全县位于祁连山北麓与河西走

[①] 纪兰慰、邱久荣：《中国少数民族舞蹈史》，中央民族大学出版社1998年版，第173页。

廊中部之间的狭长地带，东西长而南北窄。南逾祁连山，与青海省祁连县、门源县相连，北至河西走廊中部，同玉门、酒泉、高台、武威等县相接，西至祁连主峰，同肃北蒙古族自治县相邻，东至皇城区，同天祝藏族自治县相望。总面积2万多平方公里，平均海拔高度2700米左右。

裕固族的先民是典型的北方草原游牧民族。在漫长的迁徙流动中，裕固族先民从贝加尔湖南部到蒙古草原，再到河西走廊，一度曾退出河西走廊，最后又回到河西走廊及祁连山北麓。这种环境变迁对裕固族文化的形成产生了十分重要的影响。裕固族现在以定居为主，经营畜牧业与种植业，保留了其先民的宗教、服饰、饮食等生活习性。

裕固族所居地区平均海拔2700米，相对高差4237米，从东头乌鞘岭下的皇城区到西端的祁连区，绵延千里，四周分别同天祝、武威、肃北、玉门、嘉峪关、酒泉、张掖以及青海省祁连、门源等14个县（市）接壤或相邻，处于各种文化交会要冲。裕固族生活区域内有森林、草原、荒漠、冻原、草甸、沼泽等多种风貌。其中，天然草原共2564万亩，约80%分布在海拔2500—4000米的山区，宜于发展畜牧业与种植业。裕固族主要养绵羊、山羊、牦牛、黄牛、马和骆驼，以及少量的驴、骡。放牧形式为游牧、半定居游牧和定居放牧三种生产方式并存。游牧生活以康乐区最为典型，定居放牧生活以明花区为典型。裕固族农耕作物主要有小麦、青稞、燕麦、土豆等，是定居区居民主要生活来源。

在历史上裕固族是游牧民族，长期从事畜牧业生产，生活所需的粮食和日用品都是用畜产品与农区农民或商贩手中交换买卖。除了节日和喜庆的日子外，平常一日喝三次茶，吃一顿饭（或多次茶）。主食是大米、小米和白面等，副食是奶和肉及少量的蔬菜和粉条，尤其牛奶和羊奶是牧民生活的必需品。奶制品主要有酥油、奶皮子、酸奶、曲拉（奶渣）等。初冬时，是牧畜肥壮的季节，这时要宰杀一两头牛和数只羊，以作为冬春的食品，也有一小部分人家在秋季晾晒一些牛、羊肉干，以备冬季食用。

宗教信仰在裕固族的形成和发展过程中发挥着重要作用。从裕固族现实生活中所呈现出的宗教文化的多样性和交融性可以看出，裕固族在历史变迁中曾经信仰过多种宗教，经历了从信仰萨满教、摩尼教到藏传佛教的演变，对其社会生产和生活产生过深远的影响，而且在不同历史时期，并不只有某一种宗教存在，而是多种宗教交融共同发展。

裕固族长期过着游牧兼农业生活，在其生产劳动的过程中，创造了很多富有民族特色的艺术形式，如歌谣、舞蹈等。裕固族民歌独具风格，曲调朴实优美，内容多是表达劳动和爱情方面的诉求，民间歌谣主要有劳动歌和仪式歌。[①]

总之，形成于丝绸之路上的甘肃少数民族文化以中西部互通、海内外兼容的姿态，在河西走廊这条古老的通道中熠熠生辉。积淀的历史、璀璨的文化、多彩的民俗、众多的民族等种种因素，共同塑造出了甘肃悠久而灿烂的文化。

二 甘肃少数民族文化的鲜明特征

宋夏金元时期，甘肃境内的宗教呈现出鲜明的地域性与民族性，宗教信仰以佛教为主，兼有道教、伊斯兰教、基督教等。尤其佛教通过其与各民族宗教文化的融摄，以更宽容的姿态在民众间流播。即使信仰同一宗教的不同民族之间，宗教文化也存在相对的差异性。丰富的宗教遗存，形成了一大批具有一定规模、时代序列完整、艺术成就卓著的宗教景观。

在宋代，河西地区依然是西域及印度文化传向内地的交通要道，胡僧、婆罗门僧、波斯外道（即基督教僧侣）等均由甘肃过境，到达中原地区，促进了甘肃地区佛教的流传发展。如公元966

[①] 高小强、钱文英：《甘肃少数民族文化概论》，中央民族大学出版社2012年版，第76—78页。

年，僧行勤等一百余人得到宋太祖许可，远赴西域求取佛书，途经甘、沙、伊、肃等州。在国家危难之际，甘肃的僧人也积极加入抗敌卫国的洪流之中。南宋时期，今天水一带属于抗金的前线。公元1220年，麦积山瑞应寺的僧人，将寺中财务全部交给南宋转运司，捐献军粮250石，支援南宋抗敌。

西夏时期，吐蕃散居甘肃地区，礼诵佛经，兴修佛寺，尤其敬重佛塔。据《宋史》中的《唃厮罗列传》，凉州（今武威）城外数十里，除少数汉民之外，其余皆为吐蕃人。当时的州帅失察民情，吐蕃人聚众呼啸，围攻州帅。州帅情急之下登上城内一座七级木构浮屠，哄骗吐蕃民众，如果继续追击，他将自焚浮屠之上。民众爱惜浮屠，相约散去。①

回鹘人最早信奉萨满教，摩尼教于763年传入漠北回鹘汗国之后，迅速发展成为回鹘国教。9世纪中叶，回鹘汗国灭亡，漠北回鹘中的一支迁徙到河西地区，建立甘州（今张掖）回鹘政权。由于受到当地佛教信仰的影响，摩尼教的影响力逐步削弱。

在西夏近两百年的历史阶段，本元昊等历代统治者不仅普遍信奉佛教，而且大力提倡和推崇佛教，使佛教在西夏得到迅速发展，形成了以甘州（今张掖）、凉州（今武威）、瓜州、沙州（今敦煌）等地为中心的西夏佛教总布局。

西夏王朝曾组织大规模的修建寺庙活动，境内寺庙众多，仅河西走廊知名的寺院就有护国寺、圣容寺、崇圣寺、卧佛寺、崇庆寺、诱生寺、禅定寺和白塔寺等，其中以今张掖的卧佛寺最为著名。据《敕赐宝觉寺碑记》记载：西夏时，有个叫嵬咩的国师，云游四海。一日途经甘州，国师正在打坐，忽然听到一阵丝竹之声，睁眼一看，佛光万丈。国师认为佛祖显灵，当即动员僧众信徒，化募捐赠，修建卧佛寺。历时五年，卧佛寺终于在1103年竣工，成为当时驰名西夏的三大佛教圣地之一。

---

① 《宋史》卷四九二《唃斯罗列传》，中华书局1977年版，第193页。

伊斯兰教在甘肃传播的历史，源于唐代沿丝绸之路而来的中亚、波斯及阿拉伯穆斯林的商贸活动。西夏时期，在沙州、甘州、凉州等地，伊斯兰教与佛教并行。蒙元时期，大批中亚、波斯及阿拉伯穆斯林进入甘肃，形成了穆斯林聚居区，并修建清真寺，念经传教。宋元时期，甘肃境内民族宗教信仰较为复杂，除了上文提到的佛教、道教、伊斯兰教、基督教外，还有景教、袄教、摩尼教、萨满教等具有民族特色的宗教，形成多元的民族宗教文化。

三　甘肃少数民族旅游产业发展现状

改革开放以来我国经济快速发展，尤其是随着我国加入WTO以来，全国的经济进入快速增长阶段。随着居民人均可支配收入的提高，人们生活也在无形中发生着变化，人们不再只满足基本的物质生活保障，而是转向了精神生活世界，并且旅游是人们追求精神生活得一个很好的方式。在这种社会大背景下，越来越多的人群外出旅游，使得人们离开长居地到异地生活的出游活动已经成了常态化、社会化的现象，这种现象的产生，必然会牵动全社会的服务功能都要面向旅游。于是一个跨行业的旅游服务系统正随着旅游业规模的扩大而发展。旅游业的发展壮大，使旅游与其他相关行业的结合、交叉，催生了一批前所未有的新业态。传统的旅游产业链不断向科技产业、文化创意产业以及智慧化服务行业延伸，由此延伸出了更加高级的电子旅游、数字旅游以及智慧旅游的后现代旅游，更加助推了旅游业的跨行业发展。

在此背景下，甘肃的旅游业凭借着其自身独特资源迅速发展。远古时期，甘肃的先民就在泾河、渭河流域创造了黄河流域灿烂的历史文化。沟通古代中西文化与贸易的"丝绸之路"横贯甘肃境内，留下了许多闻名中外的名胜古迹和珍贵文物。甘肃是多民族聚居区，各族人民不同的习俗、信仰，也是留给人们的历史文化的重要内容。中国工农红军两万五千里长征路经甘肃时，亦留下了许多宝贵的革命遗址。

甘肃旅游资源按形成的时代分类，其中古代旅游资源有敦煌莫高窟、天水麦积山石窟、永靖炳灵寺石窟、安西榆林石窟、武山水帘洞石窟群、庆阳北石窟寺、嘉峪关、武威西夏碑、张掖大佛寺、夏河拉卜楞寺、武威海藏寺、酒泉钟鼓楼、天水南廓寺、仙人崖及秦安大地湾新石器时代的文化遗址等；近代旅游资源有迭部县腊子口战役遗址、宕昌县哈达铺会议会址、通渭县榜罗镇会议会址、会宁会师楼、兰州八路军办事处、华池县陕甘宁边区南梁政府旧址、抗日军政大学第七分校校址、环县山城堡战役遗址等；现代旅游资源有高台烈士陵园、山丹艾黎捐赠文物陈列馆、培黎图书馆、临夏红园、敦煌博物馆、刘家峡水电站等。现已挖掘出的历代文物中，列为省级保护文物的有230处，全国重点文物7处，旅游点使用的有57处。

（一）甘肃少数民族文化旅游资源概况

1. 甘南藏族自治州文化旅游资源

根据甘南藏族自治州文化旅游资源特色，甘南旅游资源大体可分为四种类型。

一是藏传佛教文化。作为世界三大宗教之一的佛教，一直蒙着一幅令人着迷的神秘面纱。甘南地区的佛教文化氛围极其浓厚，这里不只有数量众多的佛教文化建筑，还有形式各异的佛教节庆活动和令人目不暇接的佛教文化产品，处在唐都古道之上和青藏高原文化之中，甘南的佛教文化成为西北地区一道富有特色的风景线。从悠久的历史长河中，遗留下了拉布楞寺等121座藏传佛教寺院，这些寺院多多少少都进行了佛教文化产品的开发，并且有些寺院已经成了著名的旅游打卡地。佛教的各种节庆活动，如拉卜楞寺每年举行的大法会、跳神法会、酥油灯会等活动，也为甘南地区吸引了不少的游客。[1]

二是藏族民族风情。甘南地区的藏族居民，由于与其他藏族的

---

[1] 孟海霞：《对甘肃省甘南州地方志编修的思考》，《中国地方志》2004年第8期。

居住环境和社会环境大不相同,所以在保留了一些藏族的文化和生活方式外,也有许多与其他藏族文化和生活方式的不同之处。居住在海拔高达3000米的玛曲、碌曲、夏河的藏族,主食以糌粑、酥油等食物为主,居住方式大部分是布料帐房、牛毛帐房,并且由于体格剽悍的原因,素有"草原雄鹰"的称号。居住在海拔2000米以下的舟曲、迭部藏族,由于地处山岭地带,所以建筑和生活方式具有浓厚的山乡特色,这两地的藏族居民大都能歌善舞。居住在洮河旁的卓尼、临潭藏族,依然还延续着明朝时期的服饰风格。即使同处于甘南地区,各地藏族在服饰、饮食等方面也大不相同,从而也就造就了丰富各异的节庆活动,如草原香浪节、赛马会和插箭节、博峪采花节、黑水沟朝水节、元宵节松棚灯会、莲花山花儿会、千人锅庄舞表演、万人扯绳(拔河)比赛等,这些活动体现出甘南地区独特、丰富的民俗文化。[①]

三是森林草原风光。甘肃省位于西北区域,其中的甘南地区不只有广阔无垠的大草原,还有连绵不绝的群山环绕,以及石林溶洞等自然奇观。达里加山、太子山、莲花山等山脉此起彼伏,构筑出一幅幅雄岸伟阔的画面。还有则岔石林、扎尕那石城、赤壁幽谷、冶海冰图等大自然鬼斧神工的一个个奇迹,以及尕海候鸟自然保护区、阿夏大熊猫栖息地等一个个人与自然和谐共处的优美景区。这些独特的自然资源构成了甘南独有的自然吸引力。

四是历史文化遗迹。甘南自古以来就有藏族祖先活动的足迹,迄今为止,全州共有古城址22处、古墓葬16处、遗址111处、其他106处。其中,有马家窑文化、仰韶文化、齐家文化、寺洼文化等早期人类遗留下的珍贵的文化资源,充满着早期人类的无上智慧和灿烂文明,也唤起人们的文化沉思和寻根思潮。[②] 有汉、羌、唐、吐蕃时的边塞重镇,汉白石县旧址,甘加八角城古城保遗址、桑科

[①] 张海生:《探究甘南美术写生创作基地》,《科技视界》2013年第32期。
[②] 王文浩、段文彬、闫颖慧、苏友文、张春花、王倩、张起鹏:《甘南"香巴拉"旅游开发研究》,《生态经济》(学术版)2012年第2期。

古城、羊巴古城、明代城墙、华年古城、唐吐蕃磨坊和砖瓦窑遗址等一系列历史文化建筑。还有众多红色旅游纪念地如卓尼杨积庆烈士纪念馆、茨日那毛主席旧居、肋巴佛纪念亭等红色旅游胜地等。

2. 临夏回族自治州文化旅游资源

一是深厚的古代文化。临夏古文化包括马家窑文化、齐家文化和寺洼、辛甸文化。现已探明的古遗址有500余处，其中70余处分别列为全国和省、州县级重点文物保护单位，已出土的数万件文物中有许多稀世珍品，其中以彩绘陶器最为精美。

丝绸之路南线的重镇、"唐蕃古道"的要冲、"五大茶马司"的中心。临夏特殊的区位促使临夏成为黄河上游重要商埠。早从汉代以来，这里成为丝绸之路的重镇。汉代，自张骞通西域之后，沟通中西交通的丝绸之路开通。临夏成为丝绸之路南道重镇。从西安—天水—临洮—广河—临夏—炳灵寺—古都—浩门川—扁都口进入河西走廊。中国的丝绸、瓷器、医药、造纸术通过这条干道源源西进，阿拉伯、波斯、中亚的天文、历算、音乐、医药、香料、珠宝等不断传入中国。唐代时丝路贸易达到鼎盛，虽然路途较远，但沿途富庶，商人乐走。临夏地处青藏高原与黄土高原的过渡地带，是联系农业文化与牧业文化、汉族与少数民族的交会之地。中原民族先进的生产工具、技艺经过河州向西部的少数民族地区传入，西部少数民族的畜牧业产品通过临夏传入中原。从唐宋以来，临夏又是茶马互市的中心。中原王朝为了互通有无，促进了农产品与畜产品的大规模交换。特别是到了明代，建立了官办的"茶马互市"制度，中国南方的茶叶与西部游牧民族的马匹交换。临夏成为当时秦、河、洮、岷、雅等处的"五大茶马司"的中心。临夏的各少数民族与中原王朝进行了大批的茶马生意。当地的土司充当了茶马互市的组织者与联络者，这一系列商贸活动，促进了临夏人擅商传统的形成。

二是中国穆斯林之乡。临夏是中国穆斯林人口最集中、穆斯林风情和伊斯兰文化特色十分浓郁的地区之一，被誉为"中国穆斯林之乡"。在临夏生活着一百多万穆斯林群众，占全州人口的一多半。回族、东乡族、保安族、撒拉族4个民族构成了临夏穆斯林人口的主体，且东乡族、保安族是甘肃省特有的少数民族。

三是多姿多彩的自然景观。临夏西南部的山脉、峡谷、平原中如盖新坪、莲花山、黄草坪、松鸣岩、凤凰岭等地草木茂盛、森林密布，十分适合农牧业的发展。而临夏的东北部地区多以黄土丘陵为主，沟壑纵横、梁峁起伏，与草木密布的平原、山脉形成强烈的对比。其中不规则的串珠状盆地，是由于大夏河、洮河、黄河的冲击而形成。此外，黄河还从积石山和永靖两县穿过，经过河水常年的冲击和侵蚀，形成了壮观的盐锅峡、寺沟峡、刘家峡等峡谷地貌，这类地貌蕴含着丰富的水能资源，为大坝水电站提供着源源不断的能源。并且，由于河流分流和有效治理的原因，还形成了一系列芦苇荡、水鸟栖息的人工湖面如太极湖、炳灵湖等。①

四是花儿之乡。临夏是中国民间艺术奇葩——花儿的发源地，2004年8月，中国民间文艺家协会将临夏命名为"中国花儿之乡"。临夏花儿分河州花儿和洮岷花儿两大流派。河州花儿会场有百余处，每年农历四月二十六至二十九的松鸣岩花儿会是最大的河州花儿会；洮岷花儿会有场124处，每年农历六月初一至初六的莲花山花儿会是洮岷花儿的最大盛会。

五是民族建筑艺术博览园。融回族砖雕、汉族木雕、藏族彩绘为一体的临夏独特的四合院建筑最具古典建筑艺术的特色，东公馆、蝴蝶楼、临夏市人民红园是临夏建筑艺术的典范。众多的拱北、清真寺建筑艺术异彩纷呈。临夏州内清真寺、拱北建筑美轮美奂，临夏成为闻名全国的民族建筑艺术博览园。

（二）甘肃少数民族文化旅游产业

如今少数民族地区群众文化活动开展广泛。许多地区开始重视

---

① 李祝舜：《临夏回族自治州旅游资源及其开发探讨》，《西北民族大学学报》（哲学社会科学版）2004年第4期。

对传统民族节日的保护和传承，自觉地利用这些节日推广传统文化。不少地方开办了着力体现民族特色的少数民族文化节、文艺节、文艺会演和体育赛事活动，同时，一些少数民族地区正大力发展文化产业，如一些民族地区做民族服装生意，将自己制作的服装打入国内和国际市场，企图将民族文化内涵融入经济活动。还有一些少数民族地区趁着机会将自己民族传统的工艺、质料、风格等发扬光大。通过民族文化产业民族地区利用自身独有的旅游资源，辅之以当地民族文化的内容，发展经济的同时也发展了自身的文化。可以说，当今的民族文化正处于繁荣和发展的最好时期。

甘肃省作为一个少数民族众多、民族风情独特的文化资源大省，少数民族文化产业的发展已做出了一些成效，主要有以下几个方面。

1. 公共文化服务体系建设不断加强

自从中华人民共和国成立以来，当初基础设施落后的甘肃已经改头换面，众多的文化基础设施的兴建，特别是这几年加大对基础设施的投入，改善了对文化旅游产业的投资环境。近些年来，甘肃省政府和各地方政府，广泛吸引投资，大量引进人才技术，并积极实施"两馆建设项目、乡镇综合文化站建设、文化信息资源共享工程建设、流动舞台车工程农村小康文化建设经费、送书下乡工程和农家书屋工程"等项目，努力营造出独特的民族地区优秀文化氛围，加强对公共文化服务网络体系的建设。

2. 群众性文艺活动普遍开展

近些年来，甘肃少数民族地区组织举办了以少数民族文艺会演为代表的一批大型群众性文化艺术活动，如临夏的"花儿会"，甘南的"万人拔河赛""娘奶节""香浪节""采花节""朝水节""松棚灯会"等众多的民俗节庆活动，吸引着大量的游客来参与，并对当地民族文化的传播和发展起到了十分重要的作用。

3. 反映少数民族题材的艺术作品不断涌现

依托于丰富的文化资源，甘肃省不断加强对文化产品的创造和改善，并形成了许多具有甘肃特色的文化节目。如 2009 年由甘肃省民委组织，由少数民族群众参加，成功举行了"向祖国致敬"全省庆祝新中国成立 60 周年少数民族文艺会演活动。此次会演活动生动表现了各族人民喜迎国庆和向伟大祖国致敬的共同心声。传达的是在党的领导下，甘肃省各族人民勤劳致富、安居乐业和共建和谐家园的共同心愿和精神风貌。此外，舞蹈《脚户歌》、长篇小说《首席金座活佛》及电影《月圆凉州》分别获得第五届敦煌文艺奖的舞台艺术、文学及广播影视类一等奖。同时，甘肃省组团参加第四届全国少数民族文艺会演中所表演的大型情景歌舞剧《民族之舟大爱之曲》在会演中荣获"创作金奖"，该剧还获得了甘肃省代表团优秀组织奖、最佳编剧奖等 8 个单项奖。这些优秀的文化节目无一不体现着甘肃努力打造独特优秀文化的决心。

总之，近年来，甘肃少数民族旅游业迅速发展，已经成为推动少数民族地区建设、带动少数民族群众脱贫致富、转变经济增长方式、丰富人民群众文化生活的重要力量，旅游业在全省国民经济和社会发展中的地位显著提升。未来，甘肃少数民族旅游产品将从较为单一的观光型向观光游览、休闲度假、民俗节庆、商务会展、户外探险、自驾体验、康体养生等多元化产品体系升级转型，文化产业将进一步与旅游业融合，文化旅游将会得到快速发展。

（三）推动甘肃民族文化与旅游产业和谐发展的策略

近年，甘肃省正在努力打造华夏文明保护传承和创新示范区，丰富各异的文化资源不断被发掘、创新、保护。甘肃省已经进入了旅游产业大融合的战略机遇期。但是，从前面对甘肃少数民族文化旅游现状与存在的问题进行分析可知，甘肃少数民族文化与旅游要深度融合发展还有许多问题需要解决。因此，有必要结合当前甘肃文化与旅游融合发展的实际，从战略角度给出一些具体的策略，加快旅游业发展与建设文化大省紧密结合，提升甘肃文化与旅游融合发展的深度，为华夏文明的保护传承和创新做出一份贡献。

1. 优化文化旅游结构，开发新型文化旅游产品

在文化旅游开发探索期，甘肃缺乏完整意义上的文化旅游品牌体系，以观光型产品为主，结构单一，行业规模狭窄。目前，甘肃文化旅游已进大发展中期，旅游的支柱产业地位已经确立，应依据消费者的年龄职业、兴趣爱好等差异而产生不同的需求，摆脱同质化产品恶性价格竞争，改变过去"敦煌飞天文化旅游"的单一发展模式，结合资源优势和具体目标客源市场需求，有计划地增加品牌的数量，开发与创新丝路文化、始祖文化、航天科技文化、长城文化、黄河风情、红色文化，开发各种专题文化旅游类型，如休闲文化旅游、体育文化旅游、生态文化旅游、民俗文化旅游、节事文化旅游等，逐步建立合理的旅游产品结构，在自然观光和文化旅游产品融合的基础上，提高旅游者的身心愉悦度，促进产品的转型升级。同时，要在结构优化中整合产品形式，开发新型文化旅游产品。以红色文化的旅游开发为例，它虽然是一种革命文化、缅怀文化、战争文化和军事文化，形成于第二次国内革命战争、抗日战争、解放战争中，承载着中国共产党和各族人民艰辛和辉煌的革命历程、英勇牺牲的革命事迹和坚定的革命奋斗精神，但要适应旅游市场，必须突破传统旅游市场的局限，开发组合类产品。

2. 大力发展旅游经济实力，促进地方经济发展

甘肃省进入21世纪以来，西部大开发政策的颁布对甘肃省文化旅游业来说是个重大发展机遇。在这个难得的发展机会里，甘肃省政府可以通过积极推动政策，完善区域基础设施建设，来保护西部生态环境，推动西部特色优势产业的发展。对于少数民族来说，发展旅游业既能够发展当地的旅游经济实力，增加地方财政的收入，促进地方经济发展，又能够增加地方向外省甚至世界开放、文明的程度，较好地保护了当地生态环境资源，促进西部经济的整体发展。

3. 提升旅游产品的竞争力，加强对少数民族旅游资源的保护

一方面，特色文化是旅游发展的灵魂和内核。文化是旅游的灵魂，而旅游是文化的载体，旅游产品的竞争力从本质上来说体现在

文化的内核中。所以，只有旅游业与当地文化紧密结合起来，旅游产品才会更有价值。对于甘肃少数民族地区而言，如何将文化旅游资源的开发进行最大化的应用，体现出文化在旅游业的市场竞争作用才是当务之急。另一方面，民族地区群众在结合自身优势，大力发展旅游业的同时，要对少数民族文化进行宣传，让人们认识到少数民族文化的内在价值，通过更加科学更加专业的方式将少数民族文化资源进行广泛的推广，这就需要加强对少数民族地区导游的培训，让导游引导当地群众进行少数民族文化的旅游维护意识和民族文化自豪感，使他们能自觉地参与到保护当地旅游资源的队伍中。

4. 促进甘肃少数民族文化产业与旅游产业相互交融，优势互补

旅游的发展离不开文化赋予的灵魂，文化要得到深入的挖掘和开发需要旅游这个载体，从某种意义上来说，文化与旅游要相辅相成、互惠互利、相互依存。如今，人类迈入新的阶段，文化与旅游相互融合、互利共生已成为时代发展的一种大趋势，文化旅游引领了新的潮流，蓬勃发展。一方面，有着深厚文化积淀的文物保护业和博物馆业，已成为旅游业发展的重要依托。另一方面，文物古迹的复修、重建和复原是由于旅游业的发展所带来的，这也促进了文化产业的发展。甘肃省是资源大省也是文化强省，拥有深厚的文化积淀和丰富的旅游资源，通过加强旅游业与影视、广告、会展、演艺、出版、娱乐等行业的深度合作，形成融合文物展示、仿制、流通、出版、影视拍摄与旅游产品最终生产销售、休闲娱乐、文艺演出、观光于一体的产业化体系，从而促进文化、旅游生产要素的合理配置，整合甘肃少数民族地区现有的少数民族文化资源与旅游资源，最终达到产业升级以及延伸产业链条的目的，提升文化产业与旅游产业的竞争实力和整体技术发展水平，形成甘肃省新的经济增长点。[①]

---

① 张利洁、赵泽斌：《对甘肃民族地区文化产业开发问题的思考》，《西北师大学报》（社会科学版）2003年第3期。

第三节　民族文化产业与文化的传承和保护

自古以来，甘肃便是少数民族融合的大舞台。先秦时期，尽管当时战争的频繁导致人口的迁移和流动，但是当时氐、羌与西戎、周族、秦人都有交错，反而促成了民族的融合。到了秦汉魏晋时期以及唐宋时期吐蕃、党项、汉等多个民族交往频繁，再到后来的元明清时期蒙、藏、回、满、汉诸族的共处，共同谱写了中华各民族是一家的美好愿景，开启了中华民族新家园的篇章。

各个民族通过交流文化、联姻等方式，在战乱平息之后，在甘肃这块土地上相互融合发展，形成了蒙回文化、羌藏文化、西戎文化、西夏文化与汉文化等多个民族文化的融会互通，不仅扩展和丰富了中华文化的发展路径，而且对中华民族及其民族文化的发展产生了深远影响，大力推动了由多个民族组成的多民族地域文化的发展。

甘肃在中华文化发展的进程中，出现了一批少数民族非物质文化遗产，它既是当时少数民族文化交流互通的脊柱，又是中国文化向西方文化交流沟通的桥梁，甘肃少数民族文化正是在双向传输、创新中成为中华文化百花园中的一枝奇葩。这种文化的交流与互通，既给甘肃少数民族区域文化带来了无限的发展活力，又对中华文化的内容和领域进行了补充和完善。

总而言之，甘肃以其丰富的文化内涵和多元的文化体系成为当时在中华文明的发展进程有重要影响力的地区，甘肃利用这种地域文化优势，大力进行开发和研究，从而加快了各民族共同奋斗的历程，推动甘肃甚至西北偏僻地区建设成为文化大省，这对我们实施建立华夏文明保护传承和创新发展示范区，实现少数民族地区经济转型崛起，保障国家边防安全和良好的生态文化，建设少数民族共有的精神家园，具有十分重要的理论意义和实践意义。

一　甘肃少数民族非物质文化遗产概略

非物质文化遗产是多元文化的体现，也是人类文明的积淀，在这里它既拥有着丰富的文化资源、科学资源、历史资源和教育资源，也是整个国家和少数民族赖以生存的基础和动力源泉。它与人们的生产生活密切相关，是一代又一代非物质文化遗产传承人传承下来的民间特有文化，从某种意义上来说，非物质文化遗产在人类历史上，对于人类的生存与发展具有十分重要的作用。

我国国家级非物质文化遗产名录总共有 10 个类别。甘肃省目前列入国家级非物质文化遗产名录的项目除了杂技与竞技类没有入选外，其余9类：民间文学类、民间舞蹈类、传统戏剧类曲艺类、民间音乐类等都有项目列入名录。但是列为世界级非物质文化遗产中目录的项目，甘肃省只有甘南的花儿与藏戏两项列入少数民族非物质文化遗产目录中。在这里可以看出，少数民族非物质文化遗产在甘肃所有非物质文化遗产中占据一定的地位。众所周知，非物质文化遗产有着特定的价值，它是中华文化遗产不可缺少的部分，展现了中华民族独有的价值体系和思维方式，体现着中华民族的创造力和生命力。因此传承少数民族文化，加强少数民族非物质文化遗产的保护显得尤为重要，对于甘肃省贯彻落实国家提倡的科学发展观，增进民族团结和维护国家和谐统一，实现整个经济社会的全面协调和稳定发展具有突出意义。[1] 尽管非物质文化遗产保护工作在甘肃省已经全面启动，但是非物质文化遗产保护的道路还很漫长，需要做的事也很多，需要社会各界人士的共同参与和共同努力才能完成。[2] 资料显示，目前甘肃省各个市、县、区、州都公布了列入非物质文化遗产目录的项目及其代表性传承人，并且进入省级非物质文化遗产目录的代表性传承人总共有 43 人，对于为非物质文

---

[1]　王万平：《甘肃非物质文化遗产》，甘肃民族出版社2012年版，第383页。
[2]　王万平：《甘肃非物质文化遗产》，甘肃民族出版社2012年版，第390页。

遗产做出贡献的传承人，各级政府每年都会给予一定的经费和补助。通过这些非物质文化遗产的代表性传承人可以看出，甘肃省现有的非物质文化遗产的传承人不是很多，非物质文化遗产项目的保护和传承任务还很艰巨。

二　甘肃少数民族文化面临的问题与挑战

甘肃是一片神奇而美丽的土地。生活在这片土地上的各族人民，在漫长的历史发展进程中创造了绚丽多彩的民族民间文化。由于甘肃位于中原农耕文化圈、北方游牧文化圈和青藏高原文化圈的交叉地带，所以甘肃文化在多民族相互影响和渗透的背景下，形成了兼容并蓄但又独具特色的多元文化，为我们留下了丰富的非物质文化遗产。这些为甘肃独有的非物质文化遗产由于历史的积淀具有很高的史学价值、社会价值和人文价值，然而，随着现代生活方式的改变，网络电视的普及以及现代城镇化的加快，这些丰富的非物质文化遗产正面临着濒临灭亡或者已经消失的困境，这给我们留下了无法弥补的遗憾。

（一）人民群众对本民族文化遗产缺乏认同感和传承的自觉

随着少数民族地区广播电视的普及以及生活方式的多元化，一些依靠口口相传和传授行为方式进行传承的少数民族非物质文化遗产，正由于像祭祀这样的民间传统群体活动的逐渐减少以及少数民族地区与民间传统文化有关的大量的实物和资料的迅速流失和损毁而逐渐消失，甚至濒临灭亡。同时更为严重的是，随着少数民族地区本就为数不多的掌握着传统艺术的民间艺人的相继辞世，甘肃民族的非遗传承面临着后继乏人和传承困难的危险。正如在联合国教科文组织非物质文化遗产处担任处长的塞西尔·杜维勒曾经就很担忧地说："一旦年青人群体对少数民族非物质文化遗产开始不感兴趣，非物质文化遗产就面临着从活态的物质文化变成只有历史记忆的危险，这些非物质文化遗产就只能静静待在档案室、图书馆和博物馆。"① 近年来，随着社会经济的发展，不断加快的城市化进程以及外来文化的冲击，少数民族地区的人们也开始向往城市化的生活方式，在这种向往中迷失了自己，逐渐遗忘或抛弃祖先留下的少数民族独有的手工技艺或者传统习俗，如大量的裕固族民歌的消失，对于本民族的少数民族文化越来越缺乏民族认同感和归属感，由此导致少数民族地区不少年轻人宁愿远离家乡，在外吃苦受累，也不愿意待在家乡，花时间去学习当地的手工技艺和传统习俗。归根结底，还是由于在外来文化的强势冲击下，一些民族文化传承人只重视眼前利益，认为传承非物质文化遗产不能为他们带来理想的收入，没有深刻意识到非物质文化遗产是他们民族文化的灵魂，是中国传统文化的根基和民族的血脉，失去了文化自觉的意识，本民族的传统也就得不到继承和发展。

（二）地方政府过度干预，民众失去主体地位

一方面，和当代青年人文化不够自觉相反的极端情况是有些少数民族地方政府对本民族文化过度重视，秉承着本地少数民族文化是独一无二的这种思想，他们就开始过度消费本地非物质文化遗产，过度挖掘，从而导致当地文化遗产过度破坏。例如，一些少数民族地方政府为了发展本地的旅游业，促进当地经济的发展，过度开发消费一些文化遗产，盲目建设大量迎合游客需求的人造景观，使当地珍贵的非物质文化遗产超负荷使用，失去了原本的面目和内涵。同时，有些当地政府的这种过度重视本地文化，只是想着利用当地传统文化更好地发展当地旅游、促进本地经济的发展，停留在经济利益层面，而没有深刻意识到少数民族文化的内在价值。比如，近年来一些少数民族地方政府想为自己获得商机，对当地非物质文化遗产进行多项申遗工作，这种基于利益的考虑而实施的行为，使文化失去了真正意义上的自觉，不利于当地文化遗产的传承

---

① 张岂之：《关于文化自觉与社会发展的几点思考》，《西北大学学报（哲学社会科学版）》2002年第4期。

和保护，缺少了传承和开发文化的积极性。

另一方面，在少数民族非物质文化遗产保护的政府层面，还存在一些问题，如政府对于民族文化保护力量比较分散，政府机构工作不到位等问题。例如，在有些少数民族地区，有两个政府部门系统地负责非物质文化遗产的保护工作：文化体育局和民族宗教事务委员会。但是在具体的工作职责中，文体局负责整个所属区域内所有的和非物质文化遗产有关的保护工作，而民族宗教事务委员会只需要负责本地少数民族非遗的传承和保护工作。这种由于部门之间与生俱来的行政权限壁垒，容易造成对少数民族非物质文化遗产的保护死角，从而造成少数民族的一些非物质文化遗产得不到有效的保护和传承。

(三) 外来文化的冲击，加剧了少数民族文化遗产的消亡

现阶段，甘肃省少数民族文化随着交通条件的改善和现代化节奏的加快，在与外来文化交流的过程中不断受外来文化的影响。我们可以看到，在现代化进程中，外来文化也就是现代文化总体上处于强势地位，少数民族文化由于是少数文化，相对来说在现代文化的冲击下处于弱势地位，一些以农牧业为经济基础不断发展的、蕴含着深厚的民族文化底蕴的少数民族地区独特的非物质文化遗产如：民俗习惯、礼仪文化、传统手工艺和民间技艺等将随着外来文化的不断冲击，面临着难以为继、趋于消亡的命运。随着现代信息化的发展，甘肃少数民族地区现代化进程也不断加快，现代文化对当地的影响也越来越大，当地民众的审美观和价值观也在现代化的不断推移的过程中发生着潜移默化的改变。在有着农牧文化和宗法社会的少数民族地区，他们的非物质文化遗产深受外来文化的冲击，他们所赖以生存的文化制度和民俗习惯不断被削弱，同时在各种信息传媒的冲击下，承载着本地特有的民间技艺的艺人不断减少，导致大量传统技艺不断被遗忘，一些少数民族群体记忆开始被淡忘，非物质文化遗产的继承和保护面临着走向消

亡的严重威胁。①

三 传承和保护甘肃少数民族文化的措施

（一）加大宣传力度，开展广泛的宣传和动员工作

目前，甘肃少数民族区域对少数民族非物质文化遗产普遍缺乏保护意识是问题的根本。如果民族群众不了解非物质文化遗产是什么，也压根儿不认同它的价值观，何谈对少数民族非物质文化遗产进行保护。因此，首先需要做的是在少数民族地区大力进行非物质文化遗产的宣传活动，选择好的营销方式，加大宣传力度，为保护非物质文化遗产营造良好的气氛。其次，目前全国上下对非物质文化遗产保护工作都比较重视，在这项工作启动以来，有关的组织已在全国开展了广泛的宣传和动员工作，但是宣传效果并不明显，只有部分专家学者投身这项工作，而缺乏一定的继承人。这是由于对非物质文化遗产保护的宣传与营销工作存在着一定的问题，也就是在少数民族地区做的宣传工作不够。同时有些少数民族地区人民文化水平有限，他们根本不知道非物质文化遗产这个专业术语，更没有办法把这个专有名词和自己当地文化联系起来，群众也就缺乏积极性和主动性，认识不到非物质文化遗产的重要性，政府和有关专家学者做再多的宣传也没办法改变群众淡薄的意识。在现代主流文化冲击的大背景下，少数民族对自己的文化缺乏一定的自信，他们根深蒂固的思想是他们是弱势群体，他们的文化也是落后文化和弱势文化。在这样的情况下，少数民族文化传人很容易丢掉自己的特色文化，随波逐流。另外，少数民族聚集区域很多的当地人认为靠自己的辛勤劳作挣钱，踏踏实实地过日子才是应该干的事，而唱戏写作是有钱人无聊才干的事。有想法参与当地非物质文化遗产活动的人因为怕把时间和精力用到了文化上耽误了挣钱的机会，会被同

---

① 高小强、钱文英：《甘肃少数民族文化概论》，中央民族大学出版社2012年版，第216—217页。

乡的人瞧看不起，也不愿意冒风险从事和非物质文化遗产相关的活动。因此，如何在少数民族地区开展大量有效率的非物质文化遗产宣传活动，呼吁当地艺人参与到保护和传承非物质文化遗产的队伍中，给他们传递一种动力和激情，找回民族自信和自豪感，让更多的年轻人投入非物质文化遗产的传承和保护中来显得尤为重要。

（二）加大教育力度，培养专业型人才

当前，像甘肃一样的西部少数民族地区面临的严峻现实是缺乏有专业素养的各类高校人才。对此，对于甘肃省来说，一方面，应当加强高校队伍建设，在兰州大学、西北民族大学、西北师范大学等高校开设特色民族班、文化培训班、少数民族舞蹈编导培训班、传统手工艺课程，同时将民间艺术和传统手工艺列入大学艺术教育，增设非物质文化遗产保护专业，招收本科生、代培生、进修生等一批青年学者，为以后培养一批可以长期从事传统手工艺制作、非遗文化研究的专业人才打下坚实的基础。另一方面，还应对甘肃省各区域和各地县博物馆、文物馆中已濒临消失的非物质文化遗产实物和相关资料扩大保护范围，进行相应的收藏、征集和保存。同时应当充分发挥和各相关机构的紧密合作，利用博物馆的场地优势和高校宣传教育的优势，聘请相应的专家学者，利用他们的专业优势和科研成果，结合现代科学技术的应用，深入地探讨和研究非物质文化遗产，为非物质文化遗产的保护工作提供理论依据和现实基础，使非物质文化遗产的保护能够稳步进行，另外，还应该积极发动广大人民群众，从民间征集相关的民间艺术影像和资料，系统地为非物质文化遗产保护工作培养一大批青年传承人，将少数民族非物质文化遗产的保护工作落到实处。

（三）加快少数民族语言文字的信息化，建立数据库

甘肃少数民族地区文化的发展速度之所以很慢是由于当地文化发展的投入和渠道受到经济发展水平的限制，从而使民族地区文化发展缺少了一定的物质保证。因此，需要在少数民族地区增加物质投入，拓宽发展渠道，为少数民族地区文化发展提供物质基础。这

需要各少数民族地区依据当地的实际情况，实事求是，找出当地发展文化的优势和劣势，如果发展文化切实可行，还要依据当地经济发展状况和文化价值水平决定对该地区物质投入的多少。如果当地经济投入有限，可以尽量压缩其他方面的开支，优先考虑对当地文化发展方面进行投入。同时应当充分调动其他地区人民群众的积极性，拓宽多种集资渠道，增加文化经费的来源，广泛征集全社会的资金投入和人力投入。

（四）加大甘肃少数民族文化开发，深入挖掘其中的文化价值

甘肃少数民族地区拥有丰富的文化资源和民族价值。如何将当地的资源最大化地进行开发，使资源得到合理的优化配置，将资源中的符号价值开发出来转化为民族价值是十分有必要的。对甘肃少数民族文化进行开发一方面响应了当前国家对少数民族文化进行保护的政策号召，满足人民群众对物质和精神文化的需求，另一方面对少数民族地区来说，对民族文化进行开发可以为当地的经济带来利益，促进当地经济的发展，为人民带来福祉。因此，少数民族文化开发所带来的价值不可估量。少数民族文化也只有在合理开发整合中，才能充分发挥它的内在潜能，被人们所熟知，才能充分展示它内蕴于民族文化中的巨大价值和魅力。在纷繁复杂的当今社会中，文化是一个活的物态，它不是病态的，它需要物质载体给它赋予价值和生命力，从而不断发展下去。我们应该相信非物质文化遗产是少数民族传统文化的根，它的民族价值无可估量，我们需要对它进行不断的传承和发展，因为这样的发展是有价值和深刻意义的。

总之，少数民族文化蕴含着巨大的民族价值，是一个民族的精神食粮，是一个国家人民对民族自尊心、民族自信心和民族自豪感的集中体现。对于甘肃省来说，只有在民族地区加大宣传力度，开展广泛的宣传和动员工作，将加大教育力度，培养专业型人才和拓宽集资渠道，增加物质投入以及加大甘肃少数民族文化开发，深入挖掘其中的文化价值相结合，才能更好地传承和保护我们珍贵的少数民族文化。

第九章

数字革命：互联网中的民族文化

第一节 信息技术与民族文化

一 信息技术

随着科学技术的飞速发展，人类社会已经进入科技化、信息化时代发展阶段，计算机信息处理技术是信息时代普及率较高的一项信息技术，计算机信息处理技术的不断发展，给人们的生产生活带来了越来越多的便利，人们对信息技术的要求也在随之增加。当今时代信息量增大，且具有不对称性和复杂性，已经进入"大数据"时代。

信息技术（Information Technology，缩写IT）的定义，从不同的层面有不同的界定标准。信息技术是指能充分利用与扩展人类信息器官功能相关联的各种方法、工具、技能的总和，这是从信息技术与人的关系来看的；信息技术也可以定义为对信息进行采集、传输、存储、加工、表达的各种技术的总称，这是从人类对信息技术功能与过程的一般理解来看的；从信息技术的现代化与高科技含量的不同，信息技术也可以理解为物化技术与非物化技术。其中物化技术也叫作硬技术，如显微镜、电话机、通信卫星、多媒体电脑等。非物化技术也叫作软技术，主要包括语言文字技术、数据统计分析技术，规划决策技术等。信息技术还可以指利用计算机、网络、广播电视等各种信息工具与科学方法，对声音、图像等各种信息进行获取、加工、存储、传输与使用的总称。总之，信息技术可以概括为用于获得、管理和处理信息所采用的各种包括传感技术、计算机技术、微电子技术和通信技术的总称。其中，计算机技术包括软件技术信息编码、有关信息存储、计算机硬件技术等。

信息技术从某种程度上来说为知识的组合与再生提供了多种可能性。[1] 信息技术的快速发展对人们的生活产生重要的影响，尤其是对处于知识顶端的生产关系和上层建筑构成一定的影响，它不仅仅是纯技术的范围，而是利用科学技术将知识进行组合与再生的一种文化与技术结合的现象。这种结合技术的文化不是简单的封闭保守的少数民族传统文化，而是一种超脱的文化、智能的文化。正如辩证唯物主义者坚持认为的，生产力与生产关系是社会的经济基础，而经济基础与上层建筑决定了上层社会，社会的发展正是在这样的相互矛盾的运动中得以进步的。[2] 信息技术可以说是当今最为先进的生产力，它是一把利器，将以史无前例的方式深刻改变人们的生活方式。信息技术的发展，为网络的普及带来了便利，通过信息科技手段，人们可以将每天获得的大量数据进行提炼，从中挖掘出有用的价值，供人们所使用，以便从中获得对人们有价值的信息。当今，计算机和网络技术在全世界范围内的普及，实现了人们对互联网平台的依赖，这体现在日常工作与生活中人们对手机和电脑的利用。这表明大数据时代已经来临，并且将以潜移默化的方式深刻影响和改变人们的生活方式。

网络传播的面世，以大众化、全球化、多元化、个性化为特征的网络文化，代表着一种新的生存方式。不可否认，信息技术的发展和网络的普及化，对少数民族文化的传播是把双刃剑，既对少数

---

[1] ［英］迈克尔·吉本斯等：《知识生产的新模式：当代社会科学与研究的动力学》，陈洪捷、沈文钦等译，北京大学出版社2011年版，第189页。

[2] 赵生辉：《现代信息技术与西藏民族文化融合的理念与途径》，《黑龙江史志》2009年第18期。

民族文化的弘扬和传播起到一定的积极作用也有一定的消极影响。积极方面：首先体现在信息分享层面，网络时代的到来改变了大众传播时代单一的信息消费活动，信息技术的发展为少数民族文化的传承提供了多种可能性，一些信息分享活动不再是通过以往单一的大众传播手段，而是在大数据时代多种技术的重新组合，形成了一种全球化、个性化、技术化与信息化相结合的新的生活方式。其次，网络的普及和信息化的利用改变了人们的人际关系和行为方式，当网络形成之后，一种新型的人际关系和行为方式得以产生。一种通过网络进行远距离交流的新的人脉关系出现了，它打破了时空的限制，为少数民族与其他民族跨距离、跨空间的交流互动实现了可能，这给少数民族文化的传承提供了新的发展空间和更加多样的人脉关系，可以利用信息技术跨越各种种族关系鸿沟，实现大范围的资源共享。从另一种意义上来说，也为少数民族文化的传播和传承提供了更加便捷和更多方式的选择。最后，网络的普及和信息技术的发展可以改善一个地区的经济发展水平和开放程度，尤其是对少数民族地区来说显得尤为迫切。大数据的应用可以将充斥在各种网络平台上的数据资源进行优化整合，从而推动少数民族地区进入网络时代，让更多的人们感受和了解少数民族文化，从而赋予对少数民族文化感兴趣的群体更多的向外传播的权力。

但是从另一方面来讲，网络对于少数民族文化的弘扬和传播也有一定的消极作用。如今网络上的信息纷繁复杂，我们很难去分辨这些信息的真伪，很难准确地从中筛选出有用的信息供我们使用。与此同时，网络让人们无法对传播的内容和形式进行有效的控制。从整个社会的角度来看，网络传播就如同整个社会运行的神经系统，为人们提供十分便捷的文化交流和沟通平台的同时，也让传统的面对面交往变成了一种奢侈，人与人之间通过近距离建立起来的亲密关系也变得疏远起来，最重要的是，网络时代的到来为人们绘画了无所不能的虚拟画面，人们沉浸在虚拟世界中很容易迷失自己，忘记现实世界的本来面目，无法在真实世界中生存。

总之，作为一种新兴媒介，互联网虽然没有经历太长的发展历程，但由于它的传播速度快、传播内容多、效率高等特点，所以能以惊人的速度改变着人们以往的人际交往关系和信息分享程度，导致各行各业都在积极与虚拟现实技术相融合。尽管互联网技术的发展对人们的生活方式和行为选择有一定的弊端，但毋庸置疑，信息技术和互联网的出现是当今时代的产物，它深刻地改变着整个世界教育、政治、文化、经济的发展历程，以不可阻挡的趋势改变着时代的进程，推动着人类社会不断向前发展。

二　信息技术下少数民族文化的传播

文化是一个民族的灵魂，是一个民族得以存续和发展的动力，是一个民族的核心和根基。民族文化是经济社会发展的经济导向，是维系民族生存的精神纽带，是推动整个民族进步发展的不竭动力。民族的一切形式和表现都离不开文化，一个民族区别于其他民族的重要标志是拥有自己独特的文化，独特的文化可以彰显一个民族的特色。少数民族文化指的是由本少数民族在其群体生活中所创造的被本民族所接受、所热爱、所奉行并且以后很可能传承的一切文化形式。[①] 少数民族文化在我国是指除了汉族以外的其他55个少数民族的传统文化。我们可以看出，少数民族文化的发展和民族的发展是相互促进相互制约的关系，一方面，一个少数民族区域民族文化的繁荣能促进该区域民族的经济实力，增强民族自豪感和凝聚力，推动民族不断向前发展。少数民族文化的落后则会让该民族的发展停滞不前，削弱民族发展的动力和热情，推动民族文化走向衰落。另一方面，少数民族地区经济的发展能够促进该地区少数民族文化的繁荣发展，反之亦然。

（一）传统少数民族文化传播的历史脉络

我国是一个由五十六个民族组成的多民族国家，每一个民族在

---

① 杨建新：《中国少数民族通论》，北京民族出版社2009年版，第256—259页。

长期的历史进程中都有自己源远流长而独具本民族特色的民族文化。这些民族为我国民族文化的繁荣和发展做出不少的贡献。少数民族文化作为我国文化不可或缺的重要组成部分，和其他民族文化一同组成了我国璀璨夺目的多元文化，推进我国文化建设不断向前发展。因此有着独特的地质地貌和民风民俗的少数民族文化已经得到越来越多的社会各界人士的关注和研究。少数民族文化的传播是中国民族文化多样性与丰富性的重要体现，对促进民族地区经济社会发展有着巨大的意义。

追根溯源，其实早在20世纪五六十年代中国少数民族文化传播就进入了一个黄金时期。这一时期少数民族题材电影层出不穷，影响深远，被那个时代的中国观众乃至世界观众所喜爱。比如由毛泽东亲自题写片名的故事片《内蒙古人民的胜利》，这是新中国第一部反映少数民族题材的故事片，它反映了新中国成立后人民当家做主、反抗压迫、团结奋斗、追求进步的愿景。有将新旧社会苦难与幸福作对比的影片，如《摩雅傣》《山间铃响马帮来》《达吉和她的父亲》《阿娜尔罕》等，这一系列题材反映了少数民族群众反抗压迫和剥削、追求幸福和光明的主题。有表现外敌入侵时各少数民族在历史烽烟中团结统一、浴血奋战、彰显英雄本色的影片，如《回民支队》《芦笙恋歌》等。还有展现社会主义时代新风貌的影片，如《苗家儿女》《五朵金花》《绿洲凯歌》等反映新中国成立后各少数民族人民翻身农奴，热火朝天加入社会主义建设的队伍中。还有很多大家耳熟能详的影片，如《刘三姐》《阿诗玛》等改编自民族民间神话和故事传说的影片。这些民间神话故事传说，不但为广大人民群众所熟悉，而且经过一代又一代民族民间艺人和人民群众的不断完善和推广，流传甚广，有着很强的艺术性和教育性。尽管这些影片结合了不同时代背景，彰显了不同的时代主题，融合了不同民族地区的风情和地域特色，但是都有一个共同的特点：将民族意识的深刻内涵与地域、时代、民族血脉相连，成为新中国电影发展史上具有浓墨重彩的一笔，为新中国电影的高潮留下了光辉的一页。如今,依托报刊、广播、电视、网络等多种形式的现代信息技术,大众传媒能够超越时空的局限,最大程度地收集来自世界各地的信息,日益显示出沟通、共享、文化传递的重大功能,已成为现代文化传播的重要手段。

(二) 少数民族文化传播的意义

少数民族地区都有着独特的地质地貌和民风民俗等文化,少数民族文化是民族地区的优势和特色资源,其传播对促进民族地区经济社会发展有着巨大的意义。

1. 少数民族文化传播为少数民族地区树立良好的民族形象

少数民族文化是少数民族地区人民群众的精神食粮,是少数民族地区形象的代表,对少数民族地区来说起着不可替代的作用。随着互联网技术和各种传媒技术的不断出现,少数民族文化不仅可以利用以往比较传统单一的报纸、杂志、电视和广播等方式进行传播和宣传,还可以利用互联网、大数据、数字化技术等新兴媒体对外进行广泛传播,由于这些新型媒体具有传播速度快,范围广,影响深等特点,可以让其他文化拥有者感受不一样的民族文化,对少数民族文化有更深入更全面的了解和认识,在其他民族心中树立本民族的良好形象,让本民族的少数民族文化不断被大众所接受和认可,并形成规范的社会文化和行为价值标准。

2. 少数民族文化传播有利于促进民族间的文化交流,实现社会和谐

不同民族间进行一定的社会文化传播和交流,符合国家建设社会主义和谐社会的政策号召,有利于减少社会矛盾,促进各民族人民文化的交往和融合,推动社会文明建设的步伐。历史证明,通过不同民族间文化的传播与交往可以发挥各种文化的优势,避免了不同文化的冲突,加快整个社会文明的发展进程。举个例子,比如古代的"丝绸之路"不仅在我国古代发展史上起到了重要作用,而且促进了丝路沿线各国家之间的经济的交流,一定程度上推动了各个国家文明的程度。历史上的清朝就是由满族建立的,当时我国满族

和汉族文化之间的交往，不仅体现了少数民族文化的独特魅力，也推动了我国古代社会的发展和进步。总之，利用一系列新媒体技术手段对汉族文化与其他少数民族文化之间进行传播，能够实现不同民族文化之间的交融，有利于建设社会主义和谐社会。

三 新传媒方式对少数民族文化传播的影响

伴随互联网时代的到来，网络传媒作为新兴传播方式，进一步扩大了少数民族文化的传播范围，提升了少数民族文化的影响力。因此，借助互联网的时代东风，探索少数民族传统文化的传播机制与策略，不仅有助于少数民族文化的传播，也有助于扩大少数民族文化在民族文化中的影响力，提升我国社会主义文化事业的综合实力。随着现代信息技术，特别是计算机技术、互联网技术、数字化信息传播技术的高速发展与成熟，信息传递方式与旧时代的报纸、电视有了巨大的差别。作为技术本身，现代信息技术具有效率高、信息量大以及碎片化、虚拟化的特点。这使得信息传递变得更加简洁，传播形态更加丰富，每一个人都可以同时是信息的接受者与传播者。尽管有着如此之多的优点，但是技术对于文化传播的影响仍具有双面性。一方面，现代信息技术极大地改变了文化的传播形态和传播效果，媒介化的文化信息可以突破时空的限制而得到更迅速、更广泛的传播，使远距离的文化传播成为可能。另一方面，由于现代技术使得信息大范围传播的门槛变得极低，每个人都有可能成为信息的"再加工者"，无法保证传播信息的本原性。三人成虎的现象在这种传播形式下必然会大概率出现。

我国作为一个多民族国家，每个民族都有自己独具特色的民族文化。相对汉文化来说，少数民族文化具有地域性强的特点。随着新传媒方式的出现，少数民族文化的传播也出现了巨大的变化，既为少数民族文化传播创造了机遇，同时也生成了许多新的困境。

(一) 新传媒方式下少数民族文化传播的机遇

1. 开拓了少数民族文化的传播空间

少数民族由于具有很强的地域性和民族性，这使得少数民族文化往往只会在内部传播，很难被外界了解并接受。传统的传媒方法，如本土媒体，报纸等也只能在本地传播，很难突破地域限制。随着新传媒方式的发展，少数民族文化可以短时间内传播到世界的任何一个地方，被人们所了解。真正突破了传播的时间和空间局限性，极大地扩宽了少数民族文化传播的空间。可以说新传媒方式促进了少数民族文化从小众传播发展到大众传播，对实现中国的文化发展起着非常关键的作用。新媒体的传播扩大了少数民族文化的传播空间，使少数民族文化得到更多的交流机会，在不同文化的交流过程中，促进了少数民族对自身文化的重视，加快了文化融合的脚步，使少数民族文化不断走向全球化。文化传播空间的扩大是少数民族文化打破传播障碍、实现与外界文化充分交流的必然要求和必由之路。[①]

2. 丰富了少数民族文化的传播形式

在早期，少数民族文化的传播主要依赖于报纸、电视、广播等方式，个别地方甚至是口口相传。这些传播方式效率低、受众少，只是局限于少数民族内部。随着现代信息技术的发展，新的传播方式逐渐兴起，比如手机、互联网、博客、App 等。相对于传统的传播方式，新兴的传播方式个人的参与度更高，每个人可以在网络上发表自己的看法，可以和别人互相交流，这使得传播的效率有了很大提高。再结合传统的电视、报纸等媒体，使得少数民族传统文化的传播方式更加全面，传递的信息更加细致。

3. 提升了少数民族文化的话语权

在以前，由于庞大的人口基础使得汉族文化占据绝对的主导地

[①] 赵鹏、文霄:《新媒体环境下关于少数民族文化传播的思考》，《新闻传播》2017 年第 21 期。

位，少数民族文化只能在内部流传。新传媒方式的出现，使得每个人都拥有了平等的信息发布的权利，每个人都可以同时是信息的接收者和发布者。少数民族可以自己通过媒体传播自身独具特色的民族文化。

（二）新媒体背景下少数民族文化传播面临的挑战

马克思主义基本原理概论中提出"科学技术是一把双刃剑"。新媒体技术的发展也是如此，新媒体同时也是把双刃剑，在保护和传播民族文化的同时，也带来了对民族文化的冲击，使得外来文化大批涌入，对民族文化产生了负面影响。

少数民族传统文化的特点一个在于少，一个在于有传统特色。但是这种特点就意味着他们的受众少、根基浅，唯一的特色在新传媒兴起的时代中也没有太强的吸引力。相反，随着互联网的普及，全球各地的各种文化、思想不断对少数民族的人民产生影响。特别是对现在的年轻人，他们受传统文化的影响不深，又十分向往外界的繁华、自由的世界。因此，有很多少数民族的年轻人离开家乡，外出追梦，这已经严重威胁到了少数民族文化的传承。除了少数民族的年轻人受到影响之外，少数民族文化本身也出现了一些不好的现象。

1. 新媒体背景下民族文化的过度商业化，文化内涵逐渐弱化

随着我国的经济腾飞，人民美好生活的需要进一步提高以及我国的产业结构需要进一步调整，第三产业的比重正在不断增加。[①]旅游作为一种既能增长见识，又能放松心情的绝佳方式备受现在的年轻人青睐。随着旅游业的蓬勃发展，民族旅游业也悄然兴起。作为民族文化的载体，民族歌舞、民族手工艺品等渐渐变得商业化。但是，由于新传媒方式在信息传播上速度快、覆盖面广并且准入门槛低的特点，使得部分人为了追逐利益，导致少数民族文化被过度

---

① 左相国、黎志成：《第三产业发展水平与人均 GDP 和农业人口比重之间的关系分析》，《统计与决策》2003 年第 1 期。

商业化。比如，一些旅游景区为了吸引更多游客，获得更多的利润，甚至将民族内部一年一次的特色节日改为一月一次。在这种过度商业化之下，即使少数民族文化得到了推广，也只是流于表面，并没有弘扬民族文化背后的底蕴及内涵，更没有达到传承和保护少数民族文化的效果。

2. 新媒体背景下少数民族文化过度娱乐化

当前，一些为了吸引游客，增加点击量的旅游区，国内少数民族文化的传播借助于新媒体进行包装设计，导致少数民族文化在传播过程中不是真正在传承少数民族文化，而是以发展经济为目的进行传播。新媒体传播是以满足受众需求为目的，导致民族文化在传播过程中掺杂了娱乐化成分，致使少数民族文化在传播过程中以娱乐化为导向丢失了少数民族文化的严肃性。

当前，一些国内少数民族旅游景区，为了做出自己的旅游特色，吸引更多的游客，得到更多的点击量。部分地区通过新媒体进行包装设计，将原有的传统文化、名人事迹娱乐化，故意歪曲其原本深刻的内涵；或者，利用一些传统的习俗进行恶搞。其实，过度地追求娱乐化，不仅是对传统文化的不负责任，更是对游客认知的亵渎。就拿一些民俗民歌来说，有些民歌原创自少数民族，虽然都有过改编，但都没有脱离原本的精神所在，都是一个符合原作精神的、健康的形象。后来其他民族的人通过各种形式对其进行改编，使得民歌失去了原有的韵味。在这样的情况下，人们对少数民族文化的了解就会模棱两可。[1] 另外，为了提供足够的休闲体验，很多的新媒体从业者往往选择将重心放在满足用户的娱乐性需求上。而为了实现这种娱乐化的特点，涉及民族文化的文字符号、音乐艺术等在很多新媒体产品中都被有意或无意地重塑甚至被篡改了。[2]

---

[1] 乌兰：《新媒体时代少数民族文化传播渠道分析》，《新闻论坛》2018年第5期。
[2] 齐迹：《新媒体环境下少数民族文化的跨文化传播》，《内蒙古民族大学学报》2018年第1期。

3. 少数民族文化缺乏高素质的传承人

我国少数民族分布地区较广，且地理自然环境条件相对较差，有许多地方的基础条件甚至还停留在20世纪七八十年代。这些地方经济落后，即使是土生土长的本地孩子，在读完书后都很少有人选择回家乡发展。面对日新月异的新世界，传统文化如果没有新的人才传承，就不能跟上时代的步伐，面临的最终结果将是被时代淘汰。

这进一步引发了少数民族文化人才大量缺失，无法得到有效的传承等问题。人才是少数民族文化进行传承的关键，少数民族地区文化需要扎根于本地区的文化又精通一定信息技术的专业性人才进行传承和保护，同时，需要传承人利用新媒体手段将少数民族文化的精髓传播到全国各地甚至是全世界，让热爱少数民族文化的人们加入保护少数民族文化的队伍中。①

4. 少数民族对现代信息技术观念比较落后，应用不足

在互联网这个大背景下，由于新媒体具有传播途径多、传播效率高、速度快以及高效和普遍等特点，因而能将各种不同的信息对外传播，并被人们快速识别和吸收。少数民族文化由于是扎根在相对落后地区的文化，在传播过程中容易受到当地人传统思想观念的影响，他们对以往文化传播的认识相对比较狭窄，无法跟随时代潮流，使用多种传播渠道对本地文化进行宣传。由于对现代先进技术的认知观念落后，在过去的日子里他们仍旧是通过传统的单一媒介，比如通过报纸、期刊、广播、电视、文献和图书的形式对当地少数民族文化进行传播和宣传，这样的传播存在受众范围小、接受度不高、互动性减弱等问题，反映了少数民族在文化传播过程中不能充分利用现代信息技术和新媒体传播手段，对自身文化进行有效宣传。②

---

① 马金：《新媒体时代下的少数民族文化传播探讨》，《西部广播电视》2018年第23期。
② 施云燕：《新媒体环境下少数民族文化传播存在的问题及对策》，《旅游纵览》（下半月）2017年第6期。

5. 改变少数民族文化遗产赖以存在的"文化空间",失去其本真性

少数民族文化数字化传播也存在一些问题,比如"VR 阅读"模式尚不成熟,VR 人才也比较短缺,而且数字化传播是建立在强大的网络基础上的,但是我国少数民族地区的网络建设还有待提高,这就决定了少数民族文化只能"走出去",难以"走进来"。少数民族文化遗产最古老、最传统的形式是口传心授式这种原生态的传播形式,数字化传播技术让少数民族地区非物质文化遗产获得更多的传播机遇的同时,也让其丧失了文化本真性,亦即数字化所代表的"技术文明"改变了少数民族文化遗产赖以存续的"文化空间",这也导致了数字化背景下非遗传承人的权益保护、非遗展演的场域变迁、非遗文化的技术复制、非遗资源的开发利用等问题。

总之,随着新媒体和互联网、数字化传播技术以及大数据的出现,人们的生活环境、交流方式以及社会交往出现了翻天覆地的改变。人们进入了一个前所未有的智能化和信息化时代。毋庸置疑,新媒体和互联网、数字化传播技术以及大数据的普及和盛行,对我国少数民族文化的传播带来了一定的机遇,比如开拓了少数民族文化的传播空间、丰富了少数民族文化的传播形式、提升了少数民族文化的话语权。同时,由于新媒体背景下少数民族文化的过度商业化,文化内涵逐渐弱化、新媒体背景下少数民族文化过度娱乐化、少数民族文化缺乏高素质的传承人,以及少数民族对现代信息技术观念比较落后及应用不足、改变少数民族文化遗产赖以存在的"文化空间"、失去其本真性等原因,新媒体技术的发展也对少数民族文化的传播带来严峻的挑战。[①] 少数民族地区文化的繁荣发展,既是中华民族多元文化的体现,也是现代社会主义文化建设的主要内

---

① 夏宁博:《非物质文化遗产的传承途径探究》,硕士学位论文,云南艺术学院,2011 年,第 17 页。

容。世界各国人民都对少数民族文化给予高度重视。在少数民族文化受外来主流文化强势影响而处于不利的位置的情况下，利用一定的新媒体技术对少数民族文化进行进一步的传承和保护是很有必要的。

第二节　面向世界的民族文化

当今世界以和平和发展为主题，综合国力的展现是每个国家治国的理念和宗旨。改革开放以来，我国的综合国力不断增强，尤其是政治、经济、教育、科技和文化方面取得了前所未有的成就，成为最具发展前景的国家之一。在我国经济得到快速发展的同时，开始不断重视文化，将文化软实力的发展做为中国的一项基本国策，号召全国人民长期执行和坚持。少数民族文化彰显了中华民族文化的软实力，是中华民族生命力、凝聚力的重要源泉，当然也是中华文明与时俱进、创新发展的核心动力。网络的普及和全球化已经成为不可抗拒的历史潮流。最近二十年的世界经济发展态势表明，经济全球化不仅使得发达国家尤其是美国在高度发达的信息技术支持下，创造了历史上少见的经济繁荣，而且也使得发展中国家获益匪浅。我国是一个多民族的社会主义国家，历史悠久、地域辽阔、生态环境复杂多样、多民族长期共生共存。如此广袤的大地上，在漫长的历史岁月里，各少数民族同汉族之间、少数民族之间频繁地交流、迁徙、混居、融合，在共同适应和改造环境的过程中，各具特色、丰富多彩的民族文化在不断相互交融、彼此吸纳的同时又往往顽强地保留着自己的特色，呈现出各民族融会互通、彼此吸收的特征。这种多元化特征表现在各少数民族的语言文字、音乐舞蹈、服饰、饮食、建筑、手工艺、宗教信仰、礼仪习俗、节日庆典、婚丧嫁娶、民间体育以及生存观、价值观、生活和生产方式等几乎涉及文化所有方面的差异与独特上。

21世纪，随着信息技术的发展，新传媒传播手段的大量涌入，随之带来外来文化的强势冲击，在这样的语境中，甘肃少数民族文化如何在现代文化中生存，是个值得思考的问题。[①] 随着时代发展，民族地区开放程度逐步提高，现代物质文明的外来文化（包括国家主流文化）以不可阻挡之势进入了少数民族成员的生活世界。主流文化以一体化、同质化的趋势强烈地冲击着民族地区传统文化的存身根基。在这样主流文化引领的全球化大背景下，少数民族文化受到了一定程度上的冲击，不可避免地要在传承的基础上进行创新。对此，面向未来的少数民族文化有两个方向可走，一是让少数民族文化产业化，并大力发展文化创意产业，加强民族文化宣传交流意识，健全民族文化产业发展的硬、软件设施，促使民族文化产业能够形成有力的竞争优势。二是紧抓"一带一路"发展机遇，依托旅游业促进民族文化传播。

一 少数民族文化产业创意化发展

对许多发达国家来说，作为国家支柱型的文化产业，它虽然仅仅是国家整体产业的一部分，但却在很大程度上体现了一个国家的文明程度和经济实力。只有将民族文化进行合理的开发，才能将它的价值发挥得淋漓尽致。这些年，伴随着我国新型工业化、农业化、城镇化、信息化和现代化进程不断加快，由于文化创意具有低污染、低能耗和高增值、高知识等特征，经济社会中的各个领域和各行业都涉及文化创意，文化创意无处不在，呈现出多行业交叉融合的趋势。不同国家对文化创意产业进行解读，可以有不同的界定。比如以中韩为代表的"文化型"产业，以美国为代表的"版权型"产业，以英国为代表的"创意型"产业。英国政府在1998年出台的《英国创意产业路径文件》中第一个提出了"创意产业"的概念，并根据这个界定，将文化遗产与旅游产业也包含在了相关的创意产业中。此后，世界各国的专家学者根据自己国家的地域特征、政策导向、

[①] 刘基：《华夏文明在甘肃》，人民出版社2013年版，第303页。

产业战略等方向对创意产业进行了深化研究,并提出了囊括文化产业、版权产业、体验经济、休闲产业等产业的一系列概念。

尽管各个国家对文化创意产业从不同的角度有不同的定义,但都体现了文化创意产业以文化为灵魂,以创意为核心,并利用信息技术手段和知识产权的研究和开发为主体。进一步从国家层面来讲,文化创意产业是知识与智慧结合的主导型和战略型的产业,它不是文化与创意的简单相加,而是以文化为基础,融合多种元素,利用不同载体而建构的一种体现创新的文化产业。

少数民族文化产业是以少数民族独特的物质文化和精神文化为依托,通过产业化的经济运营手段,将少数民族文化资源转化为产业经济资源,并最终转变为现实经济效益的经济运行模式。创意产业是文化发展领域具有旺盛生命力的新兴产业,借助文化与经济的双轨快车,创意产业在获得迅速的发展与飞速的成长的同时,也让少数民族文化产业脱离原先的轨道,不断向文化创意产业的新轨道行驶,从而让少数民族文化产业更好更快地向文化创意产业转型,获得更好的发展。近年来,各个国家都开始重视文化创意产业,并出台一系列政策和措施,想通过文化创意产业这个新型业态,促进当地其他产业的发展。作为新兴产业的文化创意产业,已显示出强大的生命力和广阔的发展空间。少数民族文化旅游创意产业主要是合理利用各民族独具特色的文化进行创意加工,使旅游产品、文艺、景点等实现增值。该产业对于培育旅游新业态、促进少数民族地区旅游产业的同步发展、丰富少数民族文化的形式和内容从而让少数民族文化更好地得到传承和保护等具有重要的意义。文化创意产业的发展是偏僻贫困地区转变经济增长方式、摆脱贫困的有效战略,也是推进民族地区文化旅游发展,实现产业结构升级的重要途径。随着现代社会的发展,原先相对单一的少数民族文化产业的发展模式已经无法满足当今市场对多元文化模式的需求,因此,体现多元运营路径和发展模式的文化创意产业迎合了时代的需求,在市场中更具竞争力,有助于少数民族文化产业在市场中站稳脚跟。少数民族文化产业向创意产业转型，是我国少数民族文化产业谋求快速发展的核心路径。[①] 在国内外发达地区与城市创意潮流的推动下，文化创意产业作为一种新文化业态必将迅猛发展。文化创意产业由于呈现出资源消耗小、技术含量高、潜在优势大等特点，在拉动文化消费内需、刺激消费需求方面彰显出强大的生命力。在这样的浪潮下，文化产业结构调整、优化产业升级以及区域经济合作的势头越来越强劲，有利于激发经济增长因素，拉动文化消费需求。而甘肃省要发展文化创意产业，必须遵循以下几条发展路径。

首先，发展文化创意产业的前提是经济足够发达，人们手中有多余的钱和时间去消费，满足精神上的需求，才能促进文化创意产业的发展和壮大。对于甘肃这种人均可支配收入比较低、经济发展比较落后的地区来说，要发展文化创意产业，首先要加大对文化创意产业地区的经济投入，改善文化创意产业的投资环境。同时加强与旅游产业、文化产业、传媒产业、制造业、影视业等其他产业的紧密合作，培育多行业交叉的新型业态形式。对于当地发展文化创意的企业，从政策上给予一定的优惠，从民间收集资本，发挥民营企业与民间组织的作用，加强创意企业的多种渠道投资。

其次，发展文化创意产业，必须依托当地城市现有的产业基础，立足当地的资源优势，找准当地发展创意产业的地域优势、迎合世界发展的大趋势，寻找在市场中的竞争优势，从而打造发展文化创意产业的优势。对于甘肃省来说，它拥有丰富独特的少数民族文化资源，文化悠久，地域辽阔，具有一定的地域优势和资源优势，这就给当地发展少数民族创意产业提供了一定的优势，对此，可以依托少数民族独特的文化和资源，将其作为创意的源泉和核心来源，以少数民族文化生态为场域，打造出能真正引起人们情感共鸣、心灵互通和深入人心的文化产品，为少数民族文化创意产品注

[①] 朱应雨：《少数民族文化产业向创意产业的转型研究》，《贵州民族研究》2017年第2期。

入文化内涵，从而促进当地民族文化生态系统的可持续发展。从少数民族本身而言，应当鼓励当地群众积极主动参与文化创意活动，从而需要激发和唤起当地人的文化自觉，让当地人意识到自身文化的重要性，体会到自身文化的自豪感和满足感，从而加入到推动文化创意产业的发展的队伍中来。[①] 同时，对于甘肃偏僻落后的少数民族地区还可以通过政策的扶持，健全现代文化产业体系和市场体系，完善文化经济政策，创新生产经营机制，培育新型旅游产业及特色文化小镇等新型文化业态。通过对少数民族情景剧的表演、民俗节庆活动、影视制作的宣传以及传统手工艺的展示等方式对少数民族的文化进行创意化的包装和加工，从而使少数民族的艺术价值得到提升的同时，实现当地文化创意产业的发展。

最后在"新常态"下，少数民族文化创意产业应结合时代背景，以科技手段为支撑，进行网络化和数字化的发展，由此延伸出了一种新的产业：数字创意产业。数字创意产业是以现代数字技术和设备为基础，融合文化内容创意和设计服务创新等形式进行生产、创作、传播和服务，属于文化创意产业的一种新兴业态和战略性新兴产业。对此，少数民族文化创意产业可以与数字创意产业相融合，结合大数据、5G、"互联网+"、云计算等现代科技手段，进行数字化创意。同时将当地优秀的少数民族文化与高新科技产业相融合，创新少数民族文化创意产品的服务方式与产品设计理念，着力提升少数民族文化创意产品的利用价值，打造西北地区一流的少数民族文化产业品牌。[②]

二 依托"一带一路"建设背景，大力发展旅游文化产业

习近平总书记 2013 年 9 月在哈萨克斯坦提出建设"丝绸之路

---

① 和曦：《民族文化生态与民族文化创意产业的调适》，硕士学位论文，云南大学，2012年，第 20 页。

② 刘宪辉：《"新常态"下贵州省民族文化创意产业的发展调适》，《贵州民族研究》2018年第 1 期。

经济带"的构想，2013年10月在印度尼西亚国会的演讲中提出"21世纪海上丝绸之路"的构想。"一带一路"倡议的提出，是习近平主席清晰把握国际政治格局的情况下从容不迫下的一步好棋，是中国外交政策的一次华丽的转身，是中国在市场经济建设发展中的必然产物。"一带一路"倡议自提出到现在的六年多来取得了不错的成绩，成为受当今世界普遍欢迎的国际公共产品和国际广泛参与的合作平台。"一带一路"倡议的提出具有十分重要的意义。从国内来说，"一带一路"倡议的提出消化了过剩产能，利用优势产能，创造经济增长的新动力，促进产业升级、社会转轨、城市转型，并有助于扩大进出口，是各省都参与的对外开放的重大举措。从国际来说，"一带一路"倡议的提出使得多领域、多层次的人文交流合作成为可能，并为沿线各国人民的交往、商贸、教育、旅游、文化等活动提供了便利和机遇，不断推动各国文化的创新融合和各国文明的互学互鉴。

"一带一路"倡议的提出可以促进少数民族地区文化资源的保护与传承，使得少数民族文化资源可以在各个国家和地区之间进行流动，促进跨区域、跨国别的民族文化交流。在这样的战略背景下，少数民族旅游应抓住这一新的发展趋势，配合"一带一路"建设机遇，大力发展智能化的旅游产业。对于甘肃省少数民族地区来说，可以将科技创新手段运用到旅游产业中，和智慧旅游相结合，利用大数据模式对少数民族文化旅游资源的开发进行系统分析，最大程度地对少数民族文化资源进行合理利用，并依托"一带一路"的战略机遇，发挥本民族文化的优势，在与各个国家进行对外交流的同时宣传自己的本土文化，以开拓更多元化、更具吸引力的国际市场体系。

民族旅游产业作为我国民族地区经济发展的组成部分之一，因其具有的资源稀缺性、民族特色性和历史传承性，而推动民族地区经济社会的发展。不少民族通过独具特色的民族旅游产业的发展，为当地经济的发展做出了一定程度的贡献。在21世纪科技信息时代到来之时，甘肃少数民族地区应依靠当地的旅游文化资源，借助"一带一路"这个推动区域合作与经济发展的有利趋势，通过"一带一路"旅游品牌的力量，把握历史机遇，使甘肃走出当前的狭窄空间，将少数民族文化推向全国，甚至是全世界。

"一带一路"建设背景下，民族旅游业对于民族地区来说正成为新的经济增长点。民族旅游业因其综合拉动性强、扶助功能大、受益面宽，也是促进少数民族地区脱贫攻坚的新增长点。甘肃少数民族旅游文化应当在"一带一路"政策背景下，延长民族旅游产业链，形成自己独具特色的民族旅游品牌。最大程度满足游客的旅游消费需求是延长民族旅游产业链的核心。所以，甘肃少数民族地区旅游要想让自己的文化品牌"走出去"，就需要根据旅游者的喜好，将创新的理念融合到民族旅游产品中去，延长民族旅游产业链，形成一整套产业链模式。[①]

三 面向世界的甘肃少数民族文化

（一）精准定位民族文化的特色，打造具有民族特色的文化产业链

首先，最重要的是做好少数民族文化的传承工作，让少数民族文化有人可以继承，传承人对本民族的文化传承与发展起着不可替代的作用。这就需要培养少数民族文化的自觉性和文化认同性和归属感，可以在少数民族地区普及相应的文化传播知识，对公众开展文化传播的相关活动，让每一个少数民族群众都意识到自己身上担负的光荣而又自豪的重担。

其次，甘肃少数民族地区要根据自己的实际情况，做好精准的定位工作，特别是在文化产品日益扩大和文化因素对文化旅游市场的影响力日益凸显的情况下，广大民族地区如何将具有特色的文化资源转化为文化品牌为自己争取核心竞争市场，对自身文化品牌进

[①] 白彬彬：《鄂温克民族旅游文化产业发展的现状与对策——创新发展理念视域下的研究》，《内蒙古电大学刊》2018年第5期。

行精准的定位显得尤为重要。就少数民族而言，如果能抓住少数民族文化品牌的核心受众，并对其需求予以准确的把握并反映到区域文化品牌的塑造中，然后再通过精准化的方式传递到核心受众中，并逐渐以此为基础来拓展自身影响力，无疑会是一个较好的选择。

最后，经济繁荣与文化发展是具有正相关效应的。然而许多少数民族地区呈现文化与经济发展不对称现象，开发文化资源是这些少数民族通常选择的经济发展策略之一，但是在开发文化资源的同时还应该注意对文化资源的保护，打造两者相结合的文化产业链。少数民族特色文化具有巨大的经济价值，对此，可以通过网络渠道，将少数民族地区制作的特色手工制品和展览品向全世界各族人民销售，在网上开设课堂，将少数民族歌曲舞蹈和民族语言进行网上教学，也可以在线下为高端游客定制专属的少数民族文化体验之旅，让旅游者享受一次别样的文化旅游体验。

（二）以"大数据"为基础构建民族文化传播链

不言而喻，当今社会微传播方式在信息传播过程中的作用越来越大，其呈现的传播力和影响力，能够促进少数民族文化的有效传播。进入 21 世纪，随着信息技术和移动互联网的迅猛发展，云计算和"大数据"成为网络时代发展的重要产物。随着大数据时代的到来，少数民族传统文化具有了新的保护模式，将民族传统文化进行数据化，促进民族文化事业发展，加深了对少数民族文化研究的深度，增加了公众参与保护的途径。大数据传播技术为少数民族文化的传播开辟了新的空间，使少数民族文化传播的环境更加多元化。大数据技术为少数民族文化的可视化传播提供了条件。文化本来是个很难触摸和观察的东西，经过数字技术，可以模拟、呈现丰富多彩的文化，使品牌变得可视和可触摸，增加了文化品牌传播的灵动性和感染性。[①] 大数据就像显微镜一样，让我们看到平凡事物背后千丝万缕的关联，利用数据分析感知这个世界，从而改变以往

---

① 杨逐原：《大数据时代少数民族文化传播研究》，《新闻爱好者》2017 年第 6 期。

的生活方式。目前我国的大数据发展拥有一定的发展潜能和优势，但由于甘肃现有的数据库数据不完备、传承人的缺失、少数民族艺术发展状况堪忧、政府垄断信息资源致使公共信息束之高阁、浪费严重，数据保护主义越来越严重等原因，造成数据公开不够，难以精准预测。

民族文化传播工作者需要转变思维，建立大数据意识，站在大数据的"顶点"看待少数民族文化传播工作，大数据能够为少数民族文化传播提供有力的数据基础。在如今信息爆炸的数字世界中，要较好地传播自己的品牌，营销者需要科学地把握自己的目标消费群体，了解他们需要什么，如何才能打动他们，这就要求营销者改变品牌传播观念，通过大数据挖掘和分析技术，找到对少数民族艺术感兴趣的个体，对相关用户的自然属性、短期兴趣、长期爱好以及包括文化产品消费在内的消费习惯进行分析，锁定用户的实际需求，并结合实际情况与工作联系起来，在工作中注重文化内涵和实际过程，使少数民族文化传播能达到预期成果，帮助少数民族文化走出传播困境。利用大数据的预测功能，通过相关搜索找到少数民族艺术爱好者，然后将这些爱好者聚集到社会化媒体平台的群体中，可以提前建立一个QQ群、微信群、论坛等。最后将传统媒体与新媒体结合起来，对相关资源进行整合，强化官方微信、官方微博的运用，使受众更加主动地参与进来，形成更快速的影响力。整体构成以少数民族文化的内涵为核心，以微博、微信等新媒体平台为抓手，通过将两者融合发挥合力，逐步建立以"大数据"为基础、以"少数民族群众"为班底、以微博、微信等新媒体为平台的多元化、多层次的传播体系。①

（三）加快少数民族语言文字的信息化，建立数据库

如何有效地开发和利用少数民族地区拥有的丰富的语言文字资

---

① 青觉、李晓萌：《新媒体环境下少数民族文化有效传播的路径分析——以微传播为例》，《民族论坛》2018年第4期。

源，使其最大化地得到传承和保护。最有效的方式是利用信息技术手段将少数民族语言文字进行信息化处理，其中涉及大数据的运用。近些年来甘肃省将少数民族地区一些常见的语言文字按照国家制定信息编码的标准进行编制，但效果甚微，目前甘肃省几乎所有的数据库只能进行英汉、汉英双语检索，无法提供包括多种少数民族语言在内的多种语言选择模式，一些少数民族根本无法利用计算机和互联网对自己的语言文字建立完整的数据库。这是由于甘肃少数民族地区语言文字数据化和信息化的建设比其他发达地区较晚，而且发展受到人才、资金和技术等多方面因素的限制，难以得到有效发展。甘肃省作为拥有众多少数民族的省份，语言文字资源十分丰富，将语言文字进行信息化处理是很有必要的。2016年，国务院办公厅颁发的《国家信息化发展战略纲要》明确鼓励将少数民族语言和音像资料进行开发利用，要优先支持少数民族地区的网络发展和语言文字的信息化处理。要在文化共享工程的领导下，建立多种少数民族语言与汉语同时使用的双语网站，实现真正意义上的文化共享和交流。[①] 近些年，随着信息技术和互联网的发展以及大数据等多种新媒体的出现，为甘肃少数民族地区语言文字信息化的发展和数据库的建立提供了一定的技术支撑。毋庸置疑，语言文字作为少数民族文化向外传递的重要形式，将少数民族地区语言文字进行信息化处理对少数民族资源的可持续传承和保护都有着重要的意义。

对于甘肃省这样经济相对落后的城市，如何利用复杂的信息技术手段将少数民族的语言文字进行信息化处理是个比较棘手的问题。少数民族语言电子文件管理是融合了管理、技术、法律、政治、文化等多领域需求的综合性、复杂性问题，具有环境复杂、目标多重、主体多元、客体多样、技术异构、资源分散、方法综合等

[①] 严永和：《民族民间文艺知识产权保护的制度设计：评价与反思》，《民族研究》2010年第3期。

特点。在满足真实性、完整性和长期可读性等基本需求的前提下，还需考虑"跨语种信息共享"、"跨媒体信息整合"和"跨地域协作管理"等特殊需求。

首先，一方面，甘肃省少数民族地区需要整合和清理当地已有的语言文字资源，为语言文字的数据库建设做好准备。要善于引进前沿信息技术和图像识别技术，将印有传统文字的少数民族的纸质文献转换为电子资源，进行储存和利用。另一方面要运用现代信息技术手段对少数民族民间信息资源进行采集，获得符合要求的高质量数据，并利用大数据分析系统对这些获取的资源进行分析，为少数民族语言文字的数据库建设提供便利。

其次，在少数民族语言文字信息化基础已经建成的情况下，借助大数据产业发展技术和人才的资源，结合少数民族民间文化和艺术，建立权威的少数民族语言文字网站，并对网站时刻进行检测和控制，同时对管理和维护网站系统的人进行专业化培训，培养一批复合型人才，以便更好地对网站进行维护和建设。

最后，民族语言信息化软件的开发和利用，不能只靠一些只懂少数民族语言文字的专家和学者，还需要发动当地少数民族群众的作用，让他们学会处理和利用自己的语言文字才是最重要的。因此，需要相关的语言文字信息处理的专家和学者在充分了解少数民族地区语言文字特点之后对少数民族语言文字进行信息化开发，并与了解当地少数民族文化的群众相互配合，寻求最贴切的语音标注，利用专业软件对从民间收集到的声学进行识别分析，将语音合成为技术，以加大少数民族语言文字的信息化和智慧化。[①]

总之，在互联网时代和大数据背景下，应整合少数民族语言文字的地方特色，借用当前已有的信息技术，制定严格的语言准则，组建专业化的团队，建设专业化的少数民族语言文字网站，为甘肃

[①] 杨菁：《大数据背景下贵州少数民族语言文字信息化建设研究》，《贵州工程应用技术学院学报》2018年第4期。

省少数民族文字的信息化搭建平台，加速少数民族语言文字相关软件的开发和利用。

（四）依托"一带一路"，大力发展少数民族体育旅游

"一带一路"倡议的提出，为我国经济发展迎来了新时代的新篇章，特别是为我国西北各省份的发展带来了新的历史机遇。"一带一路"全程涉及总共8个少数民族聚集区域，其中就包括甘肃。从古至今，甘肃就是古丝绸之路上的节点之一，成为扼丝绸之路"咽喉"要道的重要节点。它将中国的腹地与西域各国相连接，是中国与其进行文化交流和经贸合作的必经之地，它独特的地理位置促进了中国与西域各国的人文交流和经济交往。甘肃省虽然地处我国比较偏僻落后的西北地区，但是地域辽阔，拥有浓厚民族风情的众多少数民族，每个少数民族在这个地广人稀的地域上拥有自己独特的文化，文化旅游资源丰富，依托丰富的旅游资源发展起来的文化旅游产业潜力巨大。从少数民族地区延伸出来的物质文化资源是甘肃省少数民族文化产业发展的基础，在"一带一路"倡议提出后，少数民族文化产业有了长远的发展，发展前景广阔。甘肃一些少数民族地区比如甘南藏族自治州、阿克塞哈萨克族自治县、河西肃南裕固族自治县、天祝藏族自治县都拥有非常丰富的草原资源，一些原先以游牧业为主的蒙、藏、哈萨克族等多个民族的牧民长久定居，并充分利用当地丰富的草原资源，开启了以农家乐、牧家乐、藏家乐等多种蕴含特色民族文化的旅游形式，满足游客的不同需求。同时，甘肃省还推出了以"茶马古道"和"丝绸之路"为主题的西北历史文化旅游路线，吸引对历史文化颇感兴趣的全世界游客慕名前来，进一步促进了甘肃省文化旅游产业的发展。

"一带一路"倡议的提出，为我国民族地区人民发展旅游产业提供了一定的机遇，尤其是对位于古丝绸之路要道的甘肃省来说更是为其提供了区位优势，因此，甘肃省正积极利用它得天独厚的地理和人文优势开发民族旅游业的其他可能形式。甘肃各地区少数民族在社会历史发展进程中，创造了源于少数民族的社会生产实践而

又内容丰富的体育娱乐与健身竞技类活动。这些体育项目，不仅融合在各民族群众的生活里，用体育彰显了少数民族文化，而且成为民族地区群众发展体育活动的重要形式。目前，甘肃各级各地政府利用丰富的民族民间传统体育资源，发展民族传统体育旅游业，为地方经济的快速发展起到了一定的推动作用。然而由于发展战略的定位较晚，受落后的观念、欠缺的管理水平和专业型人才等因素的影响，盲目而低质量的开发造成了旅游资源的浪费，影响民族体育旅游水平的提升。[1] 从发展民族体育旅游的内容来看，甘肃省地域辽阔，民族旅游资源丰富，有丰富的人文和自然景观以及传统的民族民情和特色文化、这些均可以为甘肃省民族体育旅游的发展提供基础。甘肃省在"一带一路"倡议背景下发展少数民族传统体育旅游，可以更好地丰富民族旅游的形式，推动当地多种民族文化的传承和发展。

对此，甘肃省民族传统体育旅游要想获得长久的发展，从宏观上来看，首先需要甘肃省政府顺应时代的趋势，响应国家政策的号召，紧跟国家发展战略的步伐，在遵循市场客观规律的前提条件下，通过政府的强有力支撑，发挥政府在民族体育旅游发展方面的规范和引领作用，实现甘肃省少数民族体育旅游的快速发展。从微观细节方面，一方面，甘肃省政府应根据少数民族地区的实际情况，努力把握"一带一路"这个黄金机遇，通过政府、企业以及民间组织的合作以及相关政府的科学领导下，制定出一套科学系统的发展方案和统一的发展体系，并在落实的过程中加强少数民族传统体育与各旅游管理部门的职能，努力使甘肃省各个地区的民族体育旅游业实现健康可持续的的发展。另一方面，甘肃省民族地区应实施以政府为主导，体育和旅游相配合的发展战略，科学制定民族体育旅游发展规划和实施方案，加强各政府职责，促进体育部门

---

[1] 朱永红：《探讨分析"一带一路"背景下甘肃省民族体育旅游的发展策略》，《体育世界（学术版）》2019年第1期。

与其他部门的分工合作，同时应加强体育旅游业的人才管理，完善政策保障体系，规范人才市场，为行政管理与信息技术服务提供优质的人才。其次要深入挖掘甘肃省各少数民族的传统体育文化的内涵，将体育文化内容融入旅游的六要素中，将创意融入传统体育旅游的产品中，并利用民族地区独特的优势开发出符合市场深层次追求的服务和商品，此外，应当结合当地实际情况有针对性地对高端客户设计民族体育旅游线路和景点，让游客深切地感受少数民族的民族风情和文化韵味。同时，甘肃少数民族丰富的体育资源源于民族群众日常生活中，只有让当地人民群众从传统体育旅游中获得真正的利益，才能激发他们参与民族民间传统体育的热情，唤起他们的民族自豪感，当地的民族体育旅游业才能繁荣和发展起来。居民在参与和管理民族体育旅游的过程中应当注意保护当地的自然环境和生态质量，这样才能实现旅游业与社会自然环境的动态平衡。[①]

最后，人才是旅游业中最重要的资源，人才的竞争是旅游业竞争的核心。对体育旅游也是如此，要想让甘肃民族传统体育旅游获得长久的发展，必须加大人才的投入，加强对民族体育旅游人才的培养，为甘肃民族地区传统体育旅游提供活力。对此可以从以下几个方面着手：一是从体育旅游从业人员的素质方面，对体育旅游从业人员进行专业的培训和教育，提升他们的整体素质，培养一批复合型的专业民族体育旅游人才；二是在各个高校之间加强体育学院和旅游学院、管理学院的跨学科、跨院校的合作，为体育旅游人才的培养扩大规模，提升体育旅游人才的综合业务能力，以满足甘肃体育旅游业对高素质专业人才的需求；三是在学校开设民族民间传统课程，把具有地域特色的体育文化项目引入校园中，不仅可以通过学校快捷、大范围地传播民族体育文化，而且可以发挥甘肃民族传统体育旅游的优势，为甘肃民族传统体育旅游的发展做出一定的

---

① 高小岩：《甘肃民族体育旅游产业化研究》，《兰州商学院学报》2005 年第 5 期。

贡献。①

总之，在"一带一路"的发展倡议下，面向世界的甘肃少数民族应该做到精准定位本民族文化的特色，打造具有民族特色的文化产业链，并应以"大数据"为基础构建民族文化传播链，加快少数民族语言文字的信息化，建立完整的数据库，最后依托"一带一路"的发展背景，大力发展少数民族体育旅游，让位于古丝绸之路要道的甘肃省成为展示少数民族文化与现代文明的突破口和新亮点，助力甘肃省更好更快融入"一带一路"的发展格局中。

---

① 张纳新、蔡智忠、龚成太：《甘肃民族民间传统体育旅游开发的问题及对策》，《天水师范学院学报》2010年第5期。

主要参考文献

著作：

1. 《甘肃省志·概述》，甘肃人民出版社 1989 年版。
2. 甘肃省民族事务研究中心：《甘肃少数民族》，1989 年版。
3. 赵化成：《甘肃东部秦和姜戎文化的考古学探索》，文物出版社 1989 年版。
4. 郭厚安、陈守忠：《甘肃古代近史》，兰州大学出版社 1989 年版。
5. 刘郁采：《中国裕固族》，甘肃人民出版社 1998 年版。
6. 纪兰慰、邱久荣：《中国少数民族舞蹈史》，中央民族大学出版社 1998 年版。
7. 谢端琚：《甘青地区史前考古》，文物出版社 2002 年版。
8. 杨圣敏、丁宏：《中国民族志》，中央民族大学出版社 2003 年。
9. 李学勤：《遥望星宿：甘肃考古文化丛书》，敦煌文艺出版社 2004 年版。
10. 张忠培：《中国考古学：走进历史真实之道》，科学出版社 2004 年版。
11. 王正伟：《回族民族学》，宁夏人民出版社 2008 年版。
12. 张志纯：《甘肃裕固族史话》，甘肃文化出版社 2009 年版。
13. 马志勇：《甘肃东乡族史话》，甘肃文化出版社 2009 年版。
14. 任文军：《甘肃蒙古族史话》，甘肃文化出版社 2009 年版。

15. 董克义：《甘肃保安族史话》，甘肃文化出版社2009年版。
16. 洲塔、乔高才让：《甘肃藏族史话》，甘肃文化出版社2009年版。
17. 谢国西、王锡萍：《甘肃哈萨克族史话》，甘肃文化出版社2009年版。
18. 马志勇、马士璐：《甘肃回族史话》甘肃文化出版社2009年版。
19. 杨建新：《中国少数民族通论》，北京民族出版社2009年版。
20. 陈金生：《西北少数民族文化》，甘肃文化出版社2010年版。
21. 杨文炯：《保安族服饰文化解读》，甘肃人民出版社2011年版。
22. 迈克尔·吉本斯、陈洪捷、沈文钦：《知识生产的新模式：当代社会科学与研究的动力学》，北京大学出版社2011年版。
23. 甘肃人口普查办公室：《甘肃省2010年人口普查资料（上册）》，中国统计出版社2012年版。
24. 王万平：《甘肃非物质文化遗产》，甘肃民族出版社2012年版。
25. 刘基：《华夏文明在甘肃·历史文化卷下》，人民出版社2013年版。
26. 祝中熹：《甘肃通史先秦卷》，甘肃人民出版社2013年版。
27. 张正锋、刘醒初：《中国地域文化通览甘肃卷》，中华书局2013年版。
28. 高小强、铁文英：《甘肃少数民族文化概论》，中央民族大学出版社2014年版。

期刊论文：

1. 张骏、刘原、王志敬：《西藏人民的瑰宝——简论西藏壁画》，《西藏研究》1984年第4期。
2. 刘宝爱：《宝鸡发现辛店文化陶器》，《考古》1985年第9期。
3. 华侃：《甘肃省少数民族的语言文字》，《社会科学》1986年第1期。

4. 赵志军、南玉泉：《试论唐汪式陶器的文化归属问题》，《考古与文物》1988 年第 2 期。

5. 朱泓：《合水九站青铜时代颅骨的人种学分析》，《考古与文物》1992 年第 2 期。

6. 刘军社：《郑家坡文化与刘家文化的分期及其性质》，《考古学报》1994 年第 1 期。

7. 马占山：《土族的风情习俗与音乐文化》，《中央音乐学院学报》1996 年第 1 期。

8. 赵玲：《西部少数民族地区文化产业发展对策中的多元化问题》，《学术探索》2001 年第 1 期。

9. 张岂之：《关于文化自觉与社会发展的几点思考》，《西北大学学报（哲学社会科学版）》2002 年第 4 期。

10. 张利洁、赵泽斌：《对甘肃民族地区文化产业开发问题的思考》，《西北师大学报（社会科学版）》2003 年第 3 期。

11. 孟海霞：《对甘肃省甘南州地方志编修的思考》，《中国地方志》2004 年第 8 期。

12. 李祝舜：《临夏回族自治州旅游资源及其开发探讨》，《西北民族大学学报（哲学社会科学版）》2004 年第 4 期。

13. 高小岩：《甘肃民族体育旅游产业化研究》，《兰州商学院学报》2005 年第 5 期。

14. 安菁：《裕固族妇女服饰中的图案艺术》，《艺术探索》2007 年第 3 期。

15. 宋巨瑶：《土族民间音乐及其特征》，《青海民族学院学报》2007 年第 4 期。

16. 邢海燕：《祁连山下的裕固族及其民间舞蹈》，《中国土族》2008 年第 3 期。

17. 冯丽娟：《裕固族刺绣的特点及其形成缘由》，《贵州大学学报（艺术版）》2008 年第 3 期。

18. 赵生辉：《现代信息技术与西藏民族文化融合的理念与途径》，

《黑龙江史志》2009 年第 18 期。

19. 严永和：《民族民间文艺知识产权保护的制度设计：评价与反思》，《民族研究》2010 年第 3 期。

20. 龚强：《马背上的英雄民族蒙古族》，《黑龙江史志》2010 年第 14 期。

21. 符晓波：《甘肃文化产业集群发展的几点思考》，《甘肃理论学刊》2010 年第 6 期。

22. 张纳新、蔡智忠、龚成太：《甘肃民族民间传统体育旅游开发的问题及对策》，《天水师范学院学报》2010 年第 5 期。

23. 爱芳：《舟曲藏族民间歌舞"朵迪"探析谈》，《音乐创作》2011 年第 1 期。

24. 徐丹、文少卿、谢小冬：《东乡语和东乡人》，《民族语文》2012 年第 3 期。

25. 阿利·阿布塔里普，汪玺，张德罡，师尚礼：《哈萨克族的文化艺术，人文礼仪及禁忌习俗》，《草原与草坪》2012 年第 6 期。

26. 邓小娟、周青：《裕固族民间舞蹈的风格特征与当代发展》，《西北民族大学学报（哲学社会科学版）》，2012 年第 5 期。

27. 李钟霖、李敏：《土族婚姻嫁娶礼仪全程扫视》，《柴达木开发研究》2013 年第 1 期。

28. 阿利·阿布塔里普、汪玺、张德罡、师尚礼：《哈萨克族的衣、食、住、行及婚丧等生活文化》，《草原与草坪》2013 年第 1 期。

29. 王萍、陈文福：《论裕固族服饰刺绣的艺术表现》，《通化师范学院学报》2013 年 11 期。

30. 管瑞庭、张力斐：《裕固族皮雕艺术研究》，《大众文艺》2016 年第 15 期。

31. 孙杏花、解亚萍、陆怀平：《甘肃少数民族地区文化产业的发展战略——以甘南、临夏为例》，《漯河职业技术学院学报》2016 年第 4 期。

32. 张文：《浅谈裕固族传统民间舞蹈》，《中国民族博览》2017 年第 1 期。

33. 石蓉蓉：《西北民族地区的新型文化业态与培育——以甘肃少数民族地区为例》，《甘肃社会科学》2017 年第 4 期。

34. 赵鹏、文霄：《新媒体环境下关于少数民族文化传播的思考》，《新闻传播》2017 年第 21 期。

35. 施云燕：《新媒体环境下少数民族文化传播存在的问题及对策》，《旅游纵览（下半月）》2017 年第 6 期。

36. 朱应雨：《少数民族文化产业向创意产业的转型研究》，《贵州民族研究》2017 年第 2 期。

37. 杨逐原：《大数据时代少数民族文化传播研究》，《新闻爱好者》2017 年第 6 期。

38. 钟志峰：《裕固族民间舞蹈的风格特征与当代发展》，《黄河之声》2018 年第 12 期。

39. 乌兰：《新媒体时代少数民族文化传播渠道分析》，《新闻论坛》2018 年第 5 期。

40. 齐迹：《新媒体环境下少数民族文化的跨文化传播》，《内蒙古民族大学报》2018 年第 1 期。

41. 马金：《新媒体时代下的少数民族文化传播探讨》，《西部广播电视》2018 年第 23 期。

42. 刘宪辉：《"新常态"下贵州省民族文化创意产业的发展调适》，《贵州民族研究》2018 年第 1 期。

43. 白彬彬：《鄂温克民族旅游文化产业发展的现状与对策——创新发展理念视域下的研究》，《内蒙古电大学刊》2018 年第 5 期。

44. 青觉、李晓萌：《新媒体环境下少数民族文化有效传播的路径分析——以微传播为例》，《民族论坛》2018 年第 4 期。

45. 杨菁：《大数据背景下贵州少数民族语言文字信息化建设研究》，《贵州工程应用技术学院学报》2018 年第 4 期。

46. 王宗国：《浅谈少数民族传统文化的德育价值与实践策略》，《教育革新》2019 年第 3 期。

47. 朱永红：《探讨分析"一带一路"背景下甘肃省民族体育旅游的发展策略》，《体育世界（学术版）》2019年第1期。

学位论文：

1. 唐玉萍：《西部民族旅游地文化产业与旅游业互动发展研究》，硕士学位论文，云南师范大学，2007年。
2. 周薇：《我国体育文化创意产业发展问题研究》，硕士学位论文，沈阳体育学院，2010年。
3. 彭程：《肃南县裕固族历史文化长廊旅游规划设计研究》，硕士学位论文，西北农林科技大学，2011年。
4. 夏宁博：《非物质文化遗产的传承途径探究》，硕士学位论文，云南艺术学院，2011年。
5. 和曦：《民族文化生态与民族文化创意产业的调适》，硕士学位论文，云南大学，2012年。
6. 时佳：《保安族服饰研究》，硕士学位论文，北京服装学院，2012年。
7. 张宇博：《甘肃省甘南藏族自治州文化产业发展研究》，硕士学位论文，西北民族大学，2014年。
8. 潘文龙：《我国文化产业发展中的突出问题及解决对策》，硕士学位论文，青岛大学，2015年。
9. 常洁琨：《甘肃少数民族非物质文化遗产的分类保护研究》，博士学位论文，兰州大学，2017年。
10. 张文：《甘肃裕固族民间舞蹈文化研究》，硕士学位论文，西北民族大学，2017年。
11. 张英：《甘肃民族地区文化产业政策工具选择研究》，硕士学位论文，兰州大学，2017年。

后　　记

千秋大业炎黄劲，万载传承血脉殷。

文化是一个民族活的灵魂，中华文化源远流长，博大精深的深刻内涵已经深深地烙印在每个中华民族儿女的心中。习近平总书记说过，一部中华民族史就是一部各民族团结凝聚、共同奋进的历史。几千年的沧桑历程，中华民族始终追求团结统一，视大一统为"天地之常经，古今之通义"，中华各民族同为黄种人，同居一块大地，同顶一片蓝天，生息繁衍，创造文明，各民族在交往中形成了你中有我，我中有你，谁也离不开谁的命运共同体。中华民族一家亲，同心共筑中国梦。简简单单的几个字却承载着十几亿中华儿女的信念，饱含着中华儿女的愿望。鲁迅先生说过："惟有民魂是宝贵的，惟有它发扬起来，中国才有真进步。"中华民族几千年的优秀文化凝结了伟大的民族精神。这，就是中华魂。它维系着各民族的血脉，成为中华民族大家庭的精神纽带。涓流汇海，聚沙成塔，实现伟大的中国梦要实现各民族的力量和智慧，发挥各民族的聪明和才智，相互尊重，挽臂前行，一起创造悠久的中华文明。甘肃的发展离不开各族人民的共同努力，汉、回、藏、蒙、满、东乡、保安、撒拉、裕固等各族人民为甘肃的发展建设做出了不可磨灭的贡献。

本书在选题前通过阅读大量的书籍发现，多数著作把各个民族分别开，按不同民族各自的生产生活方式、文化艺术风俗等进行阐述，我们基于对中华民族共同体意识的深刻理解，从历史地理时空坐标、生活生计方式、面向未来发展三个角度讲述甘肃各民族的文化。"以铜为镜，可以正衣冠；以史为镜，可以知兴替；以人为镜，可以明得失"我们根据大量的史料参考，从少数民族语音文字、饮食服饰、婚姻礼仪、传统艺术等多角度、全方位展现了各民族为中华民族大家庭的发展做出的重要贡献，并且对于各民族优秀文化的传承与发展进行了思考。将各民族的文化放在共同体框架下进行论述，既运用了新的研究结构形式，又梳理了各民族文化，为促进民族团结进步，推动共同发展贡献力量。

这本书的完成是和每一位作者的辛勤耕耘分不开的，在这里要感谢各位作者的勤劳智慧。"不积跬步无以至千里，不积小流无以成江海"，劳动是艰苦的，成果是甘甜的，正是你们通过朴实的语言，生动的手法，形象地表达再现了各民族优秀的文化。你们是中华文化的雕塑师和巨匠，用手中的笔刻画了一幅幅壮丽的文化百花园；你们毫无私心的默默奉献，在稿纸上愿作一滴滋润文化根蒂的雨露；你们虽历经磨难，却依然义无反顾地努力奋斗，为宣扬中华民族优秀文化砥砺前行。

面对浩如烟海的各民族文化，我们在撰写时虽然做了大量工作，但依然感到忐忑不安，唯恐尝试以浅显的观点不足以领会深奥的中华文明。作者自知在撰写时不免会有所遗漏和错误，真诚地恳请每一位中华文明的传承者批评指正，为弘扬优秀的传统文化添砖加瓦。最后，将这份薄礼献给优秀的民族文化，真诚地祝愿各民族文化发展百花齐放，兴旺繁荣。

编著者
2023 年 7 月